城市再生

城市更新行动实践

乔旭 编

江苏凤凰科学技术出版社 · 南京

图书在版编目（C I P）数据

城市再生 ：城市更新行动实践 / 乔旭编. -- 南京 ：
江苏凤凰科学技术出版社，2024.6
ISBN 978-7-5713-4409-2

Ⅰ. ①城… Ⅱ. ①乔… Ⅲ. ①房地产业－研究－中国
Ⅳ. ①F299.233

中国国家版本馆CIP数据核字(2024)第109424号

城市再生　城市更新行动实践

编　　者	乔　旭
项目策划	凤凰空间/杨　琦
责任编辑	赵　研　刘屹立
特约编辑	艾思奇
出版发行	江苏凤凰科学技术出版社
出版社地址	南京市湖南路1号A楼，邮编：210009
出版社网址	http://www.pspress.cn
总　经　销	天津凤凰空间文化传媒有限公司
总经销网址	http://www.ifengspace.cn
印　　刷	北京博海升彩色印刷有限公司
开　　本	710 mm×1000 mm　1 / 16
印　　张	20
字　　数	320 000
版　　次	2024年6月第1版
印　　次	2024年6月第1次印刷
标准书号	ISBN 978-7-5713-4409-2
定　　价	228.00元

前言

作为规划设计师的我们，身处看似平淡、波澜不惊的环境，实则变革犹如洪流。投身城市建设行业近 20 年来，专业的理论和实践路径呈现出纵深的发展和多维的延伸趋势。一方面是基于研究本身的深入探讨，有越来越多的行业领军者进行理论探索；另一方面则是主动及被动的建设实践，从不同的角度和深度推动着行业的发展。

也是在这种复合的作用下，我们从关注自然、关注生态、关注当下，拓展到关注人文、关注社会、关注未来，规划和设计正朝着更为有机、更加可持续、更具有独特识别性的方向推广开来。当产业升级、城市转型、环境品质优化后，人们开始追求生活幸福感，关心全球气候变化，城市中各类空间的规划设计也理应为未来服务。

诉求的提高，正是行业“良性循环”的起点。城市变革不会止步，多元化的需求、多目标的成果、多主体的博弈以及持续的发展变化，都将拉动城市更新综合效应，也将为更高层次的行业发展奠定良好的实践基础。

“城市再生”这种形式，旨在让读者感受到不同时间跨度的规划设计实践，并体会到设计带给城市的深远的增益价值，可以带着其中的收获，闯入未知，从理想设计出发，到理性的完善，再回归到人文，从新建到一次更新，到伴随城镇成长，从造城到营城。这也是我们想送给大家所有未完成项目的“时间胶囊”。

书中案例由不同层级的规划设计供给，回应着不同的文化生态、公共生活，涉及全球气候变化的长期影响和公众开放性参与机制。变革进程中的规划设计，沿着时间传承、拓展、修复，用创造力推进城市更新再生，反馈想象与实践的偏差的修正，直到下一轮改进。

本书分为四章。第一章从经济、投资、技术、科研领域的观点及案例探讨城市再生的动力源，发现其中的推动力。第二章以策划、文旅、规划、建筑、景观领域的观点及案例呈现多样的建成空间更新实践。第三章从同样的专业领域出发，关注更新中的城镇化进程。第四章则是在商业、运营、文化等领域的观点及案例中，挖掘城市再生的内置持续再生力。整体上希望通过案例和观点的分享，展现城市再生的动力构建、空间支撑、文化内涵和持续运营。

社会环境是一个极其繁复的巨系统，城市是其中一个流动的要素。面对城市更新的挑战，规划设计师们所作出的努力，是关于规划设计的智慧和创新。本书基于个案，开启同类改造更新路径，探索土地、产业、空间、社会的更新实践。尽管不同专业的规划设计师都在尝试赋予空间某种秩序，但对无序化、随机自然生长的包容，更是城镇更新中的感人之处——某种“自然生长的秩序”。

感恩每一位作者的信任和支持，感谢所有作者及编辑持续的努力。希望本书摒弃说教，成为行业中人的一次笔谈，共同对话城镇更新，让城市迎来更好的再生，让我们身在其中，互有收益。

谨致每一位读者！

乔旭

目录

第三章 更新中的城镇化进程

第四章 内置持续再生力

第一章

再生动力源

城市再生的过程实非一蹴而就，而是持续性、周期性的长期过程。是什么样的力量在推进这一过程，又是通过什么样的机制保障其一定时期内的能效呢？本章通过老城保护有机更新、基金投资管理的市场化更新、基于社区自组织途径的微更新以及以科技、生态的技术力量推进城市再生的案例，阐述更新动力，以期启发更多思考。

编者按：

市场化背景下，探索城市再生的经济可持续模型，一起看看如何构建这样的推动力。

变革时代城市更新项目的创新与实践

贾蓉

当前，我们所处的时代已进入变革的新常态，而城市更新本身就是一个复杂的系统，因跨越时间与空间，且包含文化、政治、经济等多元属性，故更需要进行创新变革，才能找到可持续的发展方向。这个过程需要不断顺应动态探索和实施路径，不仅需要建立目标机制，更是一种结合了利益相关方协同的适应性创新。

1 正确理解变革时代城市更新项目的特点与关键

1.1 城市更新项目的复杂性

城市是一个开放、动态的复杂巨系统，城市更新的复杂性表现在以下几个方面：涉及社会民生、历史文化保护复兴、经济发展、可持续生态等多元发展目标的交织与动态平衡；不同利益主体构成关系与相互合作机制的复杂性；历史文化要素与商业平衡的复杂性；在不同时间与空间以及人的相互作用之间，甚至是科技变革下的模糊关系且动态影响的复杂性；内外部宏观、中观、微观不同层次环境多维度、多方向的影响与不确定性。因此，城市更新项目具有多目标、多主体、多层次、多维度、多样性、多规律交织的特性。

1.2 城市更新项目在变革时代创新实践的关键

在这样的复杂环境下，需要做好系统洞察力的储备、对各种结果的时刻应对准备、过程管理和资源系统的准备、有效的影响力模型的建立和系统韧性的调整恢复与修补措施。对城市更新项目来说，则需要一种复合的、动态的、敏捷灵活的方式，帮所有参与的利益相关方定义模糊之下的确定性，寻找新共识，为下一步行动提供引导，并形成有真实价值的结果反馈。这样做的关键在于：

第一，需要正确理解项目本身与内外部环境的复杂系统；

第二，需要主动规划，在系统的洞察下建立刚性的阶段目标与弹性的敏捷迭代；

第三，需要厘清不同利益相关方的节点网络与相互权益与影响的流动关系；

第四，更需要在不确定性的预见中构建关注结果与行动反馈的协作共创与共生共享。

有机动态的迭代更新与创新实践路径，是城市更新项目在模糊中探索系统韧性与持续有效价值的重要路径。这需要我们深入了解与认知城市更新大环境与项目本身，并分析不同方面的目标体系，构建不同主体协同的机制与利益关系网络，采用自上而下刚性目标与自下而上弹性迭代相结合的路径，维护好系统目标与不同阶段的动态平衡，同时基于创新与小微实践的不断迭代，找到具有真实价值反馈结果的有效行动路径。

2 大栅栏更新计划——历史街区的突破式创新与渐进式迭代

2.1 项目概况与背景

大栅栏，是离北京天安门最近、遗存遗迹较丰富、保护较完整的历史文化街区之一，项目总面积约 1.26 平方千米。和北京其他旧城区一样，大栅栏的保护、整治与复兴面临着种种难题：人口密度高，公共设施不完善，区域风貌不断恶化，产业结构亟待调整，因复杂严格的历史风貌保护控制，无法成规模地进行产业引入，难以找到一条合适的路径引导当地居民参与改造，没有形成有效运作模式支撑区域保护与发展。改善民生、社区共建、风貌保护、城市可持续发展之间的矛盾在很长一段时间内难以取得平衡。这也使得当地居民在保护和发展区域过程中缺乏主动性，区域内本已落后的生活、社会与经济环境条件继续恶化。

历史文化街区具有重要性、公益性、复杂性、系统性以及不可复制性，这就需要一种新的模式来破题。大栅栏更新计划于 2010 年启动，在北京市历史文化保护区政策的指导和西城区政府的支持下，北京大栅栏投资有限责任公司作为区域保护与复兴的实施主体，实践政府主导、市场化运作的基于微循环改造的老城有机更新计划。

2.2 大栅栏更新计划的突破式创新

大栅栏更新计划，是市区两级试点探索一种历史街区保护更新的新模式。而在 2009 年，“有机更新”在国内尚未建立普遍的行业认知，更没有成功的探索经验，因此，大栅栏的试点身份使得项目在模式实践上必须进行突破式创新。

根据社会网络中“异质者带来创新”的理论，对于一个复杂系统的突破式创新来说，重要的是通过跨界群体与机构的加入，在共同的目标下探索可能性的破题。大栅栏正是通过跨界探索以下几方面的创新尝试，成功实现了从“0”到“1”的有机微更新的突破式创新。

一是搭建跨界多元主体共同参与的运作机制与平台——大栅栏跨界中心。大栅栏在所有行动展开之前，重新梳理并明确了目标，该计划将会涉及民生、风貌保护以及区域全面可持续发展的几个方面，又出于不同主体的参与方式，集合了从政府到市场，国有企业实施主体、社会主体、本地居民与商家等各级主体共同参与的模式。然而，这个仅是第一圈层的紧密相关利益方，在这一层级的合作中往往直面最直接紧要的利益，可能产生冲突或陷入困境。因此，西城区政府进行了机制创新：在西城区政府下，成立比各委办局级别高一级的“大栅栏琉璃厂建设指挥部”，代表区政府统筹各政府部门，形成跨部门的合力。同时在市场机制端成立了一个开放的工作平台——由区域实施主体国有企业大栅栏投资有限责任公司发起成立链接市场方的开放平台大栅栏跨界中心（Dashilar Platform），作为政府与市场的对接平台，通过与城市规划师、建筑师、艺术家、设计师以及商业机构合作，探索并实践历史文化街区城市有机更新的新模式。这样的一个跨界平台的设置不仅将不同的利益主体联结在一起，他们在不同的发展阶段以不同的角色进入，承担不同的职责，同时，也为社会上不同的资源群体打造了一个开放的平台渠道，改变历史文化街区单一规划、单一产业策划、单一文化保护、单一建筑设计与改造的模式，形成跨学科的融合发展，形成一种共同参与的模式——通过集合影响力的方式，构建多元主体下老城保护复兴的共同愿景。

二是创新构建城市有机更新微循环的实施新路径。这是大栅栏重要的理念创新，大栅栏的试点项目——杨梅竹斜街保护修缮项目在启动时提出，“我们不在乎产权在谁手里，而是统一规划与招商运营”“传统的城市规划 + 建筑设计已无法满足老城多元的问题与诉求，我们可以打开思路，邀请更多跨界群体参与”。在这样的理念指导下，新模式得以改变“成片整体搬迁，重新规划建设”的刚性方式，转变为“区域系统考虑，微循环有机更新”的方式，进行更加灵活、更具弹性的节点和网络式软性规划，视大栅栏为互相关联的社会、历史、文化与城市空间脉络。散布其间的院落、街巷，按照系统规划、社区共建的方式进行有效的节点簇式改造，并产生网络化触发效应，

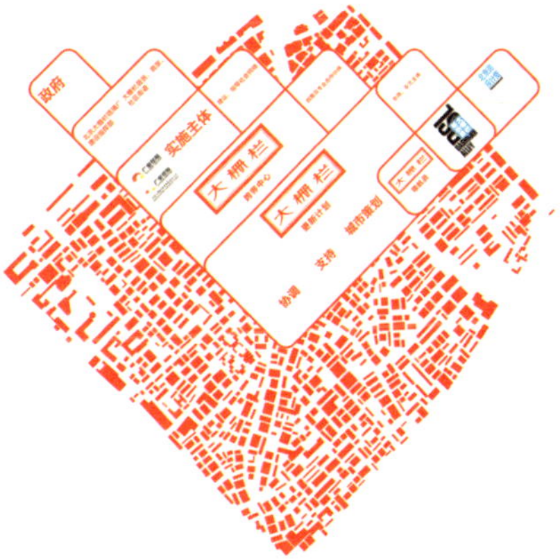

大栅栏跨界中心网络关系图
图片来源：www.dashilar.org

不同节点的改造形成节点簇，逐步再连成片。这样不仅可以尊重现有胡同机理和风貌，灵活地利用空间，更重要的是，将“单一主体实施全部区域改造”的被动状态转化为“本地居民商家合作共建，社会资源共同参与”的主动改造前景，将大栅栏建设成为新老居民、传统与新兴业态相互混合、不断更新、和合共生的社区，复兴大栅栏本该有的繁荣景象。

三是形成自上而下的阶段性刚性规划与自下而上的弹性迭代相结合的实施步骤。除了不同主体之间的目标矛盾，在一座复杂的老城中往往还存在着长期目标与短期目标之间的冲突。这就需要在顶层设计的基础上分成不同阶段实施。这种分阶段的方式改变了刚性的项目时间节点及规划目标，将大栅栏作为开放的历史文化街区，寻求一种软性生

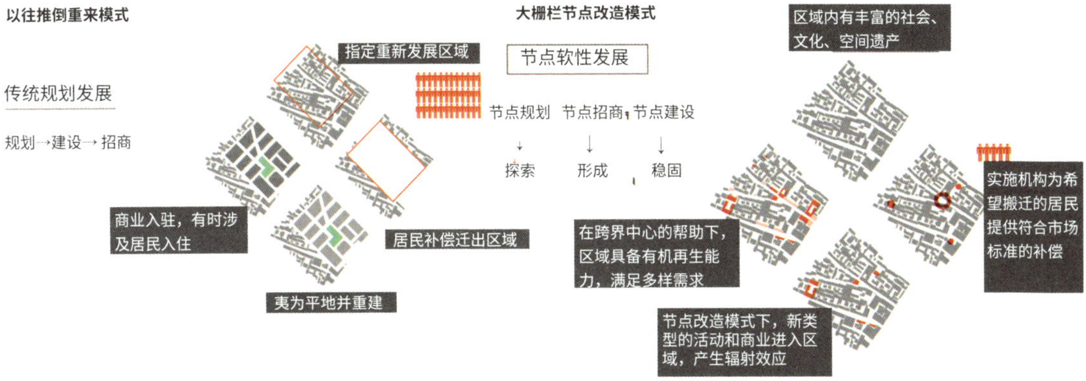

大栅栏更新计划有机更新模式

长的路径。而不同类型群体的共同参与与本地互动共生，也在软性发展的过程中有机结合，形成不同阶段的内容与目标，最终形成一种街区内生的可持续生长力量。大栅栏更新计划目标的软性规划与动态更新分为三个阶段：试点阶段，通过试点实践进行引领示范；社区共建阶段，通过本地参与探索两权分离、多元合作的社区建设；开放发展阶段，政府转变为监督、服务、管理的平台角色，让更多元的社会机构参与与共创。在具体的过程中，大栅栏始终坚持模式与目标方向不变，根据每年的具体内外部环境制定年度主题和任务，同时结合每年不同的内容集结最适合的群体共同参与并完成挑战。而在多元的群体的包容介入与开放的探索中，不断形成创新内容软性生长。

四是城市策展与设计介入的灵敏反馈与大事件的影响力。2011 年，大栅栏更新计划用城市策展的方式与具有国际影响力的北京设计周合作，每年举行大型的跨界设计周的文化活动与大事件，成为国内首个通过设计跨界复兴老城有机更新的案例，通过将城市策展的顶层设计与老城有机更新不同发展阶段的目标相结合，并通过社区建设的方式将跨界设计与艺术介入的活力转化为历史街区内生的、可持续发展的、自我生长的力量。

通过大事件临时店、工作坊、展览等多种方式吸引的参展方和临时店，最终留下来变成了长期入驻商家，吸引了大批具有文化内涵和品质的新业态，成为区域最新鲜的文化活跃群体。同时，这样安静而有文化品质的业态不仅能很好地融入当前胡同生活，也可以很好地与现代生活方式相结合，以此实现文化的繁荣互动与业态共生。

这种通过价值观认同所吸引到的跨界设计与艺术群体，是之前传统老城更新的社会网络中不常见的，形成了跨界的创新与共生力量。随后，大栅栏跨界设计更新老城的模式不仅在区域内部从大栅栏西侧胡同区域推广并带动了东侧北京坊的跨界介入与品牌影响力，而且在北京引领了老城跨界介入的新模式——白塔寺、天桥、什刹海、史家胡同、法源寺等街区纷纷效仿，试图通过集结跨界力量活化街区。

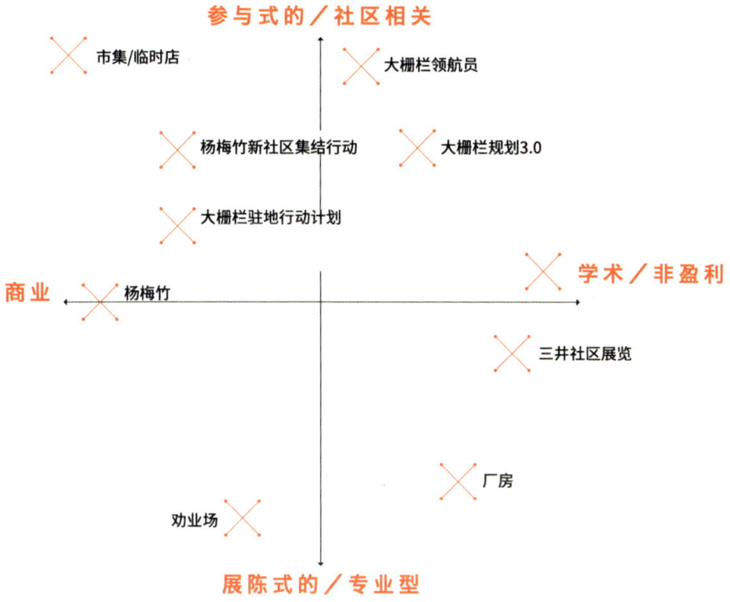

大栅栏更新计划策展分布模型

2.3 大栅栏渐进式更新与适应性迭代的实践路径分析

历史街区更新的复杂系统不仅需要顶层设计的搭建，同样需要通过一系列的微小的社会创新以寻求能够破解老城难题的最佳解决方案。大栅栏更新计划中的领航员计划即为通过动态微更新寻求“最优解”的创新实践。

自 2013 年起，项目发起了大栅栏领航员计划，作为微更新项目创新实践的试点，向社会创新与文化群体发问，公开征集针对旧城中的疑难杂症的解决方案，论证精选优秀案例进行试点实施，形成示范样板，通过“试点激活”，形成“跨界融合”的多元参与和“实施示范样板”。这不仅包括传统的建筑如何保护、公共空间如何构建，还包括本地商业如何提升、本地文化如何再生。

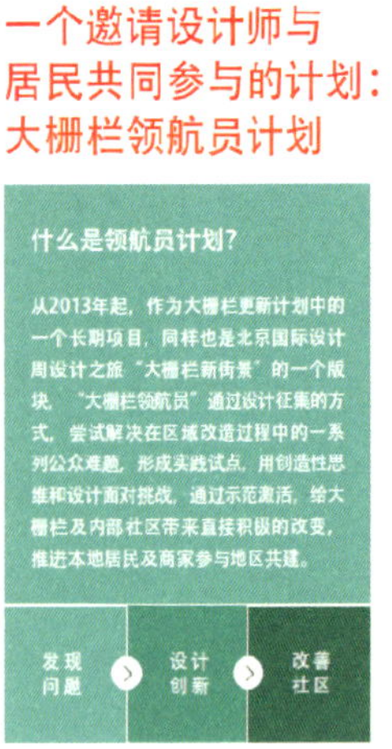

领航员概念

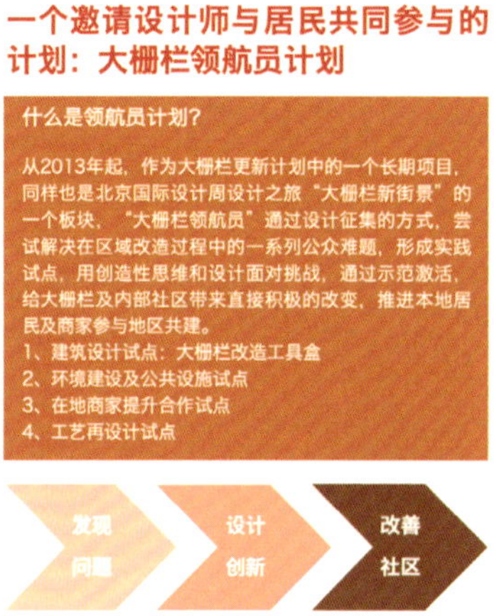

领航员计划

不同于一般的设计竞赛，大栅栏领航员计划有几点十分关键：一是针对每年大栅栏更新计划所处阶段遇到的难题进行选题与征集；二是所有征集项目均为真实项目，且落实到具体房屋或文化项目；三是所有项目必须要有实操的可能性；四是必须获得项目相关群体的意见反馈；五是项目可根据每年实施情况不断更新迭代，提升完善；六是保持“发布—征集—深化方案—遴选—展览—实施”的节奏，确保有益且无害的微更新探索实践。

更为重要的是，大栅栏领航员计划也是与跨界设计资源合作，从单次展览延伸到与长期项目关联的重要转变。自 2011 年起，大栅栏开始举办北京国际设计周，自 2013 年至 2017 年，连续举办了 5 届大栅栏领航员计划。大栅栏每年的城市策展中，活动主题都根据大栅栏更新计划所处的阶段而提出，大栅栏跨界中心直接命题的展览占到每年总数量的一半以上，有 20~30 个，且都是基于长期的项目，而非短暂的几天活动，这也为自上而下与自下而上相结合的社区建设提供了系统性的运作方式与可能。

大栅栏顶层设计创新与试点迭代实践路径图
图片来源：大栅栏更新计划官方微信公众号

与此同时，大栅栏领航员计划通过每年不同主题的变化成为适应性创新的载体，形成不同阶段与不同项目的灵活应变，即根据不同项目、不同内外部环境的适应性创新。项目自 2015 年开始进行了一些点状的展览尝试，到了 2016 年，则以大栅栏整个片区为体系展开策划，大栅栏设计社区以“共建、共享、共生——开放式街区的自信与未来”为主题来探讨不同模式路径下开放街区的保护与发展方式。2017 年，因老城保护发展内外部环境的变化，大栅栏也面临新的挑战。同时，大栅栏更新计划在初期以部分专业群体及实施主体主导的阶段逐渐进入由更广泛的主体与社区共建的阶段，而北京坊则处于另一种老城复兴的开放模式共建。因此，全年以“老城复兴的中国之道”为 2017 年大栅栏设计周的主题，大栅栏更新计划则是以“大栅栏再领航——杨梅安筑”为主题，集中探讨和呈现“安住、安驻、安筑”三个板块，与当时的外部环境融合，以此探讨专注于首都核心功能区提升之下如何让本地居民安住，让商户等历史街区相关经营者、建设者等机构安驻，以及如何构筑从城市设计到控制性详细规划与导则、城市改造及建设网络体系、如何构筑前两者与历史街区相关的不同群体之间的网络关系与共生模式，增强老街区发展中的人民获得感等问题。

2017 城市更新主题场馆——从杨梅竹到北京坊的城市更新实践

“安住”概念展示

安住情景空间

杨梅安筑海报

可以看出，领航员计划实施的关键在于：一是直面各类内外部环境，在试图满足政府及当地居民、市场等多元目标的前提下寻求解决路径；二是与实际项目相结合，尤其是政府既定计划中的发展项目；三是城市设计的顶层规划与不同层面试点的统筹协调；四是形成创新探索与试点实践的迭代循环路径；五是将社区建设、居民获得感作为主线贯穿至每一项环节中。这样的路径为自上而下与自下而上相结合的社区建设提供了系统性的运作方式与可能。

3 新街高和楼宇更新——资管目标下城市更新商办项目的迭代创新

3.1 项目概况与背景

新街高和项目是北京西二环的一处商业改办公的城市更新商业项目。项目总面积为 2.6 万平方米，项目原为社区商业星街坊，后于 2015 年 2 月被高和资本收购，国有企业首开集团参与投资、打造，将原来经营不善的老旧传统购物中心升级为一个具有复合功能的创意办公综合体。项目定位为“城市更新新样板，楼宇办公新生态”，在行业内率先践行了城市更新、资产增值、创新内容的完整闭环。以专业资产管理提升价值，获得了长期的高水平稳定现金流，项目改造后运营首年即实现租金收入 2 倍增长。新街高和在“腾笼换鸟”口径下着力打造楼宇办公新生态，项目为低效资产高效利用，参与、撬动市场化资本运作方面树立了典范。

3.2 正确理解复杂环境下城市更新资管目标下的新办公

从城市更新所处的环境来看，我们处在第四次工业革命的到来、全球发展格局面临变革性调整、中国城市发展模式进入转型期、科技与经济社会全面调整的复杂变革期。在此环境下，城市增长阶段从“资本型”进入“运营型”。此时，城市更新的价值将实现三维协同，其价值组成将包括：20%~30% 的资产硬件改造提升的价值，40%~50% 的因为新运营新服务所释放的租金价值，20%~30% 的流动性溢价。这个过程中，需要系统的资产管理“改硬件”，开发创新“装内容”，证券化“促流动”。而此时，城市更新目标依然呈现多维度的复杂性，包括资管经营的相关财务内容、产业结构提升、社区配套完善、丰富文化体验等多项指标。

城市更新领域中的“三轮”驱动生态投资体系

在复杂变革下，我们重新深刻理解新办公的创新、灵活与适应性，重新深刻认识什么是创新楼宇的商品交易总额（GMV）。尤其是凌驾于物理空间之上的 GMV。此时的新办公，让每个层面都认识到，不再是简单的办公场所，而是承载向社会输出经济价值功能的场域。此时，新办公创新价值中表达的关键词为：创造原真性价值。由此，所有的新办公，最终的落脚点都是提升效率、优化成本、增强体验、创新促进。从量化指标上，是提升整体新办公场域的 GMV——这并不仅仅是资产物理空间本身 GMV，同时会包括因此资产而聚集或链接的其他空间之外的设施、服务及增值价值，即办公场域互联价值网络 GMV。

3.3 新街高和的适应型迭代与创新实践

新街高和在项目构建之初，就建立了资产管理目标下的创新探索新办公的大方向。他们把新办公定义为：一种新兴的办公模式，能够不断适应产业升级与企业办公需求升级，适配于不同类型的资产与办公社区，涵盖新产品、新服务、新场景与新运营等全维度的创新办公服务、设施与运营体系。在具体的实践中，围绕一个资管核心、不同阶段下一系列动态协同的创新迭代，形成了新办公的弹性创新与适应性迭代实践。

对于基金管理的专业化运作的城市更新项目，资产管理是所有一切工作的确定性目标与核心。资产管理关注最重要的两点：一是最佳经营原则，即内部收益率（IRR）最高；二是现金流和风险。

以产品创新赋能资产，实现资产增值与风险控制。项目形成了不同阶段的创新策略与方式。同时形成了高和新街的迭代框架，具体表现在：①策略升级：聚焦新办公用户需求的产品创新体系，以构建从顶层创新到快速迭代的具体路径；②创新价值量化：从用户、市场、招商、运营、投入产出、品牌提升各个维度进行创新的价值量化评估；③适度创新：以资管为核心，抓住创新的成本与边界，把握针对不同用户可转化价值的适度创新；④弹性迭代与敏捷应答：通过灵活办公空间与场景的迭代，敏捷应对市场反应与客户需求，形成经济环境下行与疫情期的敏捷反馈与项目韧性。

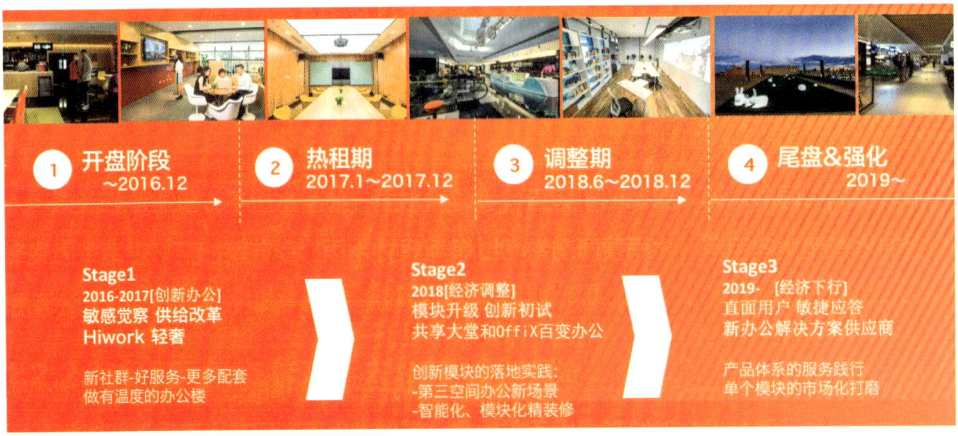

新办公的弹性创新与适应性迭代实践

新街高和的办公 4.0 迭代将目标确定为：以创造真实价值为核心，以可信、专业、创新构建新街项目私域流量；拥抱数字化创新，可适、可迭代路径；共建安全美好办公新社区。这样的探索，让新街高和即便在 2019 年经济下行以及 2020 年新冠肺炎疫情的恶劣环境下仍能保持强韧的产品力，完成 90% 以上的入驻率。

动态协同创新赋能与迭代实践

4 总结——城市更新复杂系统的适应性创新与实践策略

4.1 开放目标下复杂系统多元主体的适应性创新实践路径

从大栅栏项目可以总结出，针对一个复杂系统的城市更新项目的创新迭代实践，需要把握以下五点：

①建构一个系统顶层设计的目标与机制：既有阶段性的目标规划，又有每个阶段的目标弹性，虽然未来系统的最终目标与形态不可预知，但每一步都可以被人们认知、理解，因而可以在过程中作出有利于改善的决策。

②构建一个包容性的试对也试错的小微迭代创新实践的方式：通过小过程的尝试可能突破大转变的发生，助力“最优解”的诞生。

③巧妙的跨部门协作：用“四两拨千斤”的方式凝结力量，且要与外部系统建立有效的连接，随时与外界环境保持反馈，不断调整、适应、创新、应用。

④把握好系统的平衡：既需要有稳定的力量，又需要有变化的力量；既要有理性解决问题的实践，也要有软性的不断发生新内容的可能性；有一群既愿意合作但又有所不同的群体。

⑤构建一个动态平衡、开放共生、持续生长的网络：将所有的节点与链接、变化与突破，反馈与成长不断共同演化，生成复杂系统的自我进化与持续发展平衡。

4.2 确定性目标下商业城市更新项目的创新迭代路径

从新街高和项目来看，确定性资产管理目标下商业城市更新项目的创新迭代有以下几个关键点：

一是市场为先的专业化认知与技术能力：即通过市场转化实现更高 GMV 的技术能力；市场为先，快速有效地将智力转化为产品，控制市场风险；通过产品力、品牌力与服务提升吸引优质客户；构建市场信任与双赢网络。

二是可转化的落地创新能力：通过领先的理念探索、用户研究与创新能力实现不同模块试对探索与低成本试错的微小迭代。

三是注重“最后 1 千米”的专业资产管理标准化与实战能力：形成价值量化转化的基础。

四是系统价值链整合的高度与全链条视角：包括自上而下的顶层设计与全链条优厚资源与平台——具有足够高度、广度、深度的城市更新办公领域资源；地产基金募集、投资、管理、退出的全链条视角下不同利益主体核心要素与磨合；硬资产管理要求下的项目实践价值迭代等。

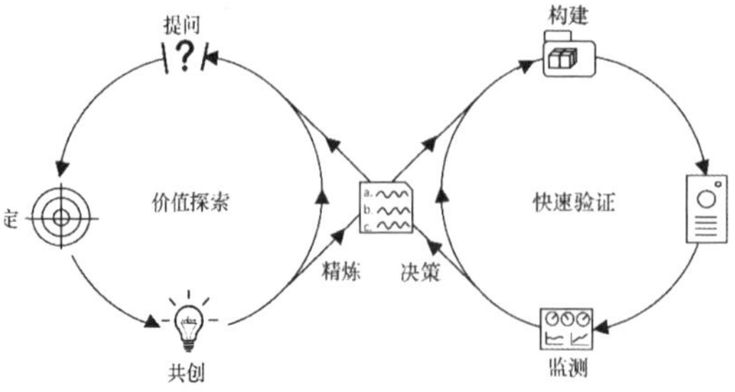

“持续交付”中持续交付双闭环模型

综上所述，针对复杂的城市更新项目，都需要经过连接不同利益相关方的价值网络进行适应性创新，以灵活的小步创新迭代来达成不同阶段的目标变化或是内外部环境变化所产生的影响，类似“持续交付”中的双闭环模型，以形成具有韧性的价值探索与快速验证的迭代创新，最终实现项目的可持续的价值创新。

编者按：

社区的社会组织力、自发微更新力，一起看看如何发掘日常生活里的更新推动力。

基于社区自组织途径的胡同绿色微更新模式和实践

——以北京大栅栏历史街区为例

李倞

1 绿色微更新的研究背景

改革开放以来，随着城市化进程的不断推进，城市的发展出现了很多新的局面，同时也面临着新的问题。在早前的研究中，更多的学者在关注城市扩张，聚焦城市新区的建设，而在近期的中国城市建设中，关于城市内部空间的城市更新项目得到了更多的关注。承载记忆的旧城街区如何保护历史价值，如何改善居民的生活，如何激发区域活力，是当今城市化进程中迫切需要解决的问题。

大栅栏片区具有深厚的历史文化底蕴和悠久的绿色空间营造传统，居民有大量自发的绿色微更新行为，目前已有较多团体进入老城区探讨绿色微更新模式。老城区的居民组成具有特殊性，人口老龄化现象较为明显，人口层次差异较大，居民之间的互动往往依赖社区。

在“存量发展”背景下，绿色微更新更符合老城区“留白增绿”的发展需求，而社区作为居民交往的单位，在居民自发的绿色行为中起到了重要的作用，社区参与成为绿色微更新的新途径。在社区的引导下，建立街区与政府、企业、居民、高校之间的新型互动模式，把绿色微更新变成自下而上的居民互动，是目前老城区“留白增绿”的关键工作。

2 城市微更新相关理论和实践

“微”是细小、轻微的意思；“更新”则是除旧布新或改过自新，已引申为旧的去了、新的来到的意思。由此可知“城市微更新”的含义是在轻微改动的基础上除旧布新，为城市注入更多活力，而“城市绿色微更新”的含义就是着重于强调城市在绿化方面的轻微改造。

2.1 国内城市微更新相关理论

我国最早在 2012 年 2 月于国际城市创新发展大会分论坛“城市的使命与未来”上，由时任住房城乡建设部副部长仇保兴提出“重建微循环”理论——不要迷恋巨型城市，要树立“小就是美，小就是生态”的观点。他认为现在的发展阶段不适合“大拆大建”，而应倡导“有机更新”，积极拓展“微更新”，“城市微更新”的理论应运而生。“微更新”理论是对吴良镛先生提出的“有机更新”理论的继承和发展，主张城市建设应遵循城市内在秩序与规律，以适当的规模、合理的尺度处理各种关系，指出要进一步探索小规模改造与整治方面的研究，探索小而灵活的城市更新。

2.2 国际城市微更新相关理论

除了我国，国际上对“微更新”模式的探索也从未停止。第二次世界大战结束以来，西方国家在“光辉城市”等理论的影响下进行着大规模的城市更新改造活动。直到 20 世纪 60 年代，西方学者开始对大规模改造的城市更新模式进行批判，越来越强调“人的尺度”在城市建设与改造中的重要性。

刘易斯 · 芒福德（L. Mumford）的《城市发展史》、简 · 雅各布斯（J. Jacobs）的《美国大城市的死与生》以及舒马赫（E.F. Schumacher）的《小的是美好的》均明确表示出对大规模城市改造方式的强烈反对，认为大规模的城市改造是一种“天生浪费的方式”，破坏了城市的多样性，并强调城市建设应当注意人的基本需要，城市建设和改造应当符合人的尺度。而柯林 · 罗（Colin Rowe）的《拼贴城市》以及史蒂文 · 蒂耶斯德尔（Steven Tiesdell）、蒂姆 · 希思（Taner Oc）、塔内尔 · 厄奇（Tim Heath）三人合著的《城市历史街区的复兴》更直接提倡以一种小规模的渐进方式，保护和丰富现有居住环境和社会结构。随后，柏林国际建筑展览会（IBA）针对柏林老城区空间设计进行了微更新实践，以多特蒙德大学教授制定的“批判的重构”为设计依据，提出修补受损的街边建筑，寻求街道空间的连续性与多元性；保留原有老建筑，并通过新建的转角建筑和庭院建筑对原有街坊进行重构，完善城市空间类型，从而使城内重新焕发出活力。

2.3 国内外城市微更新相关实践

除了“城市微更新”理论的发展，世界各国也在积极落地实施各种改造项目。国际上有丹麦、美国、英国和澳大利亚实施的共享社区制度，美国西雅图华埠国际街区城市微改造，日本花田小区“按块划分，分块完成”模式的改造等。国内则有“行走上海2016——社区空间微更新计划”、深圳“趣城”系列计划、广州“微改造”模式等。而在北京，微更新项目更加普及，涉猎的范围也更加广泛。大到王府井商业圈高端购物中心转型的微更新、北京石景山区城市公共空间微更新，小到西城区广内街道打造的精品街区、大栅栏笤帚胡同建设的“胡同客厅”、北京老城区公共空间景观实践探索等。

3 大栅栏片区院落自发绿化情况

大栅栏历史文化街区是北京规划的第一批 25 片历史文化保护区之一。大栅栏位于天安门广场以南，前门大街西侧，是南中轴线的重要组成部分，总占地面积约 126 公顷，主街从东口至西口全长 275 米。自明永乐十八年（1420 年）以来，经过 600 多年的沿革，逐渐发展成为店铺林立的商业街，这里是京城文化精华所在，是明清北京重要的商业中心。经过多年的增量发展，进入存量更新的时代。

大栅栏片区目前大部分区域为居民居住，在主要街道两侧有较多商店，是个居住商业混合的区域。此次研究着眼于大栅栏片区独特的胡同合院景观文化，通过对大栅栏片区中的 309 户当地居民进行入户问卷调查，对大栅栏片区院落内的自发绿化情况进行了总结分析。

3.1 院落自发绿化行为具有普遍性

老北京谚语“天棚鱼缸石榴树，先生肥狗胖丫头”，描绘的是北京旧城院落内的自发绿化行为，这是埋植在胡同院落内部的绿色基因。据统计，走访的 309 户住户中，约 60% 的住户拥有自己的院子，或是独院或是杂院。拥有院子的居民都有绿化行为；没有院子的住户中，约 1/3 的住户有自发绿化行为，利用屋内、窗台等微小空间种植植物；无自发绿化行为的住户总占比为 26.54%。绝大部分居民都有院落自发绿化行为。

3.2 院落自发绿化行为植物种植模式多样

胡同内绿化行为的植物种植模式有五种——攀绿（让植物顺着墙面、屋顶自然生长，或搭建藤架控制其走向）、悬绿（悬吊起来的盆栽）、堆绿（放置在窗台或地面的盆栽、花池）、植绿（地栽）和浮绿（水培）。堆绿形式的种植最为普遍，其次是攀绿，这和植物种类以及种植空间有关。北方的水生植物较少，悬吊和地栽则较占空间，所以胡同居民多是种植小盆栽或瓜藤、葡萄藤等。

不仅种植形式多样，容器形式上也有很多变化。胡同居民们多倾向于使用购买的花盆、花瓶，也有一些居民喜爱露地栽培或将植物种植在砖砌的、石砌的花池中。还有不少居民利用家中的废旧物品将其改装为种植容器，比如废旧的洗手池、木桶、塑料箱、金属桶、洗脸盆、水桶、饮料瓶等，绿色环保的同时还为院落空间增加丰富的生活气息。

3.3 院落自发绿化行为的居民活动

绝大多数居民表示在养护植物的同时进行身体锻炼和邻里交流。据调查，超过九成居民自己养护植物，少数由邻居照看。八成以上的居民每周照料花草超过 3 次，每次花费不到 20 分钟的时间。居民表示这已经自然而然地变成生活的一部分了。

3.4 总结

大栅栏片区居民大多具有院落自发绿化意识并且在行为上得到落实。胡同居住空间狭小拥挤，但居民都有对绿色空间、绿色生活的向往。不仅将院内的围合空间利用起来，也不放过窗台、墙角这样的边角空间，侍弄花草、种瓜点豆，探寻多样的植物种植方式，在种植容器、工具等方面采用废物利用、变废为宝的方式。这些自发的绿化行为是我们引导社区自组织的绿色微更新的坚实基础。

虽然大栅栏片区的自发绿化行为非常普遍，但不可否认的是也受到了很多限制。最大的问题就是空间不足，这是历史街区自身的特征造成的，这也是自组织模式推进过程中需要关注的主要问题，同时一些种植方面的技术问题也需要解答。

院落内的自发性绿化行为对居民的心理健康、身体健康、邻里关系等方面都有很大益处。在访谈过程中，很多居民表示：“心情不好的时候，看到花儿也就不那么难受了。”而侍花弄草也早已成为居民生活的一部分，是在狭小空间中持久稳定的身体锻炼方式。在植物种植的过程中，邻里间多有交流，无形中促进社区邻里关系的良性发展，营造“有人情味儿”的生活街区。这也是我们引导社区自组织绿色微更新的重要意义。

居民的自发性绿化行为的普及给自组织模式提供了坚实基础，从中暴露出来的局限因素也为自组织模式带来思考，从中获得的益处则是自组织模式的意义所在。

4 社区营造模式

4.1 “四元互助，多方共赢”的更新模式

“四元互助，多方共赢”是社区营造模式主体之间相互关系的最佳写照。指的是高校、政府、企业、居民四方力量，在能力范围之内进行协调互助，利用它方力量来补足和完善自方在社区营造中的短板及劣势，从而达到各取所需、共创共赢的理想效果。

高校作为主导力量，承担微更新方案构建、项目推进、技术指导等相关工作，并在微更新项目推进初期扮演“黏合剂”的角色，将吸引另外三方力量进行合作，产生四方共鸣。通过微更新方案的落地，使得学术以及理论层面的设计、更新提升方案亦得到切实的落地与实践。

“四元互助”模式图

政府（街道层面的基层管理机构）作为中间力量，在微更新项目落地的过程中发挥监督、动员、线下传播的作用。对于一些较新的落地实践，为更好地动员居民参加，并将活动以及项目更多地在居民之间进行传播，街道居委会发挥了不可替代的作用。而筛选优秀项目、把控优质项目落地，则可在一定程度上提升居委会的公众信任度。

居民作为参与主体，提供自家院落为微更新方案的实施提供空间，是微更新方案落地的主要参与者和受益方。居民在分享其在旧城中的生活习惯和对于微更新方案的畅想时，参与到整个方案的设计中来，收获参与感，并在一定程度上保证了微更新方案的“正向”引导，避免改造的盲目、与生活脱节等问题。

企业作为支持力量，对整个项目的资金、场地等提供帮助。部分企业在投资建设的过程中，与街道合作，进行部分更新建设，多数以“硬更新”为主，如建筑的加固和重建、公园的建造和美化、社区活动中心的建设等。而一些“软更新”，如社区活动的开展、社区文化建设层面，单靠企业和街道来进行，则会在新意以及专业程度上面略显生硬和局促。联合高校一同开展“软更新”，也是提升“软更新”质量的途径之一。

4.2 绿色微更新——梦想花园计划

梦想花园计划是以“绿色”作为微更新介质，进行旧城微更新的项目，它以触发“四元合作”为主要的更新切入点，选取了大栅栏街道作为首个更新实验落地基地。北京林业大学园林学院作为主导力量，大栅栏街道办事处作为中间力量，大栅栏街道的居民住户作为参与主体，大栅栏投资有限责任公司作为企业支持力量，保障了 2019 年梦想花园计划顺利实施。

梦想花园计划的实施从时间线这个纵向维度来看共分为三个阶段：力量集聚、设计落地、成果巩固；从横向维度来看，为互动、展览双线共同发展。

4.2.1 纵向维度

第一个阶段为力量集聚。高校、企业在旧城走访和策划、举办相关活动的时候进行了初步接触，并结合各自需求对旧城更新方案提出初步设想。在梦想花园计划中，“绿色＋软更新”的方式便触发了第一个回合梦想花园计划小组（北京林业大学园林学院）与大栅栏投资有限责任公司的合作。在拥有资金与技术的基础上，双方共同寻找合适的绿色微更新落地片区，并寻求街道的协助。在街道进行协调与宣传的同时，开展目标片区的绿色现状调研，对其整体的更新基础进行摸底，并在走访时寻找可以进行梦想花园计划落地的院落空间以及居民，后期经过筛选以及确认便可锁定最终的更新对象。在梦想花园计划中，更新改造对象选定了 4 户居民，将对其部分院落空间进行改造。通过不同的接触方式，四方力量已经有了初步的接触，且各方力量找到了自己的位置，为梦想花园计划的后续开展打下基础。

梦想花园计划实施逻辑图

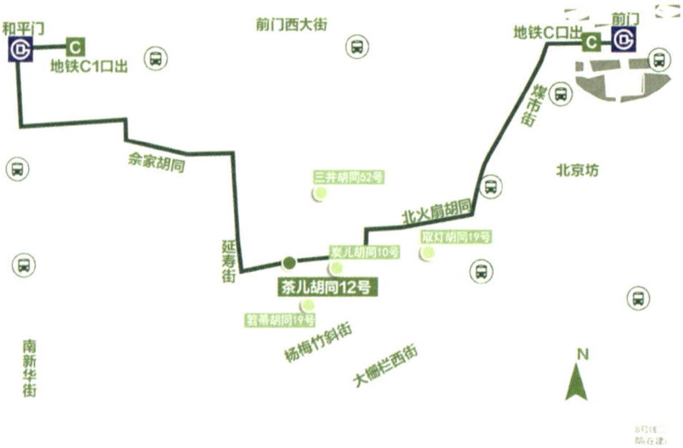

入选院落分布图

第二个阶段为设计落地。经过前期的对接与筛选，第二阶段梦想花园计划进入深入的设计阶段，对接 4 户被改造居民的需求，量“院”定制微更新改造方案，进行落地改造。

三井胡同 52 号：整体院落空间较为狭小，主要的被改造部分集中在院落东侧一面向西的墙面上。墙面上部存在多根管道，下部具有不可拆卸的水泥基础，是改造需要进行着重处理的部分。在考虑管道承重以及浇水维护便利的同时，加长绿植吊线，利用绿植悬挂的方式美化管道；而水泥基础则选用较为轻薄的竹片进行遮挡，尽可能缩小对过道空间的占用。

取灯胡同 19 号：整体院落空间较为宽敞，可更新设计的空间较大。院内西侧墙面本就存在较多的居民自发性绿化，但较为零散。梦想花园计划结合居民的实际需求，在对墙面进行立体绿化更新的同时，增设小黑板与刻度量尺，可为院落的小孩子提供绘画和身高测量的空间。

三井胡同 52 号改造后

取灯胡同 19 号改造后（王馨艺 摄）

炭儿胡同 10 号：整体院落空间较为狭小，院落原有的自发性绿化多为菜果。空间上依旧以增加立体绿化为主；在植物的选择上保留了原本的彩椒，新增多肉、绿萝等配植。

炭儿胡同 10 号改造后（王馨艺 摄）

笤帚胡同 19 号改造后

笤帚胡同 19 号整体院落空间较为狭小，且被改造墙面向北，采光条件较差。结合被改造住户有回收瓶罐的喜好，更多地将绿植种在瓶中，并采用水培等方式，增加其空间的丰富程度。

第三个阶段为成果巩固。在院落空间更新改造完成之后，举办梦想花园计划系列线下活动，并持续性进行线上宣传。开放 4 个微更新试点院落，使附近居民、游客都可进行参观游览，感受“绿色”为院落带来的更新与变化。周末及节假日，举办菊花节等系列活动，邀请参与改造的居民分享改造心得及对改造成果的看法，并邀请街道、企业、高校代表等四方力量再次集聚，对项目的可持续性发展进行探讨。

成果巩固阶段海报

4.2.2 横向维度

梦想花园计划的推进是双线并行的。第一条线为展览线，即在原有的大栅栏茶儿胡同 12 号院北京林业大学园林学院示范教研基地中进行的持续性与绿色的微更新，旧城微更新有关的展览、沙龙等活动。它的持续性运营为梦想花园计划的实施奠定了良好的群众基础及专业基础，并为梦想花园计划的开展提供了活动场地。茶儿胡同 12 号院也在运营过程中实现了一定程度上的更新与再利用。第二条线为互动线，以绿色微更新的目标片区即大栅栏片区的调研和走访为主。通过入户式访谈，与居民进行深度交流，对住户改造的更新需求以及绿化现状进行调研，并与参与更新落地的居民进行多次、持续性的交流，使梦想花园计划落实到院落花园中。

茶儿胡同 12 号院

4.3 运营效果以及反馈

项目自实施以来，引起了社会的广泛关注。微信公众号推送浏览人次破万，北京电视台和西城融媒等官方媒体也对梦想花园计划进行了视频宣传，取得了较大的社会反响，在一定程度上对北京旧城的其他片区更新也产生了不小的影响。梦想花园计划是绿色微更新在旧城中的一次尝试，为绿色微更新继续的发展提供了更多可能。

5 总结

当前我国城市发展正逐渐从增量空间扩张转向存量空间优化与重构，城市更新也由大规模、激进式更新转向小规模、渐进式有机更新。近年来，政府越发强调自下而上的社区治理和社区组织的培育。党的十九大报告指出："要打造共建共治共享的社会治理格局，推动社会治理重心向基层下移，实现政府治理和社会调节、居民自治良性互动。"因此，探索自组织参与社区发展的途径，促进社区的自治发展，具有重要的现实意义。

在创新社会治理和规划转型的背景下，如何在社区治理层面提高居民的自主意识与参与意识是社区微更新关注的重点。目前国内对自组织参与社区微更新的研究主要是结合单独的实践案例分析社区更新内容，而梦想花园计划则从"空间营造"和"社区治理"两个视角出发，对自组织的社区微更新进行探讨。在"空间营造"层面与社区相结合，利用闲置空间改造居民院落，提升生活品质，其关注点为社区物质空间的微更新策略；而在"社区治理"层面多结合社会学、空间行为学等学科，以微更新实施路径、微更新行动、参与主体、社会资本等方面为研究重点，并逐步向社区微更新中的自组织参与方向发展。

面对未来可期的自组织更新模式，规划从业者有责任为新型更新模式的探索作出贡献，将"空间营造"与"社区治理"两种自组织模式紧密结合，发挥两者各自的优势，共同实现社区可持续发展的愿景。

编者按：

为旧城区小空间注入智慧内容，可以为人们带来更加鲜活的生活。

小空间，大数据

——以北京市西城区金融街智慧跑道为例

乔旭

1 城市核心区更新

城市核心区是城市综合功能集中的地区，也是城市公共活动相对集中的区域，体现城市发展的综合水平，空间建成水平较高。此类区域的城市更新一般尺度较小，空间较为局促，若以传统的设计思路和方式进行，难度较高。

因此，在设计之前，为了筛选城市核心区的微空间更新抓手，我们进行了关于公共空间使用的需求调研。调研针对社区公共空间中的活动展开不记名问卷收集。调研结论中，81% 的居民希望步行 3~10 分钟之内可以找到日常健身场所，40% 的居民在 17 种日常运动项目中选择了散步和跑步，44% 的居民一周进行 2~3 次户外锻炼，65% 的居民单次户外锻炼的时长都在 30 分钟以上，60% 的居民期待更完善、更好玩的户外健身设施。针对调研结果进行分析，我们意识到空间和设施的更新并不是核心，核心是满足大家的行为需求。

设计从散步、跑步这类普及度最高的活动开始，针对城市核心区的空间特征，进行了设计延伸。在不同类别的核心区更新中，可以尝试用不同的途径应对建成度高、空间狭小和使用人群特殊等具体设计前提。

如城市核心区的更新中包括功能高度复合的街区，在未来升级优化进程中需要为更多样的客群提供完善的服务支撑，空间更新升级同样需要因地制宜地实现设施、服务、管理、生活的全面提升。社区周边人行步道进行升级改造时，可以通过增加发电踏板、智能座椅、无人售卖机、健身盒子、医疗盒子等设施来完善街区功能，促进街区活力，使跑步运动更智能化、便捷化。

如核心区的边角绿地更新可以实现下楼即到的健走区，在社区或临街的闲置绿地中

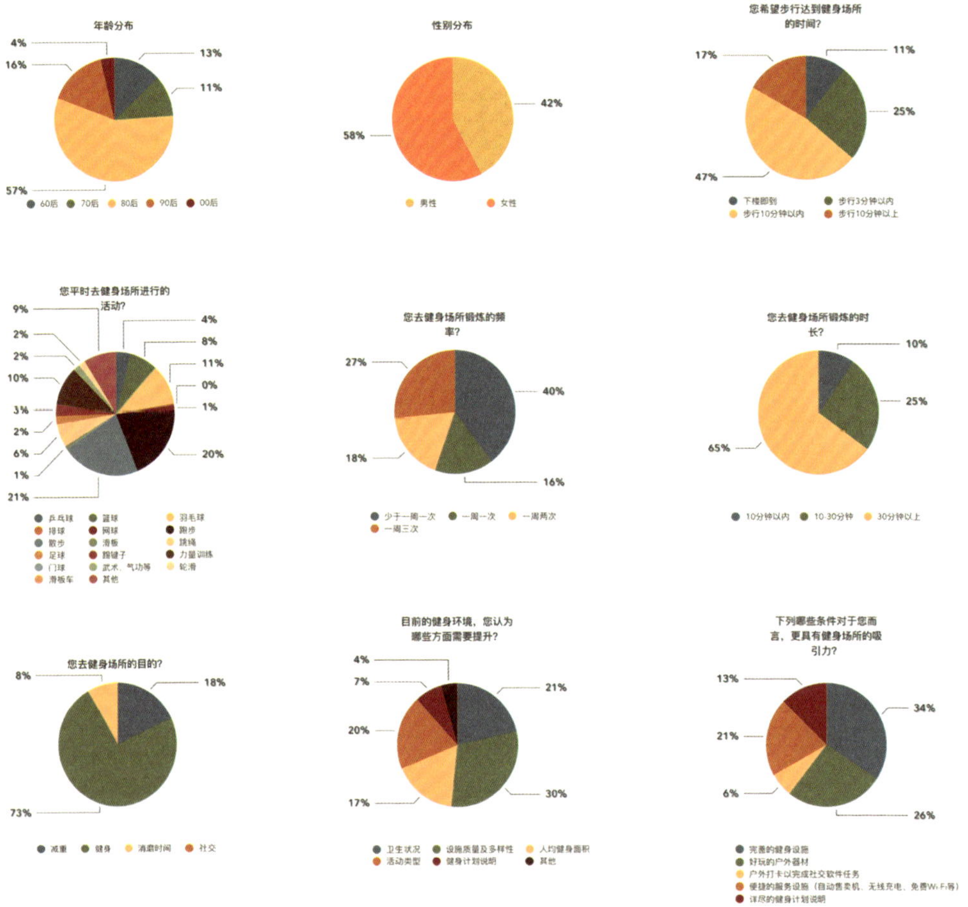

居民健身习惯调查数据汇总

设计健康步道，未来能够连点成线，以线网的形式连接城市核心区社区地块，形成独特的城市活力景观系统，从而提升社区居民的健康生活环境，为社区增添更多活力。

又如主要使用对象是周边居住区的白领精英人群时，对于这个群体来说，可以设置有夜间照明功能的无干扰LED炫动跑道，同时结合管理商业服务，为其提供“夜跑”条件。

通过设计，可适应上述场地和使用者的特殊性，结合科技、艺术、运动、数据因素，为运动赋予新的意义和乐趣，依托场地形态和运动方式，提升跑步、散步的趣味性及参与感，弥补核心区公共空间中尺度的不足，为场地注入活力。同时，整体场地布局及景观设计可以通过核心空间形成多个相互影响的活动组团，增加空间的多样性和趣味性，为市民在不同的场所空间提供多种交往的可能性，同时也为文化交流、代际沟通带来更多的可能。更广泛些，可以延展到核心区中可利用的绿线内空间，规划建立“绿道系统 + 隐藏的雨水系统 + 可视环境系统”的复合景观体系，以承旧启新的渐进氛围铺底，着力于健康友好的条带型公共空间。这样，绿道本身可自成多种距离的环线，同时在两端与更大范围内的城市绿道友善连接，构建功能复合的城市慢行系统，联通和重塑城市、自然与人群的关系。以慢行绿道组织城市生活并重塑组团间的边界。再由此链接辐射到面域中，缓解多重用地因素间的冲突和隐忧，激活区域能量并引领未来发展。通过绿道的延展构建新的区域空间架构，重现文化魅力，通过一系列的空间联动，可以通过城市核心区更新的过程，实现创新与发展。综上所述，城市需要积极地利用更加智慧的信息技术，以改善资源的利用，降低公共成本，提高运行效率并连接更多元的生活方式，最终为城市带来更多的活力与更新的价值。

在项目落实中，化繁为简，以跑道为空间更新的设计核心，改变设计思路，是本项目的设计创新尝试，也预期在项目建成后，改变周边社区居民、白领等使用者的日常生活，融入健康积极的生活态度，增益更多的社会价值。

2 金融街智慧跑道

项目地处北京西二环的核心地段，是城市核心区空间更新的代表。在这个区域发展进程中，场地面对了一个与建设初期完全不同的复杂社会环境。面对不同层次的使用需求，本次更新尝试让场地成为更加良好运转的生活空间。改造升级的户外友好、智慧便民的健身内容，也顺应了新型城镇化发展的国家级战略信息化提升的目标和方向。

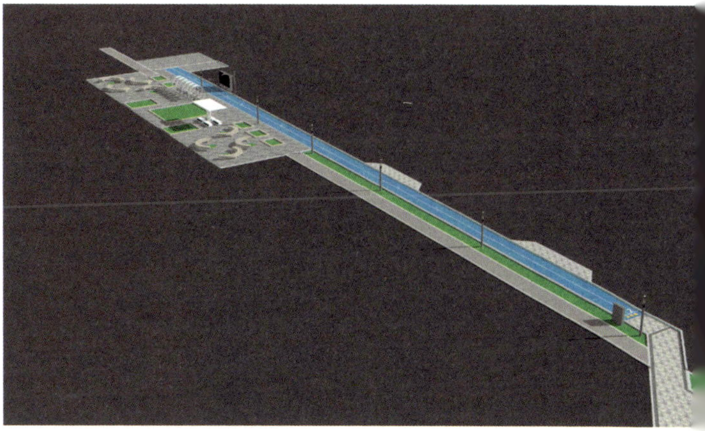

智慧跑道模型

设计创造了新的环境空间概念，营造了新的工作生活方式，以此为起点，建立场地空间独有的公共平台，融合工作及休闲，形成丰富而独特的空间。为实现这样的初衷和愿景，设计采用复合技术手段，并非由独立个人全流程完成，设计团队也不再是一个单一的景观团队，而是综合了规划、设计、建筑、园林、信息、雕塑、艺术、绘画、数字艺术等多专业跨界的创新。实施中也进行了互动装置的全程设计及管理，包括但不限于与数字艺术家、界面（UI）设计师、程序设计师、灯光照明工程师、网络工程师、土建工程师等多方的对接协调，以实现对项目整体风格和使用效果的把控。设计利用场地内现有的3米宽、120米长的园路，在多专业跨界思维下，合作设置了自控起跑、跟踪记速、感应跟随、人脸识别、会员成绩累积、高光时刻摄影，以及大屏成绩排名、速度计算播报等功能的百米赛道和互动健身车。

设计具体实现的过程可以划分为四个阶段。首先是对于使用人群的深入调研。项目区位的特殊性决定了主要的使用人群也很具有代表性，他们既是中央商务区（CBD）的金融人士，也是生活在北京的芸芸众生的一员，设计给夜幕降临的金融街畔创造出一个更有活力的空间，以此为起点，建立场地空间独有的公共交互平台，促进更多的交流和沟通。

智慧跑道效果图 1

其次是设计流程的创新。设计逻辑的底层创新带动项目流程的再造，多方地对接协调、多重角色和多边知识衔接沟通远超越技术本身的难度。

第三阶段是技术的融入。互动景观并非简单地将技术生硬地叠加在环境空间中，编码背后的文化多样性更值得期待。从策划之初到运营落地的百米互动赛道、互动健身车的单人互动和多人竞速的不同模式，以及多人互动中也可以实现社交平台的功能、互动场景切换等，用应用技术提升生活空间的品质。

最后，从整体设计角度讲，这次的尝试在于跨专业的设计整合，也见证了技术契合环境空间的全过程。

具体设计的空间节点包括百米互动赛道和互动骑行两个主要部分。根据场地空间，设置两条赛道，供双人竞速。赛道会实时计算出跑者的均速和峰速，全程伴随参与者的竞速进度。在终点互动触发后，参与者会收获完成竞速时的掌声与欢呼，竞速成绩也会同步播报在终点的 LED 大屏幕上，并进行综合排名。经常前来参与的优速选手，还会以常态出现在总擂榜上。

另一个节点，互动健身车是此次升级改造的亮点之一，在此处落户之后，备受大家欢迎。在场地中依据视距范围、互动空间距离以及场地可改造区域，最终落成 6 台互动

智慧跑道效果图 2

健身设备。设备通过速度感应与LED大屏交互，在健身锻炼的同时，享受互动沉浸的乐趣，轻娱乐的方式可以持续提升空间的趣味性。目前可实现单人互动和多人竞速的不同模式，多人互动中可以实现社交平台的功能，互动场景可以进行切换，会员使用也将会有更多拓展，持续升级。

城市更新中遇到的许多问题，都是之前的项目经验中从未积累的。以新的思维方式，探索城市更新设计的途径，从无到有尝试的勇气，引领我们用数据化的力量改善城市生活。在空间稀缺的核心地域，提升环境品质，成就空间持久的吸引力是城市更新中面临的核心问题。设计师发挥了技术层面的积极作用，用数据化的力量改善了城市生活。

项目初步建成后，仅仅45天内逾万人次“打卡”，已经成为金融街片区最为活跃的社交空间，奠定了有益身心的文娱计划开展的基础，也让我们看到了城市核心区公共空间更新的更多的可能性。在场地的使用过程中，总有络绎不绝的行人停下来、骑上车感受一番，更有晚餐后戴着耳机在自行车上一骑数十分钟进行有氧运动的周边工作人员和居民。

智慧跑道效果图3

编者按：

信息通信技术（ICT）的公园，看得到的互动和看不到的数据，未来公园有多少种可能？

城市公园未来碎碎念

——人工智能（AI）赋能城市更新

王鹏　伍晓苑

公园的面积占到了大多数城市建设用地的一两成，如果算上作为非建设用地的郊野公园、城乡绿道等，基本上就是城市的一小半面积了。作为与工作居住并列的游憩功能的主要载体，公园可以说是最重要的城市功能区之一。

由于工程建设量较小、个人用户流动性大且消费密度低等原因，在智能化领域，公园往往是安防、旅游、环保、交通等常规应用的拼凑，很少作为独立的场景被研究和实践。自从百度在海淀公园建设了 AI 公园，智慧公园和类似的智慧绿道等在各地也成为热门的建设项目，由于其贴近市民生活、互动体验丰富、引流效果明显，逐渐成了最受欢迎的智能化场景。笔者团队和北京甲板智慧科技有限公司（以下简称“甲板科技”）合作完成多个智慧公园项目，探索了公园智能化改造的方法、技术和产品体系。

在以公园为代表的绿地和游憩类空间中，借助信息通信技术可能改善的经营和管理的问题主要有以下几层面。

1 从粗放管理到数据驱动运营

我国的城市公园一般归园林绿化系统管理，其管理诉求也相对单一。但现代城市公园的价值除了美观和游憩以外，也在调蓄水资源、减少噪声、减弱热岛、防灾避险等方面发挥重要作用，因此对公园的管理需求也趋于多元，但传统的以人工为主的粗放方式已经很难满足要求。信息通信技术和大量的新数据渠道，给我们带来了公园管理和运营的新技术体系。

1.1 数据智能改变公园设计、运营与管理机制

在传统的公园管理领域，可以定量化的要素很少，绝大多数是公园里的固定资产、花草树木等。而随着互联网和物联网等技术的发展，从门票预定、检票系统等渠道可以获得当前甚至预估出未来的游客数量；从基于位置的服务（LBS）应用、手机信令等数据可以获得游客的时空分布和属性标签；从社交媒体可以获得游客的评论；各种环境、气象、噪声、积水、人流传感器和摄像头等可以描述公园精细化的微观运行状态；车辆、机电设备等都有自身实时状态数据，描述各部件的工作状态。

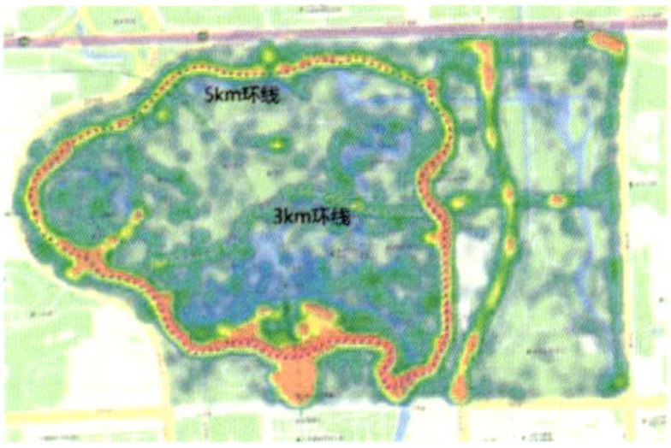

公园大脑

笔者带领团队完成过多个公园的数据分析工作，大多是通过某种数据分析公园某个系统的运行状态及其问题，并提出解决方案。

比如北京奥林匹克森林公园，建成十年后面临规划的再评估和调整，于是我们与设计团队利用互联网大数据对公园的人流进行了时空分析。在公园设计之初，其空间逻辑与景山公园类似，是以中轴线上的仰山观景为游线核心的。但实际运营中，由于铺设了跑步环路，可以从数据上看出，绝大多数日常人流集中在了环路上，加上尺度的原因，只有很少量的游客会登顶仰山观景。这种情况下，公园的很多设施和服务的部署就需要及时改变，以响应不同的需求。数据是我们及时发现问题并作出调整的基础。

另外一个发现是，森林公园在规划时，东西两部分作了动静分区的考虑，西侧为人流比较密集的活动区，东侧为比较安静的郊野区，但设计师对两边的路网密度并没有做差异化处理。在数据的分析评估中，我们发现西侧虽然路网较密，但不少道路人流的分布仍然经常处于拥挤状态，之前没有道路的滨水区域，很多被游客“走”出了新路；而东侧比较幽静，很多道路一整天也少有人光顾。这些结论使公园和设计师在规划调整中进一步拉开东西两侧的设计差异，营造更加丰富的游览体验。

1.2 数据驱动的公园管理平台成为标配

积累了丰富的数据和模型后，就需要建立数据仓库，汇聚数据并为融合分析准备相应的架构。可使用可视化分析工具，自动化抽取所需的数据，为日常决策提供支持。例

如笔者团队和甲板科技共同完成的公园大脑应用，在公园空间中，进行各种分析模拟，通过环境监测、交通监测、能耗监测、安防、养护、照明、灌溉、水景等子系统，为各公园的高效运行提供支持，有效降低管理和运行成本。

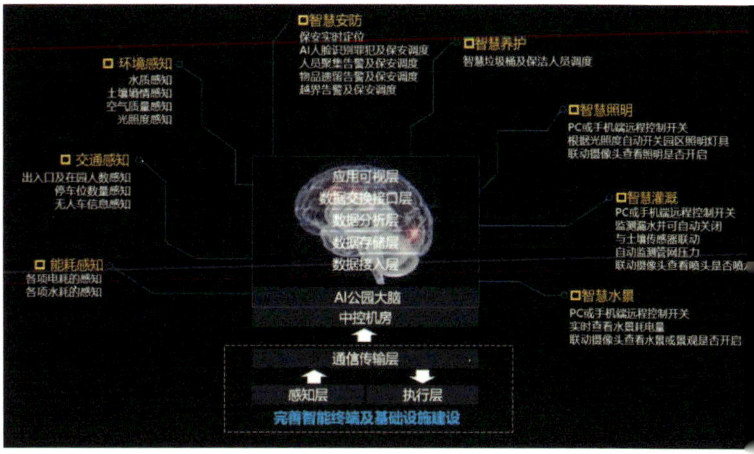

项目获 LEED 金级认证及国家绿色建筑三星级认证

针对已建成的公园，我们将基础设施进行部分改造，全面增加物联网监测系统及感知设备，使公园具备获取基础数据的能力；针对新建公园，我们在建设初期就提出将传统的弱电工程提升为轻智能应用，即公园在建设初期就具备汇聚数据的能力，亦为后期融合分析奠定基础。

在完善智能终端及基础设施的基础上，公园通过对数据的接入、存储、分析，形成公园大脑，实现上层可视化的应用。一方面对公园基础数据进行收集及整理，包括公园基本的园林绿化用地数据及公园管理相关资产的数据；另一方面对公园管理相关的数据进行监测及整合，包括生态环境相关的监测数据、公园日常管理的水电能耗数据、公园日常运营的人流量和车流量的交通数据、公园安防管理中的视频数据、游客及林业安防告警数据、公园养护管理工作中涉及的日常养护台账数据、病虫害监测数据等。在数据全面且长时间的积累下，我们不仅能实现各个分项的实时高效的管理，亦可以实现不同类型数据之间互相融合及有效的分析及管理。

在对公园能耗的管理上，我们利用对于土壤墒情数据的监测及分析，当传感器数值达到设定值时，实现不同灌溉区阀门的自动开启，且联动附近的摄像头开启，供管理中心的管理者核实对应区域的喷头是否开启，并进行用水量的监测，智能发现漏水等问题并可自动关闭阀门。不仅实现更合理有效的灌溉和景观用水，而且实现对于用水量的控制及精准的节约。

在对公园养护的管理上，首先通过各类监测设备（虫情监测仪、智能垃圾桶、视频摄像头数据分析）对养护问题进行智能识别，包括病虫害、垃圾桶满溢等，根据养护人员管理系统，智能匹配对应的管理人员，识别最近的管理人员就近解决养护问题，最大程度节省公园养护的人力及物力成本。

在对公园安防的管理上，通过公园视频摄像头数据的智能分析，实现多种危险情况的告警。在此基础上，结合保安定位管理系统及一键报警系统，将公园各项安防问题实现统一的报警管理、统一的联动调度，提高安防报警响应速度，展现高效的事件处理能力。

2 从景观建设到游客互动体验

在空间与人的关系方面，随着互联网、物联网和数字孪生空间的兴起，我们开始探讨线下空间如何与线上应用结合，丰富互动体验，把人们从纯粹的线上游戏中吸引到更加真实有趣的空间互动中，更重要的是，可以与亲人和朋友一起体验。

2.1 通过智能互动景观设施增强游客与景观的互动

在智慧公园未来场景的探索中，我们尝试在空间中放置一个空间开启开关，将传统的景观元素转换成游客可以与之互动的元素，或者是当环境改变时，景观元素发生相应的变化，这些元素包括传统的照明景观、水景、音响等。

通过压力传感器、声音传感器、红外感应器、雷达等设备，对人的各种行为进行感知。人通过踩踏、喊叫等主动行为，或者路过、接近某个物体的被动行为，例如，来触发可感知的景观元素，将人与景观之间的互动从传统的观赏、游憩转变成参与、交互，景观空间由游客来参与和定制。

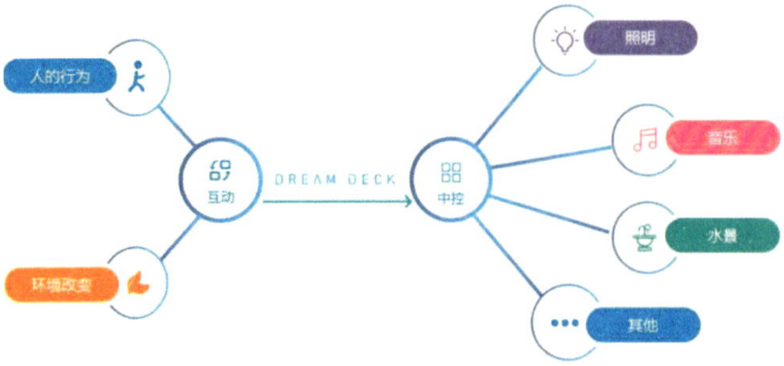

通过智能互动景观设施增强游客与景观的互动

以前只能驻足欣赏的水景，现在我们跳动时就能触发它的开关，让它跟随游客的步伐来跳动。

以前只能驻足欣赏的水景，现在游客跳动时就能触发它的开关，让其跟随游客的步伐来跳动。（建成案例：海淀 G-PARK 科技公园）

以前只能被动观看的灯柱闪烁，现在灯柱的灯光起伏和颜色变化全由游客手的触发而发生令人惊叹的变化和视觉效果

旱喷的灯光效果与声音变换，以及喷泉水柱的高低和位置都是由人对着声音喇叭传感器发出的音量来控制的

每一个音柱代表一个音符，代表一首儿歌，代表一种乐器，代表一种大自然的声音……当游客触发音柱时，便化身成为音乐家

健身步道旁的灯光成了健身跑步的对手，游客可根据自身的需求设置对手的速度，完成健身的同时增加了趣味性

在一系列互动景观从最初的创意到最终落地实践后，我们开始研发更多有趣的产品体验。冬天公园中可自动加热座椅让游客体会到人性化的温暖，座椅上触手可及的位置，有可以方便充电的 USB 接口，为短暂的休憩提供了充足的便利；随处有人脸识别的打卡机记录我们健身的速度、步伐、消耗的热量，给予我们随时随地的更合理有效的健身建议；儿童游乐园不再是只有固定的儿童游乐设施，还有可以和小朋友对话的卡通玩偶，所有的设施会随着小朋友们的动作而互动起来。这不仅是公园的未来，也是我们未来城市游憩空间的演进方向，市民不再只是景观空间的旁观者，他们本身就是景观的一部分。

2.2 以互动剧情游戏增强实体空间的戏剧化

相比情节丰富、感官刺激的线上游戏，实体空间的休闲娱乐体验总是相对单薄的，这也是越来越多的人喜欢“宅”文化的原因之一。传统的空间营造手段加上互动景观能很大程度上改善空间体验，而剧情化的空间游戏则可以为空间注入更丰富的含义，大大增加游览的趣味性。

从 2017 年起，每年北京国际设计周期间，笔者都带领团队在北京白塔寺街区组织名为“智塔计划”的胡同解密游戏。活动以未来世界为背景，讲述了外星人入侵地球并企图破坏白塔寺的故事，而“智塔计划”则是“西城特工情报局”发出的特工任务邀请，参与者需要通过解开任务卡上的层层谜题，到达不同的设计周展览场地，最终化解危机，成功保护白塔寺。当然，游戏设定虽然是“保护”了白塔寺，但我们的初衷是通过一种有趣的方式，让人们回归街道，接触邻里，以全新的视角去探索老城，并借由线上宣传带动线下体验的形式，将这片历史城区中的文化价值挖掘出来，更以参与性强的方式去探索老城保护利用的更多可能。

与之类似，在公园中也可以充分利用各种地物和游乐设施、附加丰富剧情要素，使游览增加一层内涵。 与之同时，我们又采用传感器实时采集人车流量，对游戏的效果动态评估和实时调控，形成了对游客总量和分布的动态调控机制和能力，形成新的公园运营模式。

“智塔计划”海报

“智塔计划”活动现场

“智塔计划”相关资料

2.3 以增强现实应用打通线上线下空间体验

增强现实（AR）是利用计算机视觉技术，将真实场景叠加虚拟图像，形成丰富的错位视觉效果。在剧情基础上，我们可以利用 AR 技术在虚拟空间再增加一层体验，使线上线下更加充分地融合。任天堂开发的增强现实宠物养成对战类 RPG 手游 Pokemon Go 就是一款流行全球的真实空间互动体验游戏，玩家可以通过智能手机在现实世界里发现精灵，进行抓捕和战斗。这给我们启发，以多种方式丰富和增强城市空间和公园空间的互动体验。

AR 技术支持下的 RPG 手游 Pokemon Go

AR 技术结合线下体验

目前 AR 在公共空间中的应用包括 AR 科普、AR 游戏、AR 文旅产品等。在针对海淀某公园的 AR 实践中，我们尝试将 AR 互动游戏融入公园场景中，设置了一条寻找恐龙的探秘路线。我们通过几种方式激活公园的活力：

①通过设置游人感兴趣的 IP 形象，吸引游人探索更多公园的空间。探秘路线遍布公园各个角落，以前游人少的景点也加入路线中，让游客充分体验公园的各个景点。在节假日，通过不同线路的设置，通过虚拟的方式引导游人观赏节假日的特殊景点。

通过虚拟方式引导游人观赏节假日的特殊景点

②通过给宠物投食、养成等运营方式，吸引游人更积极地投入公共空间，甚至是到达不常去的公园。我们将恐龙需要的食物设置在不同的公园中，游人为了得到食物，就会去不同的公园，通过这种方式盘活整个区域的公园资源。

AR 技术支持下的沉浸式科普游戏

③更具吸引力的科普及互动。游戏中的恐龙分为肉食与草食等类型，并附加丰富的知识信息，在游戏过程中可以实现科普的目的；与恐龙 AR 合影的功能，亦有助于社交网络的传播和引流。

与恐龙 AR 合影

3 从传统弱电工程到轻智能应用

公园建设中传统的弱电工程设备成本高，施工动土量较大，施工工期比较久，一旦完工就很难调整，大大限制了各种智能化设备的效果。随着物联网和新能源技术的发展，我们探索了一套部署灵活、成本降低的智能化产品和工程技术，使智能化应用真正变成可以轻松部署、快速调整的模块，使公园变成充满灵活性和有趣多变的流动空间。

3.1 无线通信技术

不管是新建公园还是公园改造类项目，我们在对公园智慧赋能的过程中，如果都用有线网络传输信号，会大量增加土建工程投入，也对设备安装有各种限制。随着无线通信技术的发展，无线 IoT 技术使智能监测设备等物联网及其他边缘节点之间可以采用蓝牙、wifi 等方式连接，与控制设备、视频设备、广播系统等一起连接到 IoT 网关和云端，可以在任意位置快速安装，通过手机或者 PC 客户端去查看状态、接收预警和控制。

为传统的具备公园游客服务属性的基础设施赋予自发电能力

3.2 可再生能源技术

太阳能已经被广泛地应用到各行各业的场景中，在公园中的应用目前有太阳能路灯、智能座椅、光伏路、太阳能雨伞、智能垃圾桶等，为这些基础设施赋予自发电能力。通过人体动能发电的脚踏地板、发电脚踏车等，不仅可以实现与游客的互动，也在设备安装过程中省去了大量设备供电需要的土建工程量。

摆脱了电线和网线的束缚之后，智能设备和应用变成了可以随意部署的要素。通过实践数据分析，无线设备及网关设备以及各种清洁能源的应用，能节省至少 10%~20% 的传统弱电工程量和投资额，实现公园的轻智能应用。

总的来说，以上三方面的改变不仅适用于公园、绿道等游憩空间，我们也正在将其推广至更丰富的城市公共空间项目之中，用丰富的技术手段，围绕使用者的需求和感受进行空间设计和运营。相信随着更多技术的应用和产品的呈现，我们将会在 5G 时代实现空间设计与信息通信技术的完美结合，带给市民更多触手可及的幸福感和获得感。

编者按：

低影响开发（LID）技术重构老水厂，更新中的城市基础设施建设融合景观与文化的创新。

创新理念及技术在水厂海绵改造中的应用

吴昊

1 项目概况

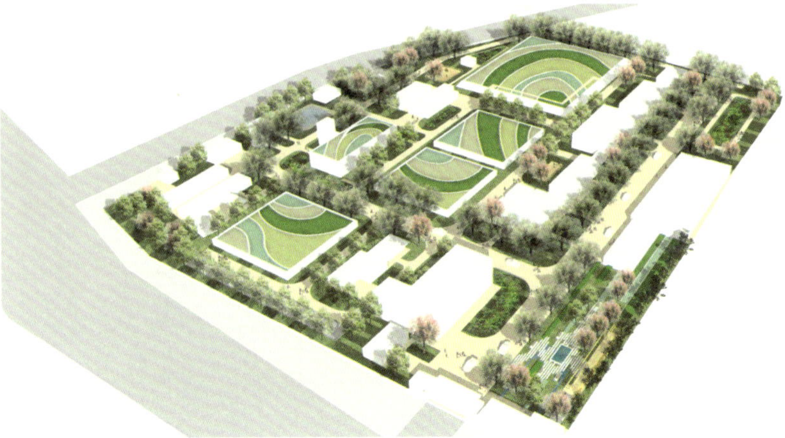

项目鸟瞰图

1.1 项目背景

北京城市副中心是北京新两翼的一翼，将着力打造成为国际一流的和谐宜居之都示范区、新型城镇化示范区、京津冀区域协同发展示范区，未来将形成“蓝绿交织、水城共融、清新明亮”的生态城市格局，形成“两带、一环、一心”的绿色空间结构。以大运河为骨架，依托水网、绿网和路网勾勒出 12 个民生共享宜居组团，在各组团内部发展社区级别网络结构，构建可呼吸的海绵细胞体和“城市山林”。北京市通州区自 2016 年成为国家级第二批海绵城市试点以来，加快推进海绵城市建设，确保 2018 年底前全面完成试点区域各项建设工程。

通州某水厂是通州重要的市政基础设施之一，1986 年建成运行后一直承担着通州地区饮用水供给的重任。北京城市副中心设立以后，水厂的重要性将进一步加强。作为老一代的水务基础设施，新的时代需要新的定位和发展，并承担更加综合性的服务职能。

市副中心空间结构规划图

地理位置

1.2 技术目标

1.2.1 实现年径流控制率在 75%~95%

改造现状绿地、不透水铺装、雨水落管等，建设下凹绿地、雨水花园、高位花坛、蜂巢约束系统、延时调节塘、雨水收集道等 LID 措施调蓄雨水，运用多类型透水铺装渗透雨水，实现小雨不外排。

1.2.2 年径流污染物（SS）去除率大于 45%

增加倒置式雨水花园、雨水收集道、净水镜面水池等创新净化装置，最大化减少径流污染。避免面源污染至管网、下游水体以及地下水层。

1.2.3 消除积水点，增强排水能力和防涝能力

优化排水竖向设计，实现大雨地表排泄通道，增加延时调节塘等多处涝水消纳设施，收集雨水，利用雨水。

1.2.4 成为展示首都水资源综合利用的窗口

将水厂打造成为对外展示的平台，将雨水管网系统局部改造、道路铺装材料和竖向调整、初期雨水弃流和内涝调节、雨水回用等结合起来，可形成局部雨水净化回用的创新系统，并对饮用水、污水、雨水不同水资源的生产、收集和利用情况进行数据可视化展现。

1.2.5 实施创新和可持续技术突破

鼓励在传统技术基础上创新，贯彻海绵城市“渗、滞、蓄、净、用、排”的理念，在雨水花园和下凹绿地联动、雨水断接、路沿石开口、进水溢流设施、监测仪器设置等设计，与流程科学合理的基础上，实现细节上的突破和创新。

1.3 基础条件

厂区主要有硬质屋顶、清水池顶部简易绿化（又称“绿屋顶”）、沥青道路、水泥道路、绿地等多种下垫面类型，根据北京市雨水径流管理相关规定中对不同下垫面径流系数的建议值，可计算得出现状综合雨量径流系数为 0.46。

厂区属于安全级别较高的场地，地势较高且平整、高于周边道路，无地表雨水客水汇入。其内部地形较平坦，呈南高北低的趋势。现状排水方式为雨污合流制，南侧有上游厂外 DN400 污水管接入，厂内雨水篦子与污水管网混接，雨水管网接入雨污合流主管，最终通过北侧 DN1000 管道外排。现状屋面雨水通过雨落管散排地面，空调冷凝管顺墙排放，绿地高于道路，地表雨水径流均通过雨水口排入地下管道系统，围墙墙脚处分散设有微型出水口就近散排。厂区包括新老两部分，老区由于年久失修，路面、道牙均破损严重，同时新老区路面材质不一致导致视觉效果不一致。

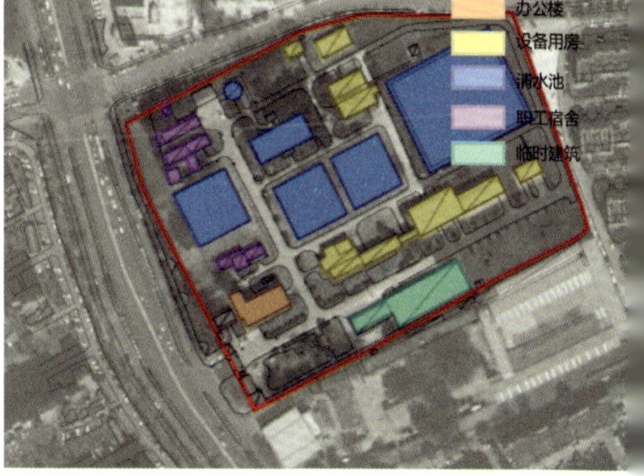

现状分析图

1.4 技术方案

按照海绵城市建设目标要求和北京市雨水径流管理指标的当地要求，遵循因地制宜原则对水厂进行海绵改造，全面优化和提升海绵改造项目区应对水生态、水环境、水资源、水安全风险的策略和能力。本次设计着重从低影响开发系统创新理念及技术应用着手，综合整治优化厂区排水防涝系统，统筹景观美学理念打造花园水厂环境。全厂范围内开展植物群落优化和场地整理改造包含雨水花园、倒置生物滞留设施、净水高位花坛、下凹绿地、透水铺装、延时调节池、辐射井等工程，通过各 LID 设施共同发挥作用从而达成设计目标。

1.4.1 汇水分区划分原则

① 场地雨水排水系统优化后，一条支线管段划分为一个汇水分区；② 有溢流口的各类 LID 设施收水面积划分为一个分区，局部若干联通设施可以算作一区。按照改造后实际汇水情况划定为 19 个汇水分区，汇水分区情况如下图所示。

结合 LID 措施布局的汇水分区划分

1.4.2 LID 总体布置和排水系统优化

分别计算各汇水分区的海绵设施所需调蓄容积，并因地制宜布置适宜的 LID 设施，本次建设 LID 措施总面积共 18 726 平方米，各 LID 设施面积及调蓄量见 LID 设施规模统计和复核表，实际可提供雨水调蓄容积共 506 立方米，容积法复核可实现年径流总量控制率 80.8%，权重法复核可实现年污染物（以 SS 为代表）去除率 44%，按照北京市地方标准和推理公式法校核场地雨水管网排水能力满足 3 年一遇排水标准。

同时，采用创新性技术措施，如延时调节池和辐射井组合，基于地表竖向优化调整后，组织场地雨水径流优先汇入延时调节池内调蓄，可使场地防涝能力提升至 50 年一遇防涝标准。然后，场地雨水出流前经辐射井进一步强化雨水的调蓄、入渗和净化过程。本项设计包含有延时调节池占地 215 平方米，设计容积 334 立方米，辐射井 1 座。

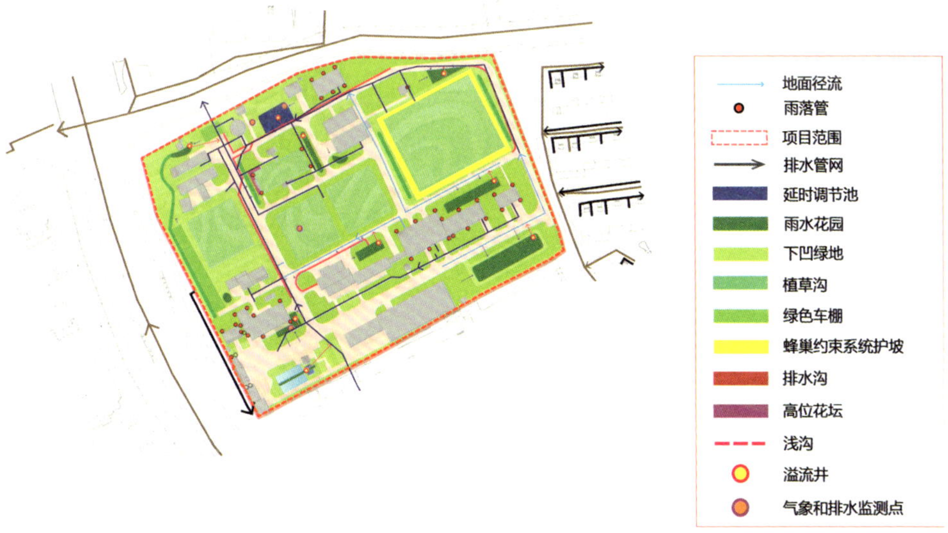

海绵系统 LID 设施布局图

LID 设施规模统计和复核表

分区	汇水面积	径流系数	设计调蓄容积	LID 技术面积 / 调蓄容积												总调蓄量	分区径流控制率
				透水铺装	调蓄深度	调蓄量	下凹绿地	调蓄深度	调蓄量	雨水花园	调蓄深度	调蓄量	延时调节池	调蓄深度	调蓄量		
	平方米	—	立方米	平方米	米	立方米	平方米	米	立方米	平方米	米	立方米	平方米	米	立方米	立方米	%
1	3 710	0.32	33.1	575	0.00	0.0	66	0.00	0.0	42	0.25	10.7	0	0.30	0.0	10.7	44.17
2	1 395	0.32	12.3	364	0.00	0.0	66	0.10	6.6	0	0.00	0.0	0	0.00	0.0	6.6	60.28
3	2 639	0.31	22.6	413	0.00	0.0	425	0.00	0.0	0	0.00	0.0	215	0.20	43.0	43.0	92.98
4	2 697	0.31	23.3	465	0.00	0.0	985	0.02	14.8	6	0.10	0.6	0	0.00	0.0	15.4	66.41
5	984	0.27	7.3	149	0.00	0.0	405	0.00	0.0	51	0.20	10.2	0	0.00	0.0	10.2	88.12
6	1 827	0.38	19.6	406	0.00	0.0	347	0.10	34.7	26	0.20	5.2	0	0.00	0.0	39.9	93.78
7	4 182	0.33	38.2	662	0.00	0.0	510	0.10	51.0	233	0.20	46.7	0	0.00	0.0	97.6	95.96
8	442	0.55	6.7	100	0.00	0.0	0	0.00	0.0	0	0.00	0.0	0	0.00	0.0	0.0	45.21
9	758	0.33	6.9	89	0.00	0.0	257	0.00	0.0	0	0.00	0.0	0	0.00	0.0	0.0	67.50
10	558	0.47	7.4	103	0.00	0.0	196	0.10	19.6	0	0.00	0.0	0	0.00	0.0	19.6	96.31
11	518	0.43	6.2	189	0.00	0.0	200	0.10	20.0	0	0.00	0.0	0	0.00	0.0	20.0	97.18
12	755	0.53	11.1	330	0.00	0.0	159	0.10	15.9	0	0.00	0.0	0	0.00	0.0	15.9	88.60
13	1 024	0.40	11.3	299	0.00	0.0	480	0.03	14.0	0	0.00	0.0	0	0.00	0.0	14.0	85.15
14	4 121	0.38	43.2	595	0.00	0.0	620	0.00	0.0	281	0.20	56.2	0	0.00	0.0	56.2	86.46
15	396	0.42	4.7	242	0.00	0.0	0	0.10	0.0	0	0.00	0.0	0	0.00	0.0	0.0	57.70
16	642	0.41	7.3	188	0.00	0.0	270	0.05	13.5	0	0.00	0.0	0	0.00	0.0	13.5	92.50
17	1 031	0.34	9.7	398	0.00	0.0	374	0.03	10.7	0	0.00	0.0	0	0.00	0.0	10.7	82.87
18	3 084	0.44	37.6	1 332	0.00	0.0	0	0.00	0.0	163	0.20	32.5	0	0.00	0.0	32.5	75.71
19	4 950	0.34	46.3	1 072	0.00	0.0	1 769	0.00	0.0	500	0.20	99.9	0	0.00	0.0	99.9	94.31
合计	35 712	0.36	355	7 971	0.00	0.0	9 238	—	253.7	1 302	—	262.0	215	0.00	43.0	506	80.80

以年 SS 总量去除率代表年污染负荷去除率，计算方法为年 SS 总量去除率 = 年径流总量控制率 ×LID 设施对 SS 的平均去除率。经模拟计算，可实现年 SS 总量控制率约为 44%。

年 SS 总量控制率计算表

序号	设施	年 SS 去除率（%）	年径流控制量（立方米）	年处理雨水量百分比
1	生物滞留设施（雨水花园、倒置生物滞留、净水高位花坛）	75	262.0	36.5%
2	下凹绿地	60	253.7	35.3%
3	透水砖铺装	80	29.7	4.1%
4	半透水沥青	40	129.7	18.1%
5	延时调节池	40	43.2	6.0%
LID 设施对 SS 的平均去除率（%）		54.26%		
年 SS 总量控制率		44%		

1.4.3 景观总平面

从各专业角度出发，水厂工业历史与艺术理念相结合，打造花园式水厂，在保留原厂址功能的基础上优化场地竖向和景观总平面。

景观总平面图

建成前后入口实景

2 设计理念的创新

改造设计的目的是在低影响开发理念下，探索新一代绿色水厂的建设方式，并满足北京市海绵城市试点要求，即最大限度地实现雨水的自然积存、自然渗透、自然净化的可持续水循环。在实现雨洪排涝无压力的基础上，力求在公共空间利用、绿地土壤的雨洪功能、水资源综合效益的进一步提升等方面作出示范型的探索。

2.1 工业与艺术理念的融合创新

设计根源于通州水文化，通过水厂现代工业文明与工业艺术相结合的创新性理念融合方式，打造花园式水厂。改造项目通过重塑水厂的路面层和优化绿地空间本土植被群落组合，以实现线条化的建筑布局和绿化肌理融合、高低错落的空间构造和四季轮转的色彩变化融合，形成整体上清新、生态、艺术的新形象。

2.2 低影响开发和低强度开发理念的融合创新

以低影响开发理念和低强度开发理念为原则，从实际情况入手，在保证设计安全的前提下，将现状条件最大化利用，注重经济、实用。厂区海绵改造最大化尊重和利用现状地貌地形和管网条件，通过尽可能少的工程改造和尽可能小的破坏强度，最大限度地实现雨水的自然积存、自然渗透、自然净化的可持续水循环过程，并设置对外展示的平

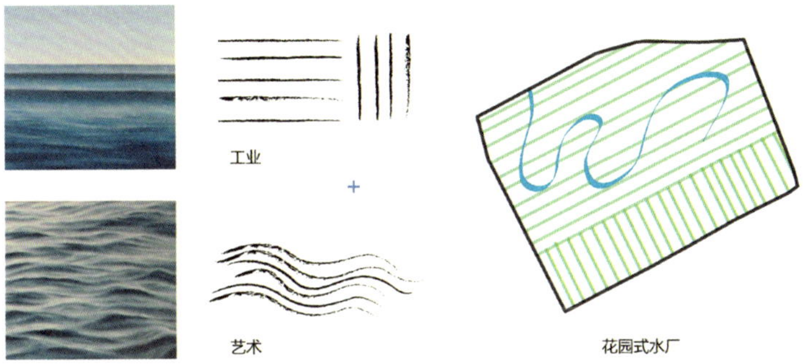

景观设计理念

台和水资源游览路线，对饮用水、污水、雨水等不同水资源的生产、收集和利用情况进行数据可视化展现，发挥科普教育作用。

3 创新技术的应用

本项目是北京城市副中心海绵与创新模式落地的设计，基于场地条件，充分考虑周边道路、地形，从低影响开发系统、排水系统的优化、园林景观的提升等方面进行设计并解决了厂区内水资源（雨水资源、再生水资源）、水环境（雨污管线）、水安全（排水防涝）等问题，打造海绵式花园水厂，成为通州基础设施建设的亮丽名片。建设地块在海绵改造过程中，在雨水源头管理、促进下渗、滞蓄调峰、就地减排、净化回用方面，也根据场地条件选用了除传统 LID 技术之外的经济实用的新技术措施，如强化截污型雨水花园、倒置生物滞留池、延时调节池、辐射井、柔性护坡等工程设施与景观设计相结合，在落实低影响开发的前提下，力求景观效果的进一步提升。

3.1 强化截污型雨水花园技术应用

雨水花园可以提供有效的雨水净化处理，并依靠下凹地表和地下砾石层空隙提供的滞留空间，对雨水进行暂时滞留削峰。根据底部卵石层和出流井的设置不同，雨水花园可达到不同程度的控制效果，利用过滤填料的不同配比，可达到不同的净化目的和效果。

本项目采用常规雨水花园和强化截污型雨水花园两种类型。其中强化截污型雨水花园的构造自上而下分别为：150 毫米深表层蓄水空间、400 毫米种植过滤层、400 毫米沸石层、100 毫米木屑层，该构造做法顾名思义强调了去除雨水径流污染物的功能。

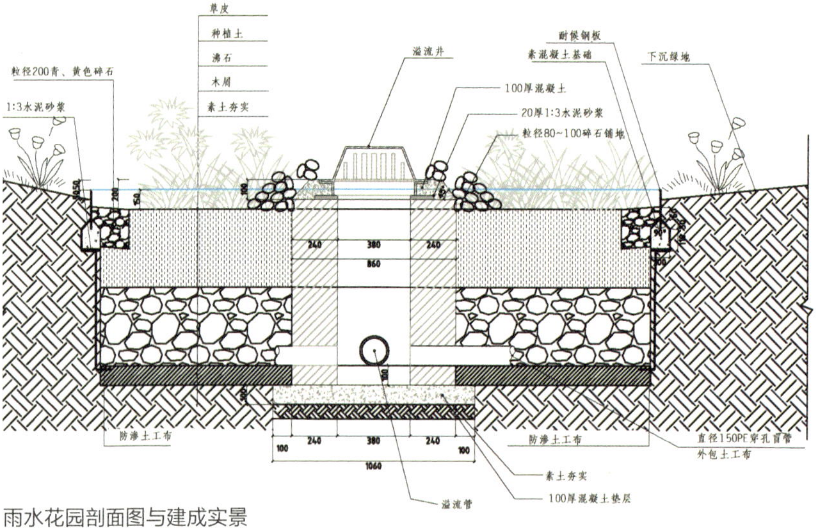

雨水花园剖面图与建成实景

3.2 倒置生物滞留池技术应用

倒置滞留净化装置是创新型的雨水花园技术，从上而下依次包括调蓄层、填料层、种植层和排水层。调蓄层包括竖直穿插设置在填料层和种植层中的溢流管，溢流管上端比相邻硬化下垫面至少低 5 厘米，且比填料层表面至少高 10 厘米，排水层中部埋设有淹没出流的穿孔盲管，其出水口与排水层上表面平齐，且与外部雨水管网相连通；通过填料层和种植层去除雨水中污染物，通过调蓄层和排水层内设的穿孔集水管实现雨水的滞留。调蓄层—填料层—种植层—排水层调蓄渗滤径流雨水，所采用装置可有效防止种植层的水土流失，且便于填料层的更换及维护管理，滞留净化效果好。

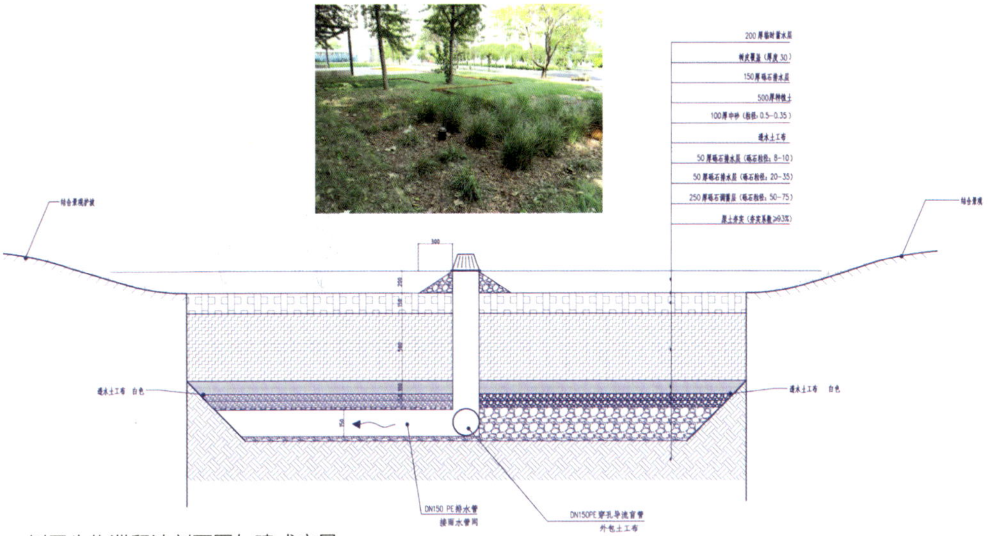

倒置生物滞留池剖面图与建成实景

3.3 延时调节池技术应用

延时调节是指在达到削减径流峰值流量和延缓径流峰值出流时间的基础上，通过改进传统调节塘的结构，进一步延长雨水在调节设施内的放空时间（一般是 24 ~ 72 小时），以实现多级水位水质控制和下游河道保护的目的。

在 A3 分区绿地内设置延时调节池，结合场地竖向调整，使 A1—A7、A9 排水分区雨水径流可通过地表流动汇入该设施内，A14 排水分区由 LID 设施溢流入现状雨水管网后由雨水管网接入该设施内，接入面积共 22 313 平方米，使整个厂区大部分区域在极端暴雨下保持安全。

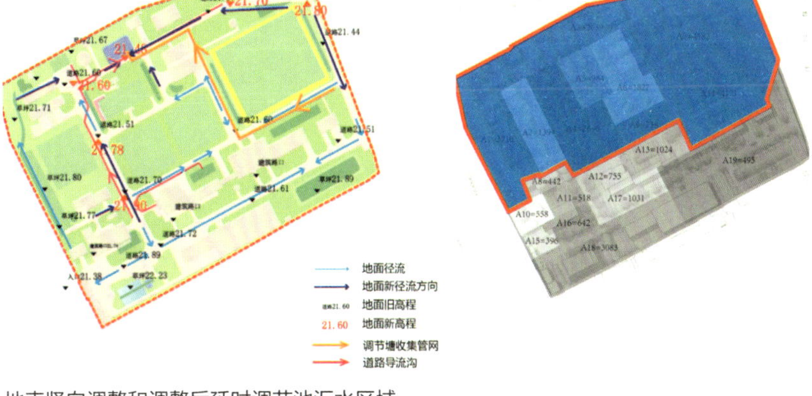

地表竖向调整和调整后延时调节池汇水区域

建设前后地表雨水组织实景

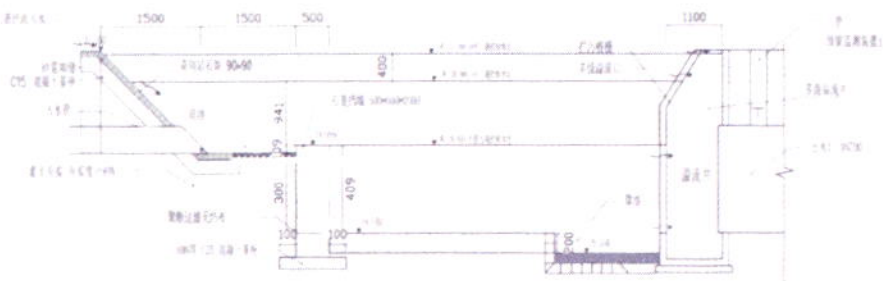

延时调节塘剖面图和建成效果

雨水中总固体悬浮物（TSS）的去除率与其在延时调节设施内的停留时间呈正相关。延时调节池的容积包括调节容积（DV）和延时调节容积（EDV）两部分，其中调节容积包括漫滩洪水控制容积（QPA）和极端暴雨控制容积（QFV），延时调节容积包括水质控制容积（WQV）和河道保护容积（CPV）。延时调节的原理不同于传统调节，是在保证调节池原有的调节能力下，增加了延时调节容积，通过多级溢流方式严格控制出流流量，实现水质控制与河道保护的目标。

降雨产流计算中，设计雨型采用 K.C 雨型分配方法计算，径流系数计算按丹佛径流系数方法计算。调节池水质控制容积对应的设计标准是排空时间为 40 小时，其他重现期下的设计标准为开发后调节池的出流流量峰值等于或略小于开发前汇水区对应设计重现期下的出流流量峰值。利用有限差分法计算调节容积，得到不同设计重现期下调节池的水位变化过程线或出流流量过程线。

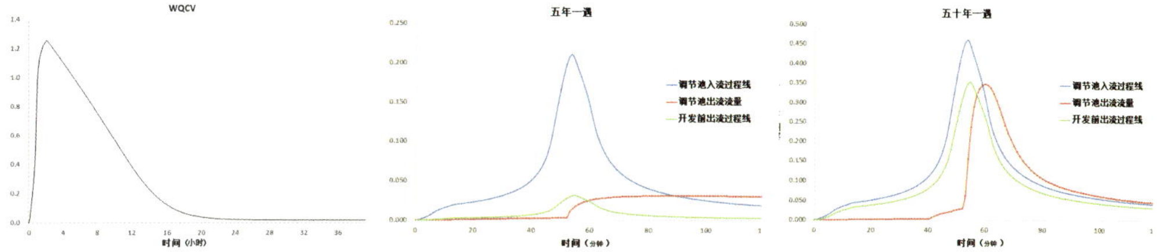

不同设计标准下的水位过程线或调节池入、出流量过程线

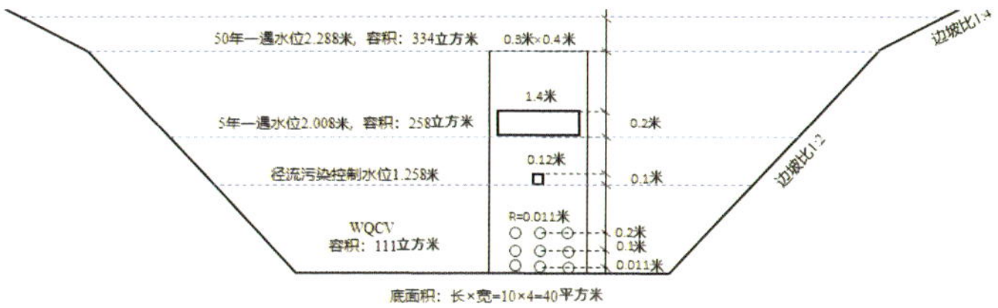

调节池规模及出口位置和尺寸

3.4 辐射井技术

辐射井是在“十三五”水专项“北京市海绵城市建设关键技术与管理机制研究和示范”课题中研发的一项海绵城市建设的末端雨水调控技术，它能够通过竖井和水平辐射管，建立地表海绵设施与地下土壤调蓄空间的水力联系，集渗入、净化和调蓄功能于一体。通过辐射井能够增加调蓄容积 28 立方米，增加渗透能力 450 立方米 / 天，新增场次调蓄能力 140 立方米。通过延时调节池和辐射井串联，可以大大提高末端雨水调蓄能力。

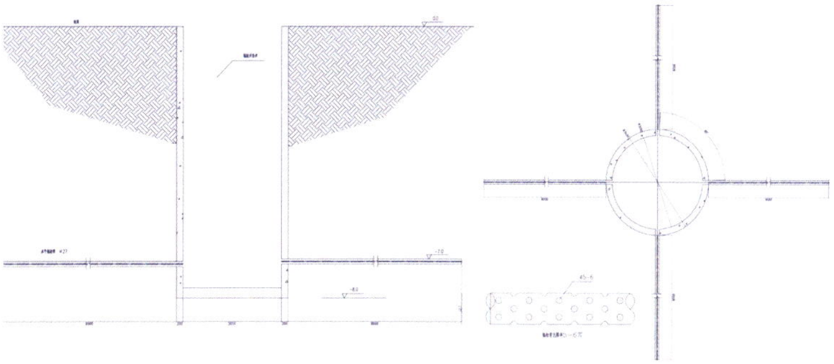

辐射井系统

3.5 清水池柔性护坡技术

本次设计改造的清水池六角砖和藤蔓护坡为蜂巢约束系统护坡。蜂巢约束系统具有一定的张力和延展性，能使路基与蜂巢约束系统形成一个连续柔性整体结构，将交通荷载及上部土体的自重荷载传递并扩散到一个较大的范围，从而降低对其下部土体的压力，减小总沉降，并将交界部位的沉降变为连续渐变沉降。

建设前后护坡场地实景

3.6 其他节点建成效果展示

当雨水花园与花坛或树池结合时，利用干湿交替型填料，成为高效型净水花坛，可对建筑屋顶雨水提供有效的净化处理，并承接下游的调蓄空间。

高效净水花坛建成效果

通过对建筑周边绿地重新梳理、竖向调整和种植设计，覆盖率为 90% 的浅式下沉绿地空间为水厂环境带来焕然一新的绿化效果。较大汇水分区以及清水池的径流通过断接管道或砾石沟引至下凹绿地、缓冲坎和雨水花园复合调蓄空间。

厂房周边绿地承接散排建筑径流，浅式下沉 5~10 厘米的设计保证了径流的均匀调蓄以及视觉的整体统一，径流清晰的流动路径和进出口设施保障了海绵监测仪器的安装、运行和维护。

下沉绿地 + 缓冲坎 + 雨水花园衔接系统 厂房周边下沉绿地

建成前后厂区道路边坡实景

建成前后透水停车场实景

4 讨论与总结

4.1 理念把控与技术目标落实的平衡

在实施中如何正确理解并落实“海绵城市”理念，如何在低强度开发的前提下改造场地达成海绵指标，是旧厂区海绵改造项目中应该解决好的重要问题。实际设计过程中，若过分强调高指标，则易出现过度设计问题，浪费资源和矫枉过正。本项目在良好的公建本底上融入海绵设计理念，不仅保证海绵建设的收、蓄、净、渗的基本功能，更让海绵理念回归本源。将工业艺术融入海绵改造实践中，这也是本项目的亮点之一。实践中大量保留场地原有的铺装和植物群落，如在入口区保留现状优良乔木，设置连廊、雨水收集道和净水镜面水池，实现海绵改造的同时，又融合水厂、通州的水文化展示和体验功能。

4.2 新技术植入与创新理念适用的平衡

本项目除应用普通下凹绿地、植草沟、雨水花园等常用低影响开发技术措施外，还将强化截污型雨水花园、倒置生物滞留池、延时调节池、辐射井、柔性护坡等新技术措施应用于场地海绵改造，根据场地的不同位置与目标需求低强度开发，植入新技术措施。统筹考虑将雨水管网系统局部改造、道路铺装材料和竖向调整、初期雨水弃流和内涝防护、雨水回用等结合起来，局部可形成雨水净化回用的创新系统，并对饮用水、污水、雨水等不同水资源的生产、收集和利用情况进行数据可视化展现。在雨水立管、雨水净化、雨水回用等节点充分监测，和水厂现有数据平台和管理方式相结合，并入智能监测系统，从而实现水厂的可视化和科普化，并将工业艺术美感融入海绵式花园水厂，兼顾科普教育展示，成为通州生态化绿色公建的靓丽名片。

4.3 现场施工难点与解决方案

厂区有防涝防火要求且安全级别要求较高，饮用水安全性和重要性管理从严，而地下管道条件的复杂性也给项目实施带来一定的难度。场地海绵改造在雨水花园、下凹绿地、雨水断接、平道牙、路沿石开口等设计上，流程科学合理并力求细节上的突破和创新，同时地下管道物探勘察务必清楚准确，现状植被种类及分布点位区位调研务必清楚，在资料不准确时需各方及时沟通、反馈和调整设计，以便保证项目设计内容尊重客观、科学合理、创新落地。

编者按：

核心区小动作带来的大活力，用科技更新空间，技术革新如何克服场地局促？

产业园区生态更新设计途径实践

——中关村生命科学园医药科技中心雨水花园

郭嘉程

本节以中关村生命科学园医药科技中心雨水花园为例，从整个项目的概念、前期分析及设计方案等方面来阐释、分析“符号化”设计语言的“来源、提炼、运用”的整个设计过程。

设计中以符号可视化为基础，并在不同层次和视角进行尝试，调整细节，保持环境感受的一致性，设计融合了生态策略和智慧途径，营造“流动的雨水与生命科技”的花园。

1 项目概况

项目用地位于整个中关村生命科学园东北角医药科技中心，北临玉河南路，西临园区中路，南临园区环路，东临园区支路。北京中关村生命科学园是中关村科技园区的重要组成部分，是以生命科学研究、生物技术和生物医药相关领域研发创新为主的高科技专业园区。技术人员有较高的精神放松和交流需求，需要舒适的场地进行学习、聊天、技术交流，并适当进行运动舒压。研发实验办公楼的主要功能是满足一些大型科研办公的需求。

项目东西向最大距离 124 米，南北向最大距离 68 米，用地总面积 8 320 平方米，建筑占地面积 4 135 平方米，景观设计面积 4 185 平方米。

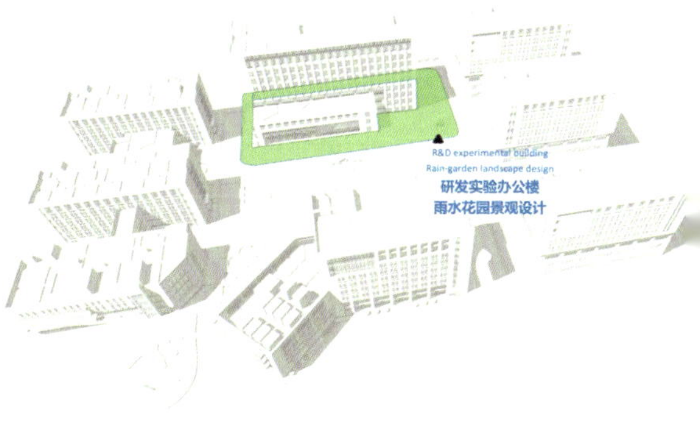

项目鸟瞰图

2 前期分析

设计核心以形态化的准则，尝试符号化语言在景观设计中的综合应用。符号化思维是人类生活最富有代表性的特征，当代的景观设计中同样存在符号化的设计语言，符号化语言运用的巧妙可以使景观作品形成独特的视觉风格，提高作品的个性与文化性。

符号具有丰富的能量，不是简单的视觉化表态与直白的宣言，而是对场所的思考后呈现出的抽象表达，蕴含着设计中脚踏实地，又向往广阔思考的内涵。

符号化的设计，关乎场地内在的科技内涵，也同样关乎气候变化带给场地的生态作用力。因此，设计中符号隐现在环境场地中，隐喻着科技内涵与生态环境的互动，在不同天气下，光线中的符号富有变化，原本生硬的图形化印象在环境中得到柔化和丰富。

生命科学的研究一方面源于分子层面的理化科学，另一方面对接变幻莫测的 DNA 生命本源，为有这样知识背景的使用者提供环境空间，以跨越学科的方式，获得共鸣，符号化就成为一种理想的途径。设计抽取分子、DNA 链的形态化元素，从视觉的角度分解形态，之后进行设计构成的二次创作和重组。确认基本符号形态后，重新融合场地空间，以单体、组合和变形叠加的方式，通过平面布局、竖向构建、装饰元素构建场地空间。

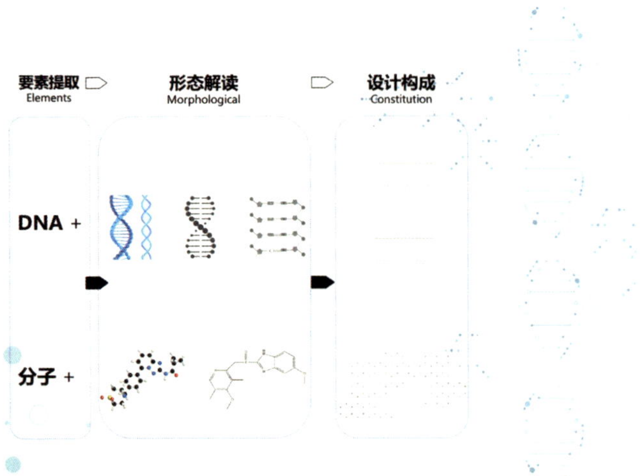

场地内在的科技内涵

3 设计方案

秉持设计同时兼顾功能的准则，满足科研人员、管理办公人员和技术人员的复合需求。作为医药科研人员工作的生态基地，科研人员对平静、健康、优美的自然环境高度向往，需要舒适的空间进行户外办公、开展小型会议讨论。管理人员需要舒适的环境进行休闲散步等活动来调节心情，功能上对应观赏空间、户外办公，休闲空间、交流空间。技术人员有强烈的精神放松和交流需求，需要舒适的场地进行学习、聊天、技术交流，并进行适当运动舒压，功能上对应独立空间、学习场地，交流空间、休闲空间。外来参观人员对整个园区有强烈的好奇心，需要适当的展览空间供他们驻足参观，功能上对应科普空间、互动场地，展示空间、观赏空间。

除了满足不同人群的使用功能需求外，生态技术的应用也是功能方面的重要组成部分。将场地内雨水梳理进入渗滤设施，通过多重滤过、净化，提升外排水质，实现渗、滞、蓄、净、排的雨水管理核心目标，并且将这个模块整体深藏在休闲台地花园之下，通过竖向设计和种植设计的配合，形成丰富的边界，随降水幅度可变的雨水花园并不妨碍空间里满满的科技氛围。

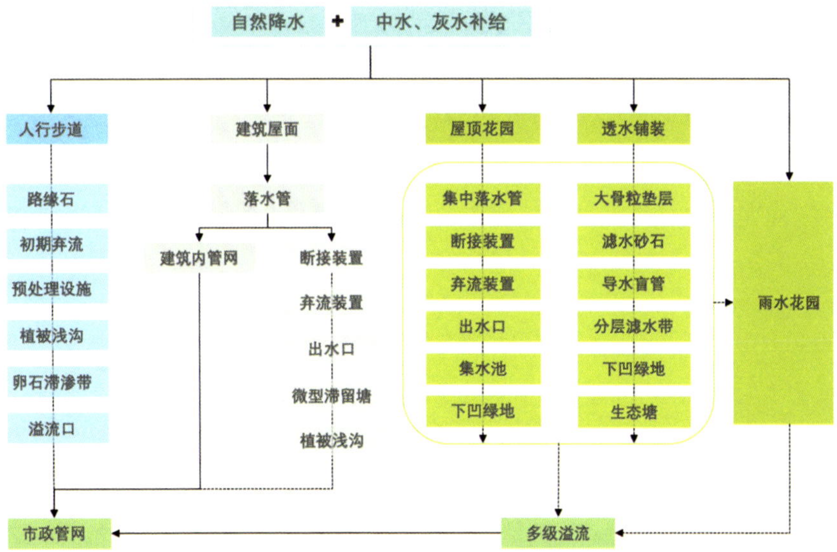

技术流程图

生态设计的具体途径包括：调整建筑原有的雨水直排管，进行断接，使降水进入雨水花园，从而建立雨水管理、科普、展示系统。以雨水花园为主体，进行雨水下渗、滞留、蓄滞减排的管理设计。转变场地水文功能，消纳自身降水的同时，消纳部分道路、建筑排放。基于场地高差及水位变化，配合不同生态功能的植物，提升生物生境的多样化。充分利用场地空间，丰富不同景观元素的边界，多层交替，提高“水”的价值，展现高质量和自然环境和谐并存的活动，使用者可以从中获得关于雨水滴灌的知识。

设计实施后的场地中，调蓄功能绿地及水体面积之和达到绿地总面积的 77%，建设后整体径流系数不大于 0.4，场地内年径流总量（10 年重现期）控制率可达 100%，设计雨水花园年消纳降水体积为 115 立方米以上。具体径流路径梳理为降雨—集雨点—收集雨水，屋面径流—艺术化雨水管断接—景观弃留池—分层滤水带，人行步道雨水收集—雨水花园复合模式，创造丰富的环境景观类型和体验空间。

将符号化、功能化和生态技术的不同层级内容融汇后深入进行细部节点设计，包括入口叠泉和各专项设计。

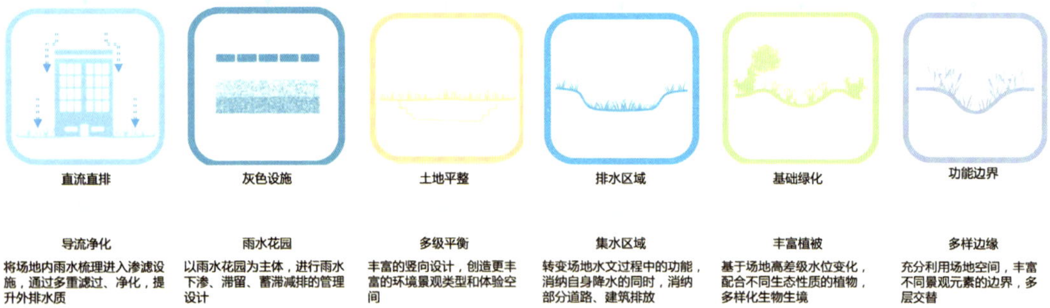

生态策略

叠泉既是入口的形象水景，又兼具科普与互动功能，设计整体上与园区协调一致，构建绿色生态型园区，塑造舒适宜人的景观空间。细节上设计了多层次可变的场景，通过设施模块完善使用功能，可以根据天气踏板控制水流速度，模拟暴雨、中雨、小雨的径流流量，展示在不同的气象环境中流水过滤装置的作用过程，让更多人了解科技背后的故事，了解不同季节雨水花园的变化，参与场景化的科普互动体验。设计通过简单的踩踏互动方式，即可与双层跌水池中的雨水量、水位变化交互起来，即使在没有下雨的晴天里，也可以感受到雨水花园内在的功能。

具体的展示方式是通过互动踏板，展示雨水循环全流程，景观视觉上设计为现代感跌水水景，巧妙地融入了场地提炼出的标志性符号。功能上实现入口提示、迎宾、参观游线仪式感。

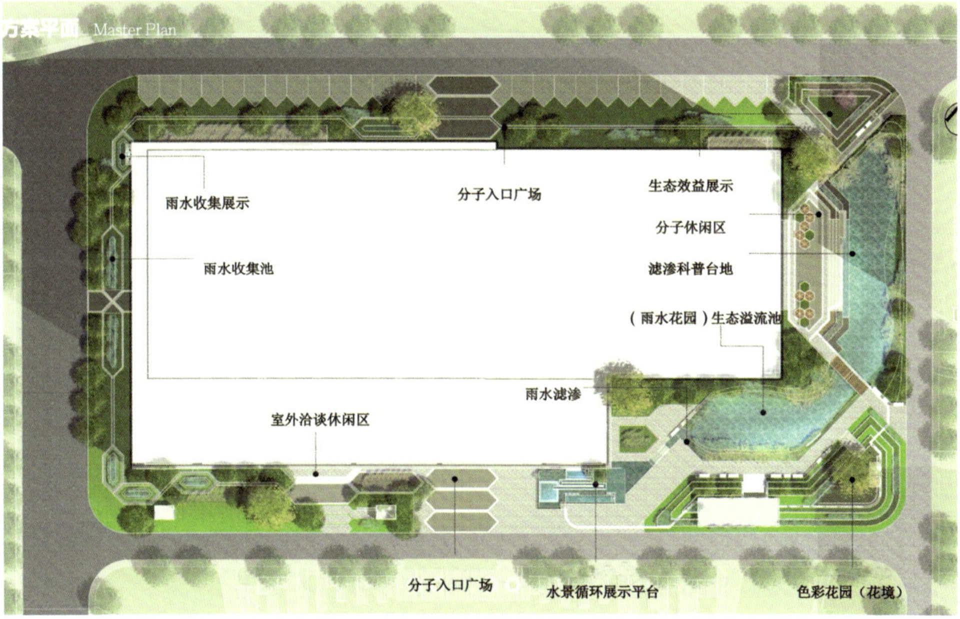

平面图

雨水花园的设计中也同样蕴含了科普展示的细节，通过玻璃剖切立面展示渗滤净化材料分层效果，使用功能上紧密结合台地阶梯，形成滨水观赏剧场和下沉挑台，满足游憩、停留和雨水管理流程的展示。通过置石，使枯水期的下沉空间有枯山水的意境，丰水期又可以最大限度滞留雨水。整体的雨水花园实现了生态效益可视化，将生态循环多样性呈现在环境中，同时满足观赏、互动的需求，在心理上也有着轻松亲近自然的融入感。

道路、广场、停车场全部为透水铺装，消减径流量，收集雨水资源，同时具有显著的低能耗意义。低维护材料在景观中的应用，也提供了科普教育、欣赏、娱乐的可能。

种植设计通过不同的分区进行深化，遵照下凹绿地种植设计的选用原则：根系发达、茎叶繁茂、净化能力强；可耐水湿且具有一定抗旱能力；观花与观叶，不同季相、不同类型的植物合理搭配。其中，过渡绿地以落叶阔叶乔木结合地被种植为主，体现整洁疏朗的开敞空间；乔木采用悬铃木贴近道路起到行道树效果；带状绿化带采用草沟形式，搭配种植千屈菜、鸢尾、菖蒲等湿生植物，形成花径景观同时兼具雨水收集效果。户外洽谈区是人与人交流的重要场所，种植设计需要营造富有感染力的空间氛围，中乔木、灌木的种植形式以规则式为主，利用元宝枫、银杏、红栌、红叶李这些秋色叶和变色叶植物形成视觉体验，地被栽植以自然花境为主，利用薄荷、马鞭草等香花植物提供嗅觉体验。雨水花园种植设计中强调丰富的景观层次和对雨水滞留过滤下渗等功能性体现，设计中选用白蜡、国槐、丁香、金银木等适应性强的乔灌木，台地种植池分层栽植芒草、千屈菜、鸢尾、菖蒲等根系发达、净化能力强，可耐水湿且具有一定抗旱能力的地被植物。

中关村生命科学园医药科技中心雨水花园从设计到落地的全部过程，关系到科技和科研工作者，关系到科技和流动的雨水，也关系到科技和互动科普传达，在原有普通园区景观的基础上，以符号化的思路为主导，通过流动的雨水与生命科技的呼应，构建绿色生态型园区。不同空间之间互动流畅，实现简洁有效率的空间路径和各个元素之间最佳的关系，形成令人愉悦的空间。通过低影响开发技术，塑造场地内的弹性生态；通过多层次设计，形成可变的景观；也通过模块化的设施，逐步实现功能完善，最终形成鼓励交流的景观、赏心悦目的景观、联系交通的景观和启发学习的景观。

鸟瞰图 1

鸟瞰图 2

局部效果图

项目获 LEED 金级认证及国家绿色建筑三星级认证

第二章
建成空间更新案例

建成空间中的再更新，是城镇更新中，也是本书中案例内容最多的一章，涵盖了土地性质、工业遗产、场地功能等转变带来的更新需求，也包含了北京、大连、宁波、太原、潍坊、上海、长沙、西安等地不同城市文脉的沿承思考，从建筑设计的单体元素到区域更新的模式，多样的实践是城镇更新探索的主题。

编者按:

以小见大的精神符号，融合生态、科技、美学之后，呈现更新设计思维的新思考。

基于集体记忆的城市开放空间更新设计

钱云

1 长辛店镇区的历史与现状

长辛店历史城镇位于北京市丰台区永定河畔。京广铁路、京港澳高速公路从其两侧穿过，京周（周口店）公路自北向南穿过，距离著名的卢沟桥和宛平城约 2 千米，距北京园博园约 4 千米。

长辛店交通区位

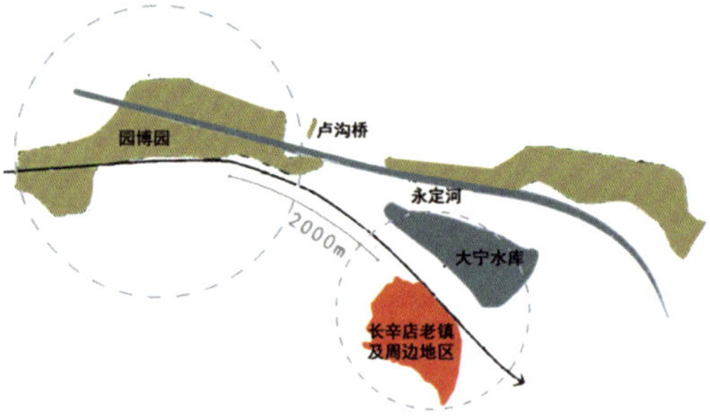

长辛店旅游区位

自古以来，由于临近永定河渡口，长辛店一直就是西南进京必经要道上离北京城最近的驿站。明代已经成为九省御路的重要集镇，商贾云集，酒肆林立。1897 年，随着卢（卢沟桥）保（保定）铁路修建并在长辛店设站，建立邮传部铁路工厂，逐渐发展为围绕铁路工业的工商业重镇。1923 年，长辛店成为中国共产党领导的“京汉铁路二七大罢工”最重要的发起地之一，铁路工厂也称为“二七厂”，形成了规模庞大的工人社区。时至今日，长辛店历史镇区范围西至西山坡，东至京港澳高速，南至周口店路，包括长辛店老镇、二七厂、桥西、西峰寺、东山坡五个片区，面积约 3.2 平方千米。

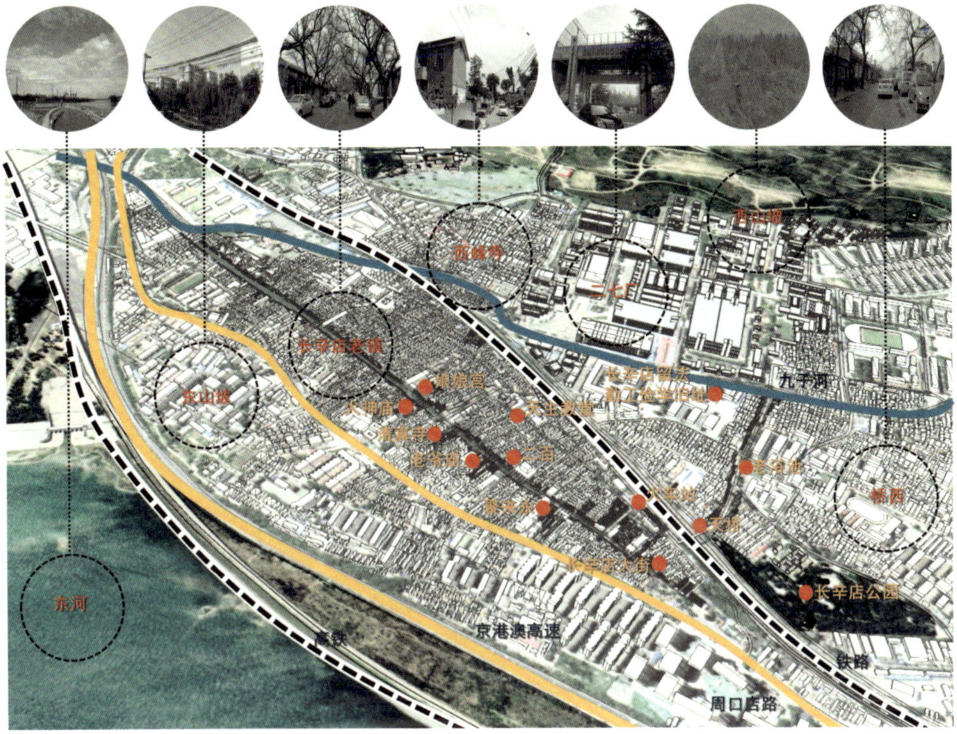

长辛店老镇及周边地区现状

多元的历史文化为长辛店留下了丰富的遗存，包括长辛店大街、北关、南关、老字号商铺等驿站商贸文化要素，火神庙口、娘娘宫口等传统巷口文化要素，娘娘宫、清真寺、火神庙、天主教堂、崇恩寺、老爷庙、弟子庵等多元宗教文化要素，长辛店火车站、二七厂、老浴池等铁路工业文化要素，长辛店留法勤工俭学旧址、工人劳动补习学校、二七工人俱乐部等红色革命文化要素，以及四月庙、正月十五花灯、留养局口炮市等特色民俗文化要素。

然而近年来随着工业生产功能逐渐外移，长辛店古镇虽然风貌犹存，但繁盛场景不再，活力日渐消失。

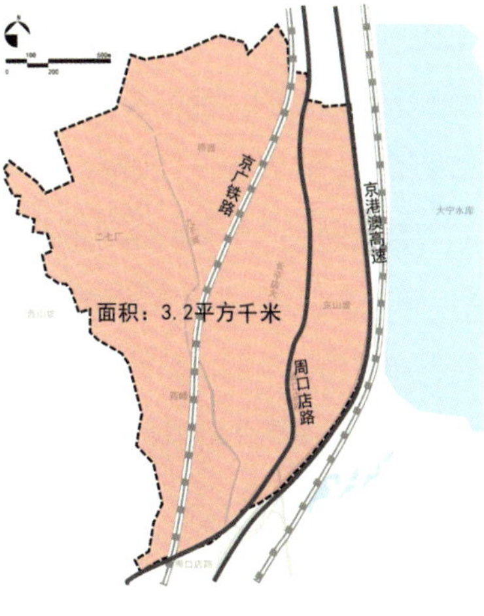

长辛店历史镇区范围

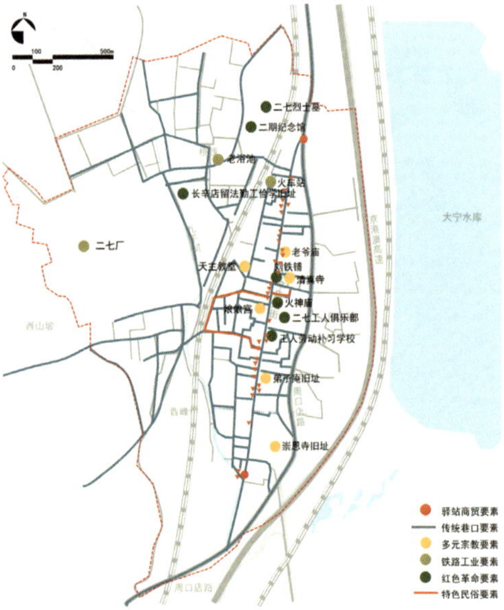

长辛店镇区历史文化要素

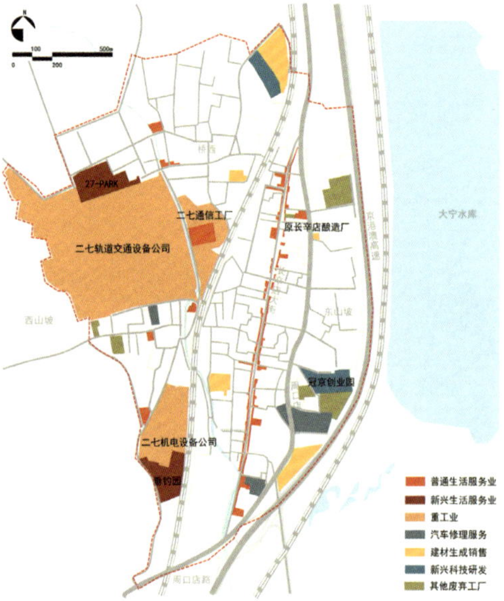

现状业态分布

目前已有相当数量的居民搬迁导致大量房屋空置。现有商业业态以传统的食品、服饰、日用百货、餐饮、旅馆等生活服务为主，轨道交通装备、机电设备等重工业正面临迁出，部分已成功转型为新兴科技研发园区。

在《丰台分区规划（2017 年—2035 年）》和相关产业、旅游规划中，对长辛店老镇及周边地区的未来功能转型定位为集文化体验、文化创意和商业休闲、生活居住、生活服务于一体的特色古镇，集中发展文化创意、旅游休闲等产业，一厂（二七机车厂）和一镇（长辛店老镇）共同构成两大重要的空间组成部分。

与此同时，长辛店镇区的交通、绿地等开放空间环境亟待全面改善。现有铁路、公路、高速公路等过境交通造成片区割裂，联系阻断，现老镇及铁路以西片区间仅有天桥、地下通道两处连接；车行道不成体系，断头路多，车辆多沿路边停放；公园绿地面积少且质量差，沿高速公路、铁路、九子河、周口店路的防护绿地也不连续。

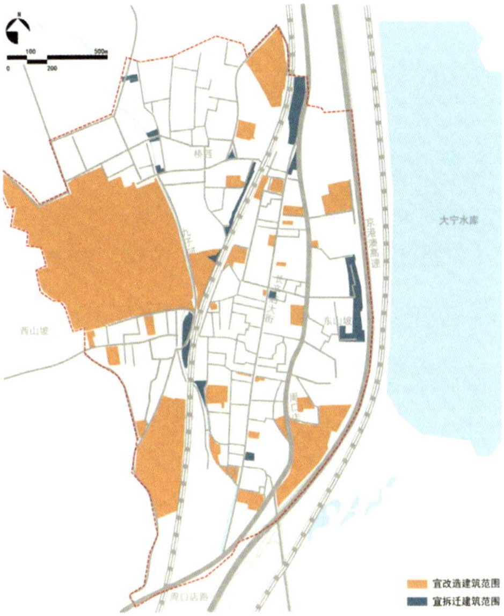

现状建筑

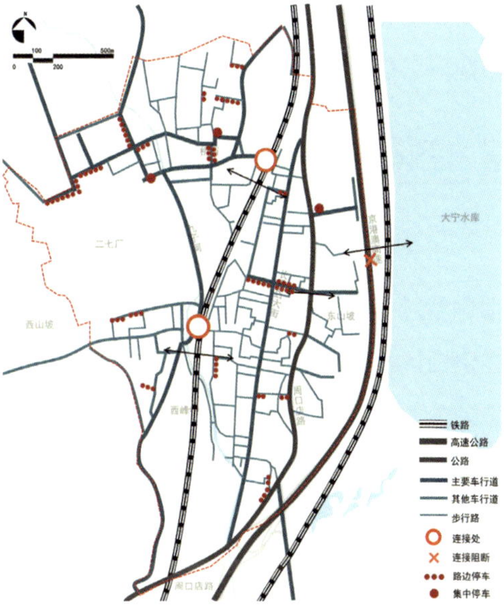

现状交通

通过对用地、产业、建筑、交通、绿地等现状的分析，可以叠加得出现状需改造及可改造的潜力空间，包括空闲地、火车站、铁路沿线、河流沿线等特殊用地，亟待更新的公共绿地广场以及主要步行路、特色街巷等。

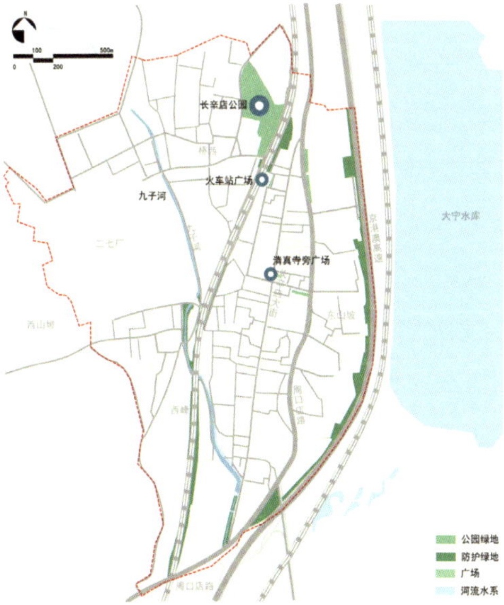

现状绿地

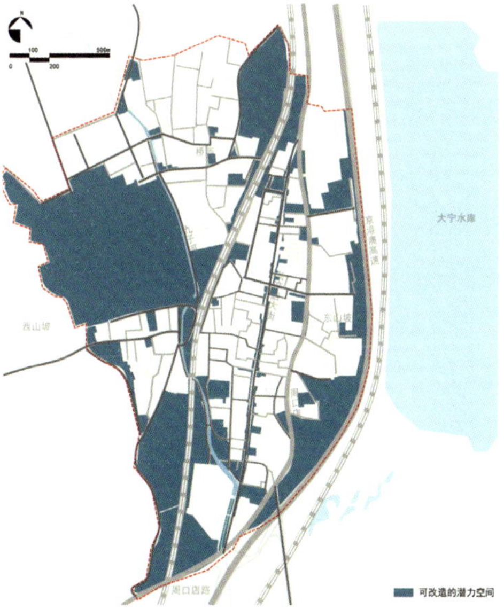

现状更新潜力空间

本项目在此背景下展开，期望在业态更新的同时，依托对居民传统生活的关注和研究，重塑一个有魅力、体现长辛店地域场所精神、承载浓厚的“乡愁”的开放空间体系。

2 空间集体记忆要素研究

空间集体记忆研究是对大量普通居民各类空间集体记忆要素进行挖掘、剖析、筛选后，指导制订各要素分类更新策略的过程。研究中通过对长辛店镇区约 200 名居民进行日常生活口述式访谈整理，从中提取与空间集体记忆要素相关的关键语句，把其中的关键词按划分意象的五要素（道路、边界、区域、节点、标志物）进行归纳分类，统计各个空间集体记忆要素出现的频数。再通过计算频率（频率 = 频数 / 总样本数 ×100%），并依据统计结果将对应的空间集体记忆要素落位到影像图上。

①区域类的空间集体记忆要素总计 7 个，包括北头、南头、二七厂、桥西、西峰寺、东山坡、东河。总体来看对北头、南头、二七厂、桥西、东河的记忆度较高。

②道路类的空间集体记忆要素总计 30 个，包括教堂胡同、火神庙口、车店口、西后街、祠堂口、合成公口、南墙缝、娘娘宫口、石碑胡同、长辛店大街、曹家口、大寺口、车站口、车站小口、平心馆、紫草巷、王家小口、北墙缝、平安里、育婴里、留养局口、王家口、西太平巷、刘家胡同、东太平巷、花生店、盛德里、大院口、南当铺口、陈庄大街。道路要素主要集中在老镇区域，要素数量较多但记忆度普遍偏低，其中对长辛店大街、曹家口的记忆度较高。

③边界类的空间集体记忆要素总计 5 个，包括铁路、九子河、周口店路、京石高速、西山坡。总体来看对边界的记忆较为清晰，这与长辛店老镇的自身环境有关，其中对铁路的记忆度相对较高。

④节点类的空间集体记忆要素总计 34 个，包括老爷庙、清真寺、天主教堂、二七俱乐部、老浴池、长辛店公园、北关、邮局、火车站、长辛店酿造厂、二百、大街浴池、火神庙、娘娘宫、大街电影院、二七技校操场、火车站广场、自由市场、清真寺旁广场、南关、李家菜园、北口公交站、南口公交站、工商银行、一小、二小、十中、一中、七小、大街幼儿园、第一幼儿园、二中、冰场、制鞋厂。节点要素集中分布在老镇、二七厂和桥西区域，主要为历史遗存及公共建筑，其中对清真寺、天主教堂、娘娘宫、火神庙等

历史要素及长辛店公园、火车站、二百等与居民生活密切相关的要素记忆度较高。

区域要素

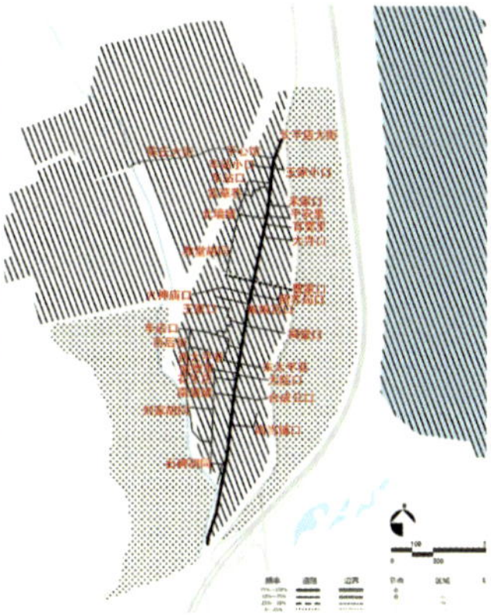

道路要素

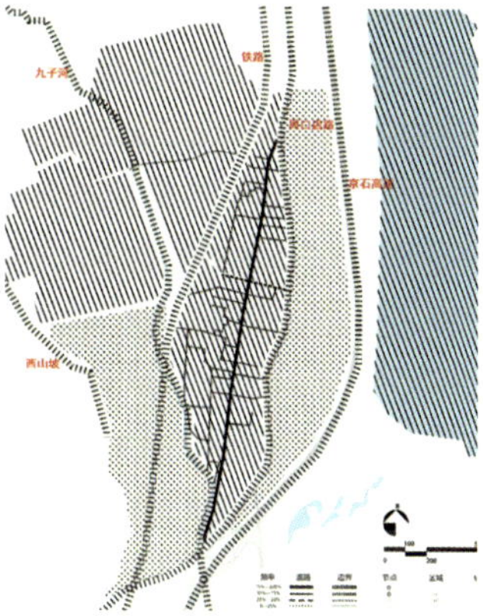

边界要素

⑤标志物类的空间集体记忆要素总计 54 个，包括工人劳动补习学校、聚来永、长辛店留法勤工俭学旧址、民俗老物件展览馆、二七纪念馆、二七烈士墓、天桥、回民食堂、北天和永、菜市场、三百、大车店、老郭摊、明聚德、石碑、永济桥、龙王庙、火车站旅馆、火车站副食店、少年之家、煤场、崇恩寺、谢家大院、王家口 5 号、刘铁铺、弟子庵、小老爷庙、北粮店、老北京、王小铺、大食堂、小白楼、义和永、理发一店、首饰楼、照相馆、罗圈铺、碗儿店、新华书店、前进商店、糖房、理发二店、大众食堂、书馆、南粮店、旧货业、社区卫生站、北关居委会、张茂坟、棺材铺、张王魁。标志物要素集中在老镇区域，主要为历史遗存及老字号商铺，要素数量较多但记忆度普遍偏低，其中对聚来永、三百的记忆度较高。

通过选取较高频率（记忆度较高）的要素，即可形成长辛店镇区较为清晰的集体记忆地图。

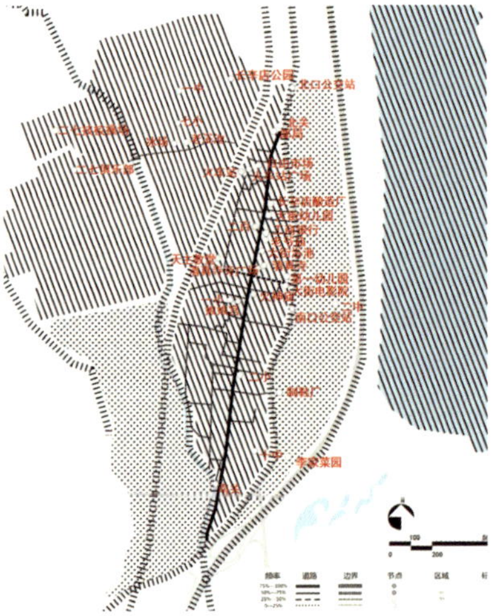

节点要素

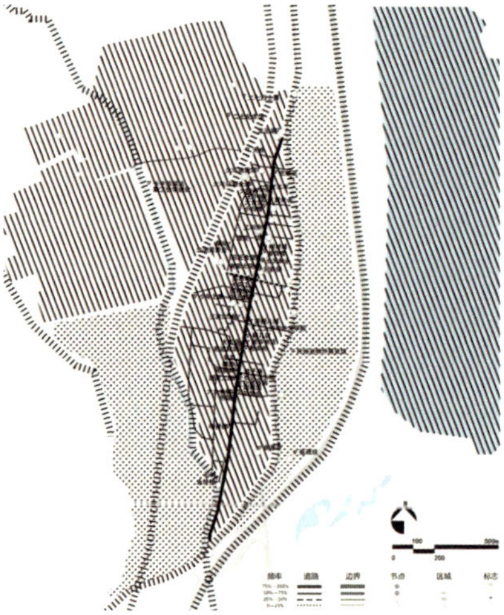

标志物要素

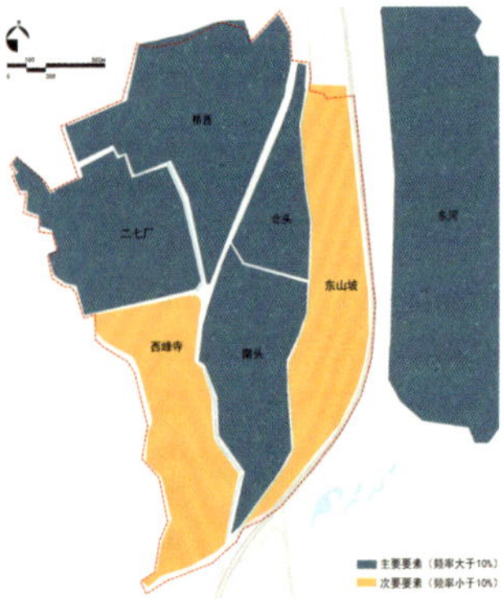

区域型空间集体记忆要素地图

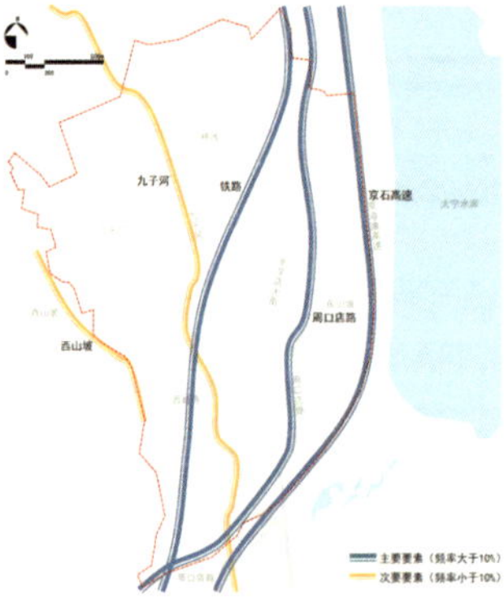

边界型空间集体记忆要素地图

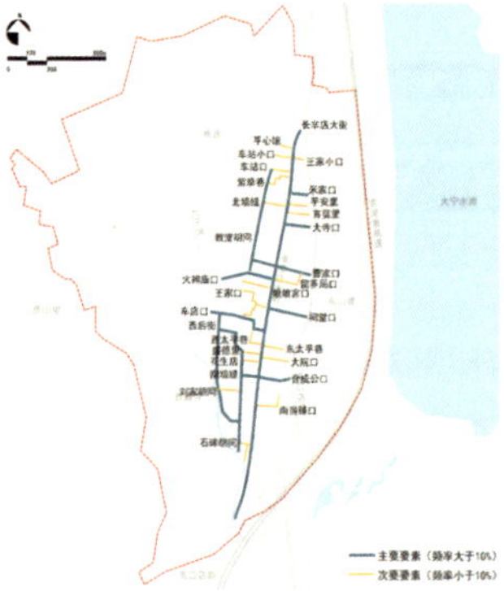

道路型空间集体记忆要素地图

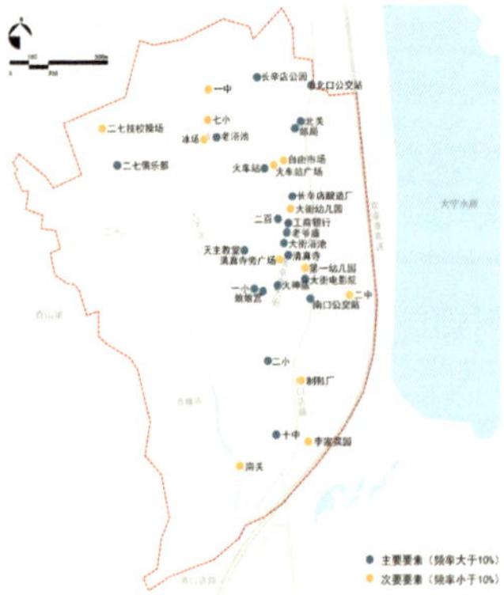

节点型空间集体记忆要素地图

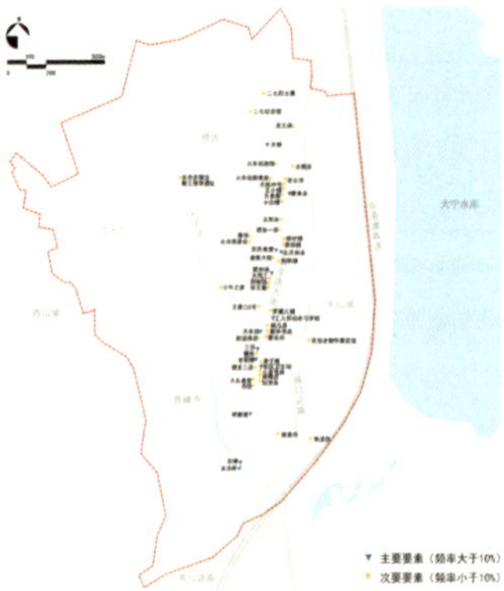

标志物型空间集体记忆要素地图

对于记忆度较高的各类空间集体记忆要素，结合其历史价值、保存状况，可构建起空间集体记忆三维评价体系。基于对所有空间集体记忆要素作出的记忆度、历史价值、现存状况的评价，将所有空间集体记忆要素落在相对应的象限，并依次给出所有空间集体记忆要素的未来发展规划建议，即活态保护、充分激活、修缮改造、复建或维持原状等。

这一体系不仅可以筛选长辛店镇区开放空间中具有影响力、值得强化的空间要素，还可针对各个要素记忆度、历史价值、现存状况的不同，分类提出保护、激活、修缮改造等不同的规划设计策略建议。

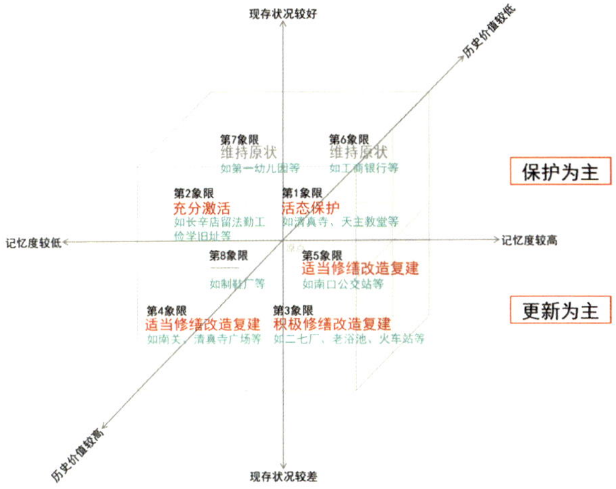

空间集体记忆要素三维评价和策略体系

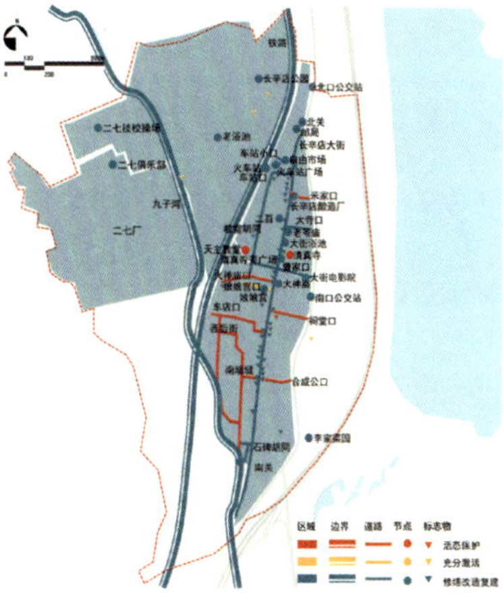

空间集体记忆要素未来发展规划建议

3 开放空间更新设计策略

基于调查研究成果，开放空间更新设计的范围涵盖了各类重点集体记忆空间，既包括长辛店留法勤工俭学旧址、老浴池、长辛店公园、北关广场、火车站、老爷庙、清真寺、天主教堂、娘娘宫、火神庙、弟子庵遗址、崇恩寺遗址、南关等点状空间，也包含了长辛店大街、九子河、曹家口、陈庄大街等线性空间范围，总面积为 113 公顷。

更新设计的总体设计策略包括如下：

① 尽力保持各空间要素的原有整体风貌和原生秩序。

② 运用合理的设计手法将集体记忆特征在显著位置加以重点展示。

③ 根据现代生活需求，在集体记忆空间设计中注入新的功能与活动，提升空间的活力。

④ 保持集体记忆空间的系统性和完整性。

更新设计范围

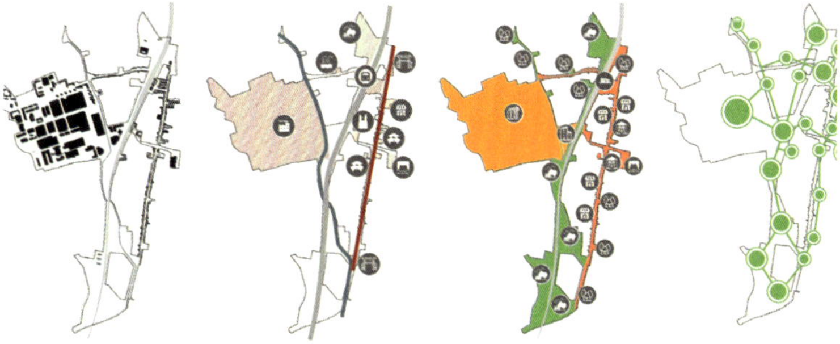

设计策略

4 更新设计方案

将碎片化的集体记忆空间整合，形成了有特色、成体系的开放空间系统。

设计鸟瞰图

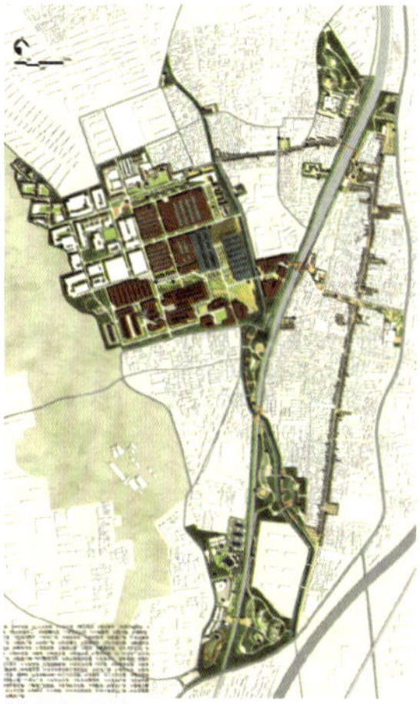

总平面图

4.1 空间结构

空间骨架形成“一街发展，一厂引领，一带延伸，两轴衔接，多个节点联动”的总体结构，一街即长辛店大街历史休闲轴，一厂即二七文创园，一带即西部景观休闲带，两轴即陈庄大街商业轴和曹家口休闲轴，节点包括长辛店公园、火车站广场、九子河公园等。

4.2 景观体系

以长辛店大街、铁路、九子河为脉络打造景观体系，同时沿陈庄大街和曹家口打造绿道形成东西向的联系。设计形成三带两道多节点的景观结构，“三带”即古街景观休闲带、铁路景观休闲带、九子河景观休闲带，“两道”即曹家口绿道、陈庄大街绿道，节点包括北关广场、九子河公园、影剧院广场等。

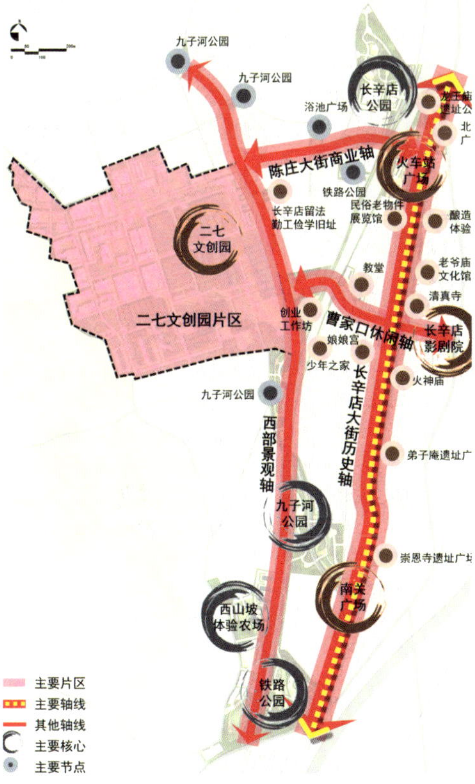

空间结构

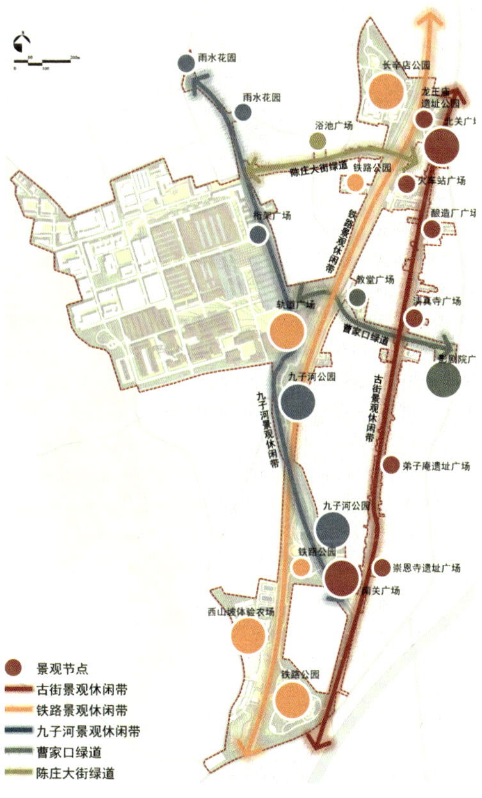

景观体系

交通组织

4.3 交通组织

五大片区内部均完全步行，片区外围及片区之间有车行交通联系。修缮改造原有火车站天桥，同时在创业工作坊与教堂之间、铁路与九子河交汇处、西山坡体验农场与铁路公园之间新增 3 处景观天桥，以增加铁路两侧的联系。

4.4 植被分区

结合现状情况与规划设计内容，根据密林、疏林草地、缀花草地、农田植物、水生植物等特色植物景观类型，形成多样而又各具特色且具有稳定持续性的植物景观群落。

密林区：保留场地内原有的密林植被，同时在绿地靠近道路、铁路等边界处打造密林景观，以侧柏、白皮松、油松、国槐、刺槐、连翘、紫丁香为主。

疏林草地区：类型丰富、景观多变，以侧柏、白皮松、油松、国槐、刺槐、龙爪槐、栾树、白蜡、榆叶梅、连翘、锦带花、绣线菊为主。

缀花草地区：由大面积的观赏花卉或野生花卉组成，以紫花地丁、鼠尾草、三色堇、虞美人、萱草、石竹为主。

农田植物区：大面积农田植被结合高大乔木，以酸枣树、钻天杨、毛白杨、侧柏、五角枫、红瑞木、连翘为主。

水生植物区：具有软化岸线、生态防护、净化水体、丰富景观层次等功能，以垂柳、连翘、菖蒲、芦苇、睡莲、鸢尾为主。

开放空间区：主要为街道、广场、建筑周边的植物景观，提供阴凉，同时美化、软化硬质景观，以侧柏、油松、银杏、刺槐、国槐、紫叶李、连翘、贴梗海棠、西府海棠、紫丁香、萱草、玉簪为主。

4.5 特色记忆线路

在驿站商贸、多元宗教、铁路工业、红色革命、居民生活、特色民俗等集体记忆主题的记忆节点之间有通畅的步行连接，打造特色记忆线路。

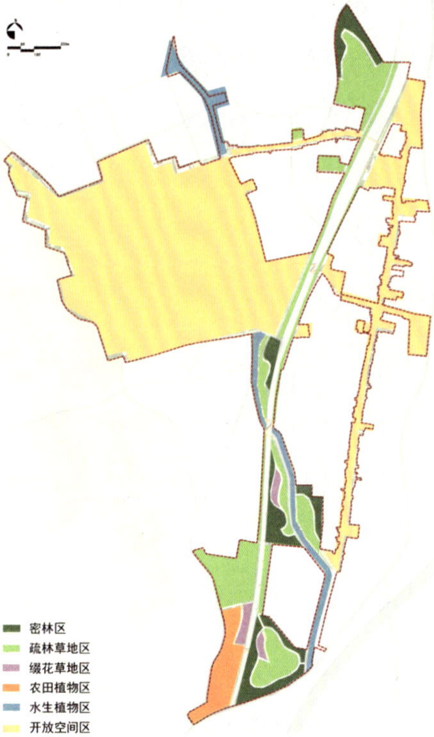

植被分区

特色记忆线路

4.6 分区设计

设计形成古镇历史休闲片区、二七文创休闲片区、陈庄大街商业休闲片区、九子河生态休闲片区、铁路景观休闲片区五大片区，并对这五大片区及其 13 个节点进行详细设计。

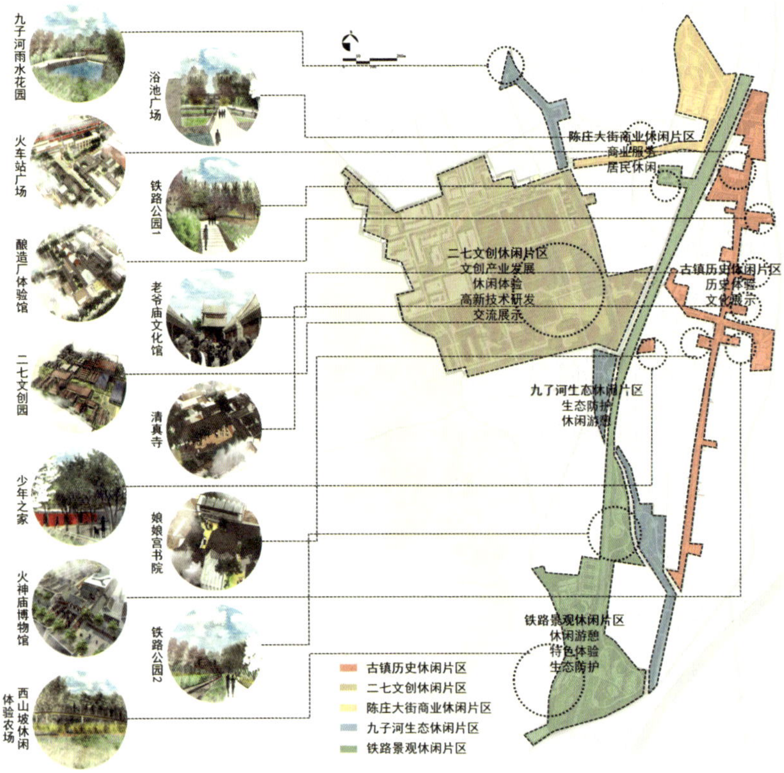

功能分区

5　结语

本次以新视角开展历史城镇公共空间体系更新的研究性设计尝试，旨在打破既往过于重视物质环境特征的要素评价方法，切实强调“以人为本”，从而更好地将人文、情感等注入历史城镇空间更新设计中。研究中，空间集体记忆的采集、筛选并通过构建空间集体记忆要素三维评价体系的方法，均有助于提升规划设计研究中的科学性，为相关工作提供了有益的参考。

编者按：

发展的一瞬，是尊重城市发展历程中不可替代的见证，进行“量体裁衣”式的整体更新。

将城市的原点变为新的起点

——大连 15 库改造

武夏男

1 城市的原点

大连是一座与中国近代史密切相关的城市。近代之前，大连市区所在地由于远离国家政治中心，故经济文化发展缓慢，直至 19 世纪末叶这里还是一个名叫“青泥洼”的小渔村。它之所以能够在近代得到快速发展，还主要是因为在军事上所处的重要地位。

自 1840 年英国军舰从海上打开中国的大门后，许多帝国主义国家群起仿效，对中国虎视眈眈。迫于形势，清政府不得不加强海上防务，而大连地区位于中国唯一的内海——渤海的咽喉地带，自然被视为保卫国土的门户。从 1880 年开始，清政府在旅顺开港建埠，并把旅顺定为中国第一支近代海军——北洋海军的基地。1894 年，甲午战争战败后，清政府被迫签订《马关条约》，日本占据辽东半岛和台湾等地。后经沙俄、德、法三国干涉，日本人退出了辽东半岛。1898 年 3 月 27 日，沙俄与清政府签订了《旅大租地条约》，并于 1899 年开始兴建大连港，以此标志着大连建市的开始。因此，大连港亦可称作大连“城市的原点”。

当时沙皇俄国人称大连市为“达里尼”，意为遥远的城市，一个远离莫斯科和圣彼得堡的地方。著名的南满铁路大连分支的终点延伸至大连港码头，方便了港口货物运输。如今，我们依然可以看到这段历经岁月磨砺的铁路。

作为港口仓储建筑，15 库自身及周边保留着许多独具港口文化特色的工业特征

2 15 库的建设

2.1 15 库的地位和意义

15 库建于 1929 年，为日本建筑师设计，距今已有将近百年的历史。历经时光流逝流年沧桑，至今坚固如初，目前仍作为仓库在正常使用中。

作为大连港与大连城市发展兴衰的重要见证，15 库无疑具有里程碑一般的历史地位与意义，更是矗立在大连人民身边重要的历史建筑。

2.2 15 库改造的要点

①充分尊重大连港 15 库不可替代、不可复制的历史价值，最大限度地保存其所携带的历史信息和港口工业符号，体现出该建筑作为大连市历史原点的重要意义。建筑改造的关键点在于处理新旧关系。我们主张新添加的设计元素必须要和原有建筑的元素有所区别，不能互相混淆。

15 库是大连市与大连港的兴衰见证

改造后的 15 库“旧”的成分应多于“新”的成分。在整个东港区的开发中，15 库应该是最古老的建筑，但最老的建筑同时也是最新的建筑，这个“新”是观念的新，而不是一般意义上的视觉上焕然一新的新。改造后的 15 库，其“冲击力”在于其深沉而独特的建筑本色，而不在于人为制造的张牙舞爪的视觉奇观。

②充分体现建筑改造与再利用的经济性原则，以较少的介入手段取得较大的改造效果，以改善老建筑的性能和对新功能的适应性为改造目标，将原建筑进行必要的改动和整饬。如：改善保温隔热性能，增加水电管线设备，增加厕所，增加楼梯电梯以方便使用并满足防火疏散要求，南立面增加外窗使室内外视觉通透，北立面退台增加栏杆，东西两侧楼梯加宽，屋顶加层，楼梯间顶部局部加层，改善外部景观和夜景照明等。

③改造后的 15 库作为创意基地和时尚中心，其建筑形态不应混同于一般的商业建筑，而应保持比较“酷”的感觉，因此立面元素中不应该出现任何“熟悉”的建筑语汇，如玻璃幕墙等。原有仓库建筑的巨大尺度、非人比例，本身就是天然的标志性设计素材，是优点而不是缺点，不需要刻意去改变它。

④改造后的 15 库仅仅是其漫长历史存在的某一个瞬时状态，并不是终极状态，而应该允许后人根据自己的需要继续改造利用。因此，建筑内部的改造仅限于对公共部分的改造，不要过多装饰装修，应保持空旷的状态，具体使用方案和设计风格应根据招商的实际状况，随着使用者和使用性质的不同而增加不同特色。我们的方案仅对分隔公共走道和出租面积的方式、大空间中分隔小空间（夹层）的模式进行了探讨，这个方案仅作为示意，并非实际设计。若要实际设计，则必须等招商后确定了具体的使用者和使用功能，结合使用者的具体要求进行“量体裁衣”式设计。

改造后的 15 库“旧”的成分应多于“新”的成分

采光改造

将原建筑进行改动和整饰——增加外窗

将原建筑进行改动和整饰——楼梯加宽

将原建筑进行改动和整饰——外部景观设计

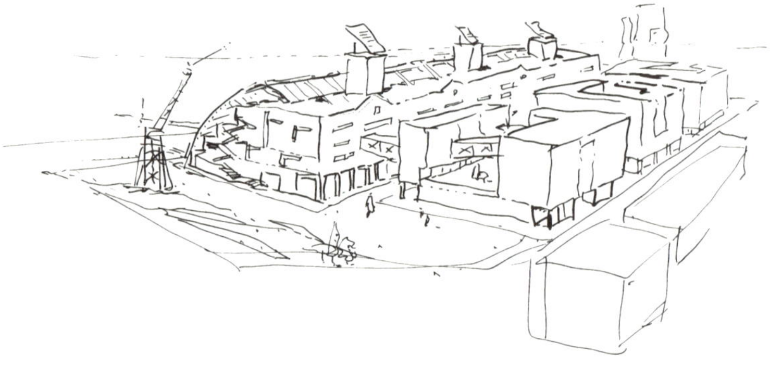

15 库本身就是天然的标志性的设计素材

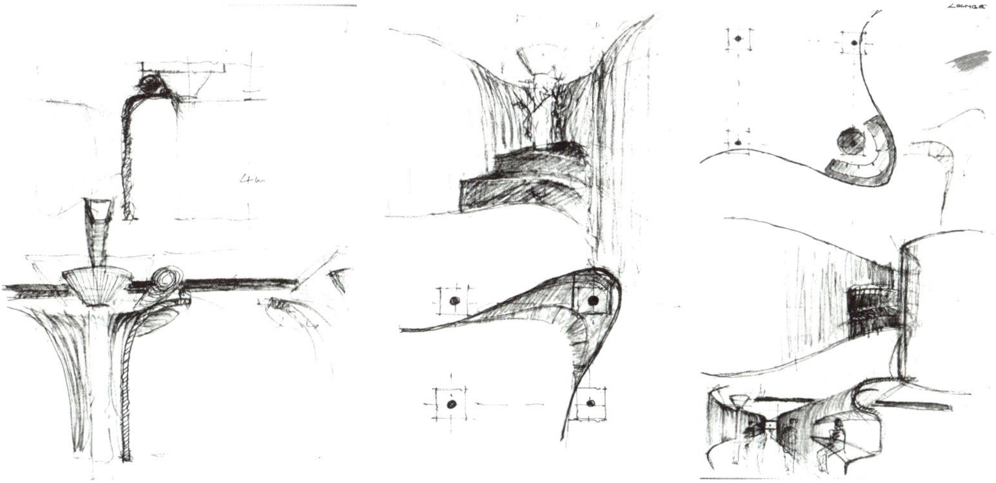

室内设计概念

改造后的室内场景

⑤建筑改造通常是对建筑整体的改造，不宜室内、室外单独进行。外部改造和内部改造的理念、设计语言、思维逻辑应该是一致的。同时，建筑改造和建筑外环境与景观的改造也应该是一体的。

室外环境与室内环境的一体化改造 1

室外环境与室内环境的一体化改造 2

3 15 库建筑的主要特征

3.1 体型巨大

15 库建筑东西长 196 米，南北进深 39 米，共四层，总面积 26 000 余平方米，火车可以通过铁路直接行驶到其南侧的门廊当中，进行货物装卸。具有如此庞大的建筑体型与内部空间，使 15 库成为那一时期亚洲最大的仓库。

3.2 结构坚固

15 库建筑采用钢筋混凝土无梁楼盖体系，伞状柱帽结构，这在当时是世界上非常先进的建筑技术。由于结构坚固，历经近 100 年的风霜岁月，整体结构完好如初，并仍然处于正常的工作状态。

3.3 三个单元

由于 15 库体型巨大，长度近 200 米，为了建筑结构安全，设计中将建筑划分为 3 个既各自独立又相互联通的单元，单元之间以双墙形式设立分隔缝。每个单元设置独立的竖向交通系统，每个交通核内包含一部双向开门的货运电梯及一部楼梯。竖向交通核伸出仓库屋顶将近 9 米，在伸出屋顶部分的交通核内设有电梯机房。由于此部分高出屋顶很多，故从远处看这 3 个屋顶电梯机房显得尤为突出，是 15 库极具标志性的重要特征。

屋顶电梯机房是 15 库极具标志性的重要特征

3.4 层层退台

15 库建设地点距海边不足 10 米，北侧面海且层层退台。这样设计主要是为了方便船货装卸，但也因此成就了 15 库最大的建筑特色。建筑退台呈阶梯状，由北向南依次后退，每层退台进深约为 3 米，这为建筑改造之后人们观海提供了绝佳的条件。同时，具有每层长度约 200 米退台的建筑，本身便是绝无仅有的。

进深 3 米的退台为观海提供了绝佳条件

改造后的退台实景

4 15 库存在的主要问题

①经过长时间的海风腐蚀，后人又多次进行粉刷修饰，已经无法找到关于建筑外饰面材料最初面貌的任何特征，原始信息遭到破坏。

②因为原建筑结构坚固，因此改造难度较大，改造力度也相应受到限制。

③进深很大，最大进深达 39 米，内部虽有采光，但功能改变之后，内部公共空间很可能没有采光；目前建筑均为高窗采光，不能满足人们基本的观察外界的视野需求。

④由于原为仓库建筑，没有设计采暖设施，建筑也没有保温措施；通风条件较差；没有相配套的卫生设施。

⑤消防与安全疏散不符合现行的法规要求，相应配套的楼梯及安全出口数量不够。

正因为 15 库存在着这些问题，故也为我们对其进行改造提供了相当大的改造空间，老建筑蕴含着巨大的潜力有待挖掘。

5 设计目标与定位与设计策略

5.1 设计目标与定位

努力保护 15 库的建筑及相关的历史信息，将原有仓库建筑通过改造，转化为创意办公场所。项目定位为大连市创意展示、研发设计、科技体验、商务交流、时尚文化的中心，使老工业建筑焕发青春，散发新鲜的活力。

设计意向草图 1

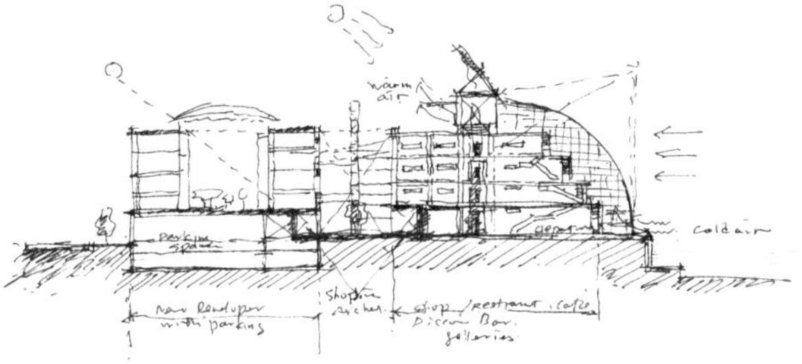

设计意向草图 2

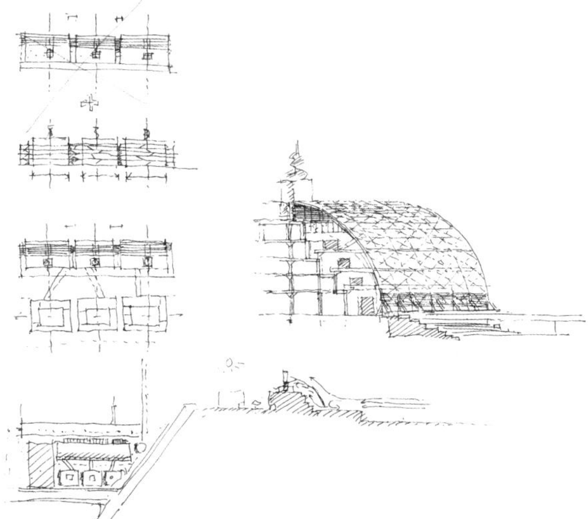

设计意向草图 3

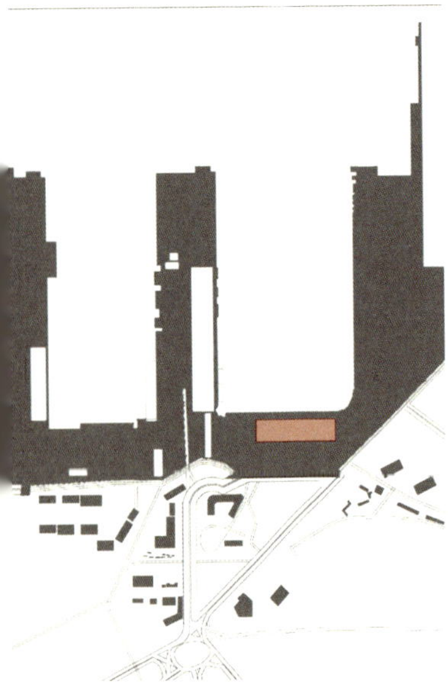
总图分析 1

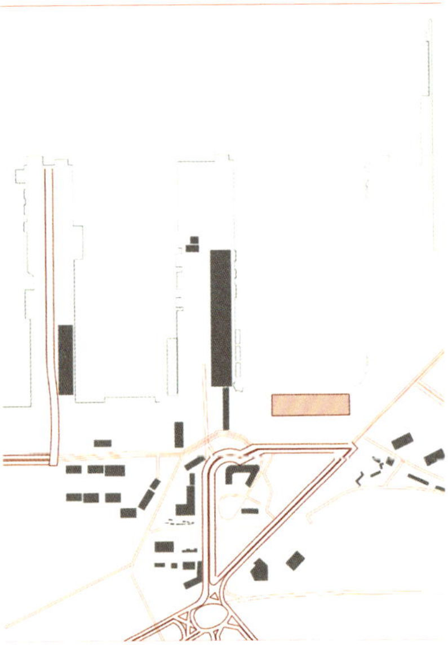
总图分析 2

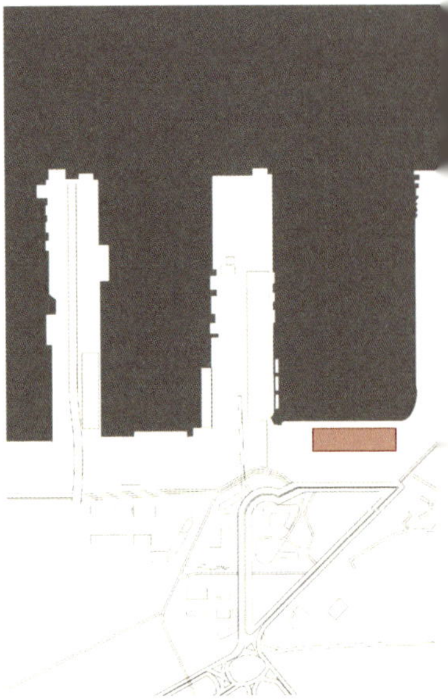
总图分析 3

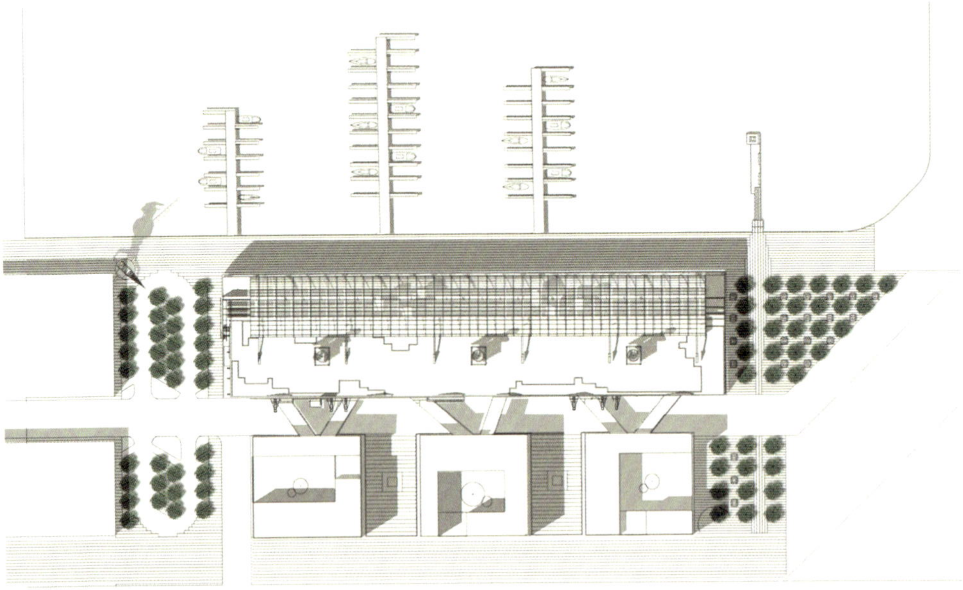
总平面图

5.2 设计策略

策略一：郑重审视 15 库的历史地位与历史意义。

大连港是大连“城市的原点”，而 15 库是“城市原点”的标志物与见证。对 15 库的保护就是对大连历史的保护。这种保护不但是要保护好现存建筑，更要挖掘历史的信息并加以展示。真正使大连人能在此看到关于“港口的文化”，外地人能在此看到“大连的文化”，外国人能在此看到“中国的文化”。

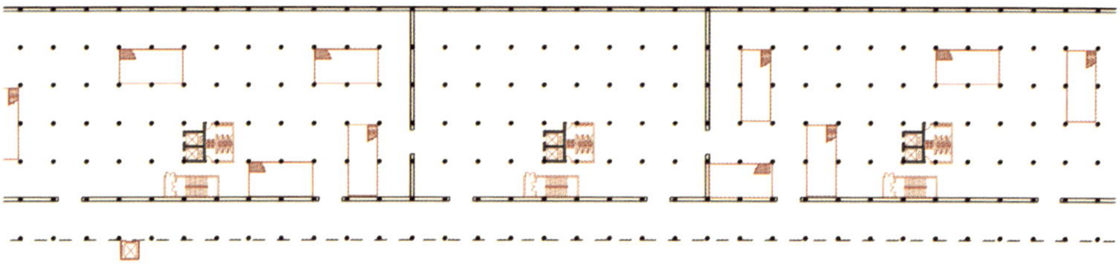

首层平面图

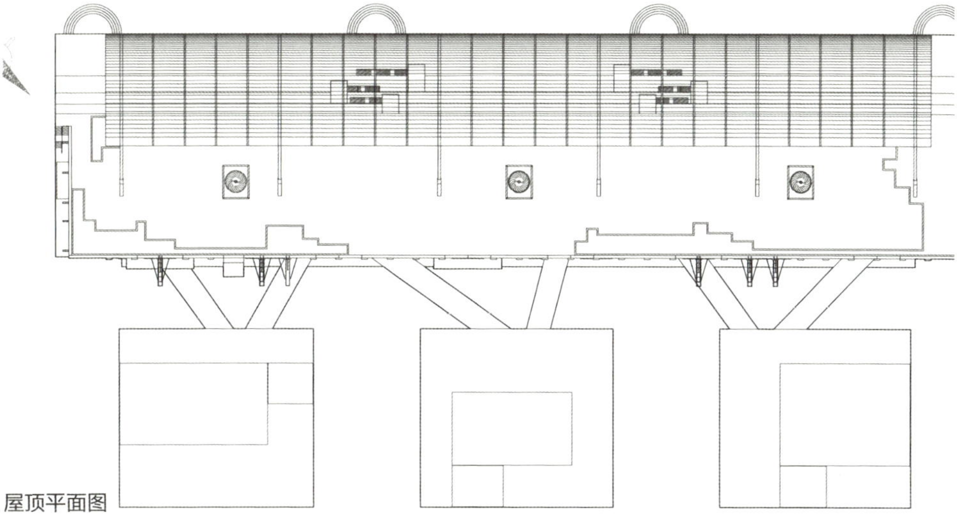

屋顶平面图

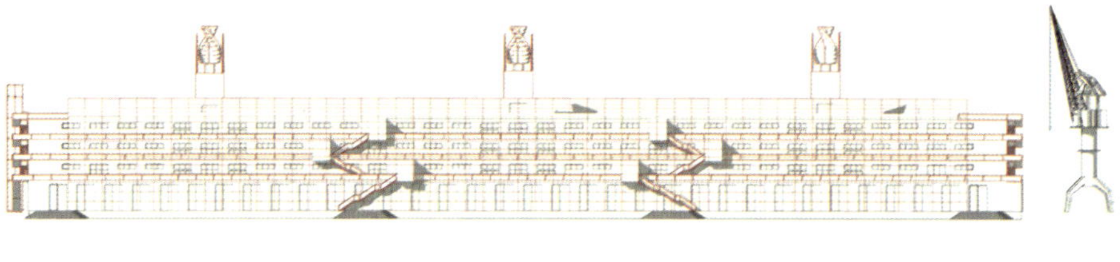

正立面图

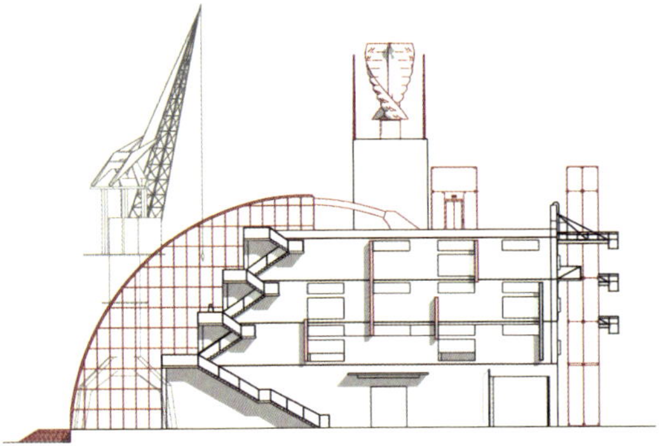

侧立面 1

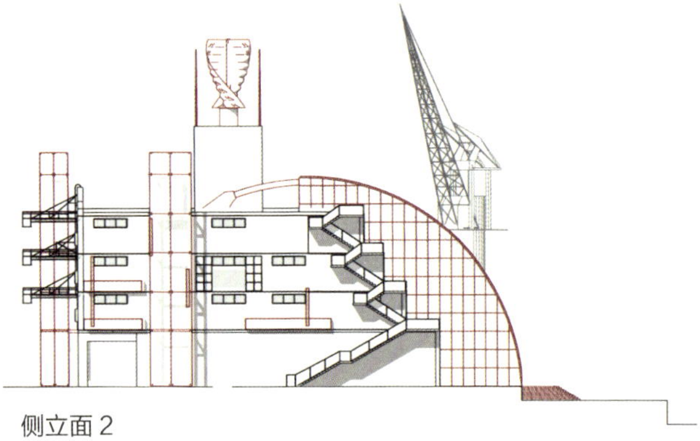

侧立面 2

策略二：重视 15 库“仓库建筑”的本质特征。

15 库的本质是“工业建筑”，是“仓库建筑”。老建筑本身及周边留有大量历史信息与历史遗存。包括建筑原结构、铁轨、旧火车车皮、门式塔吊、内部天吊、传统的工业灯具、推拉式铁门、附墙式铁爬梯等等重要的工业建筑遗存，在此次改造过程当中都应一并加以保护利用。

策略三：通过对建筑改造，提升建筑的内在品质，明确区分“新”与“旧”。

原有的工业遗存印记

带有原有遗存印记的元素

15 库毕竟是一座具有 90 余年历史的老建筑了，对于新赋予它的功能有着这样和那样的不适与不足。通过这次改造，要使它满足新的使用要求，使在此工作、参观、休闲的人们既能享受现代化设施给他们带来的便利与舒适，又能够欣赏和体会到老建筑的文化内涵。为此设计中会增加新的开窗与采光，增加建筑保温措施与采暖设备，增加通风设施、卫生间及其他配套，增加楼电梯等竖向交通设施，增加供 VIP 使用的特别休憩空间，在此，设计会将改造和新增加的设施作为“新”的系统，与老建筑“老”的系统明确区分，虽然区分，但二者又同时存在，泾渭分明而又有机结合，使历史与现代良好共融。

通过新增加方形凸窗系统，改善室内的采光效果，满足人们的视野心理需求。同时，以对比区分“新”的凸窗系统与“老”的高窗系统的不同，使两个系统在对比中相互加强。

增加保温措施，更换全部高侧窗，使建筑改造之后满足相关建筑节能的要求。

改造前仅有高侧窗时的室内剖面

改造后增加凸窗的室内剖面

建筑原外墙开窗系统

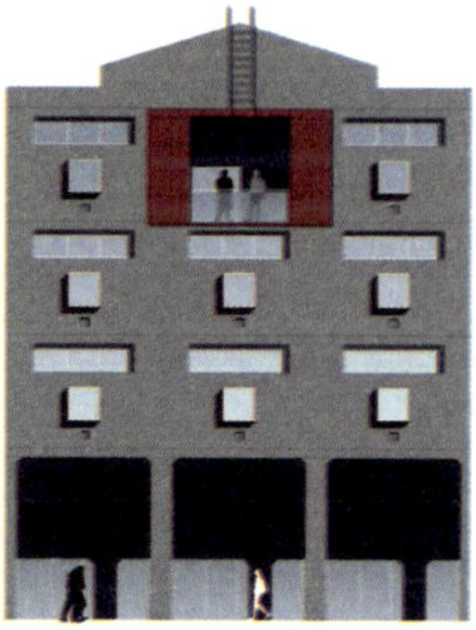

改造后增加凸窗的外墙开窗系统

增加凸窗系统，改善室内采光，新的凸窗系统与老的高窗系统产生对比，加强立面的互动效果

策略四：通过“小”投入博得“大”效果。

由于有“保护”作为改造的前提，设计不将大投入与大拆大改作为手段，而是本着“四两拨千斤”的原则，维护保持现有的优势与特色（即“结构坚固”的优势与“工业遗产文化”的特色），对确已残破的地方进行整修，把资金集中在增加新设施、提升室内环境质量上。在一个整体富有历史感的传统平台上，以新的材料与手段做“点睛之笔”的局部加建和改建。以较少的投入实现较高的效益，将城市的原点变为新的起点。

外部空间设计

改造后的 15 库退台 1

改造后的 15 库退台 2

编者按：

设计利用“重力”带来的影响，从培优基地向全民开放式教育主题乐园转身。

宁波万科芝士公园

李卉

1 项目概述

项目位于浙江省宁波市中心区域，毗邻宁波历史的见证——灵桥，场地中的主建筑原为宁波日报报业大厦，曾是宁波城市地标之一，开发商计划将此项目由原来单一的办公功能改造为一处一站式城市素质教育培优基地，并委托设计师进行配套的景观改造。针对场地中的车行流线混乱、人行空间不足、缺乏经营维护等问题，设计团队在减少建

地块鸟瞰

筑及环境结构变动、尊重场地风貌的同时，提升了场地的功能性、开放性、创新性和吸引力，保留了原有乔木，维护了生态基底，以低干预措施激活旧城空间，实现了成本效率的最大化。设计希望利用场地现有的独特高差，创造自下而上攀爬、自上而下降落的体验，进而围绕“重力”这一物理学知识点（芝士公园中的“芝士”谐音“知识”）打造了“趣重力乐园”“水重力乐园”等空间，将场地改造成为一个面向全体市民的开放式教育主题乐园。

2 项目背景分析

项目位于浙江省宁波市中心区域，东临奉化江，西倚密集建成区，南北分别为两座跨江大桥。场地中的主建筑原为宁波日报报业大厦，建成于 2002 年，曾是宁波城市地标之一，位于大厦南端的宁波音乐厅常有世界各地乐团的演出。新闻业和音乐厅的协同加持，奠定了场地的文化基础。2017 年，万科集团通过租赁方式，拟将此项目从办公改为商用，针对不同年龄段的各类培训业态，打造一处一站式城市素质教育培优基地。项目一、二层为商业，四、五层为教育，三层作为商业和教育的集合层，六层以上则主要为公寓。设计师受邀对周边面积 2.7 万平方米的配套景观进行升级改造，创建一处“芝士公园”，以英文“芝士”谐音中文“知识”，契合场地的“教育”主题。

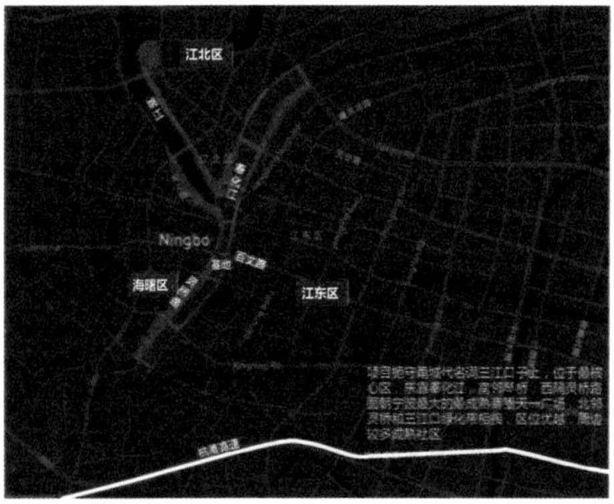

基地区位

3 基地现状分析

待改造景观地块主要集中在建筑南侧，从北到南依次为三层台地，上两层现状用于停车，最下层台地上有一处 300 平方米的水池，以及一块包含 20 个车位的 3 000 平方米的桥头绿地。建筑其他三侧的空间较为局促，可进行改造的潜力不大。

通过场地踏勘，设计团队总结出了场地的主要问题。其一，由于建筑原为办公属性，现有场地几乎被停车场占据，车行流线大量重叠交错，导致交通效率较低。车流成了场地的主角，导致人行流线受阻，这与商业与教育综合体对人流量的需求形成了矛盾。其二，从南侧进入一层商业的渠道仅有地下车库，步行无法直接到达，导致南侧商业的活力不足。其三，由于缺乏维护，场地中水池的水已经发绿发臭，桥头绿地虽乔木生长良好，但底层植被已杂乱丛生。

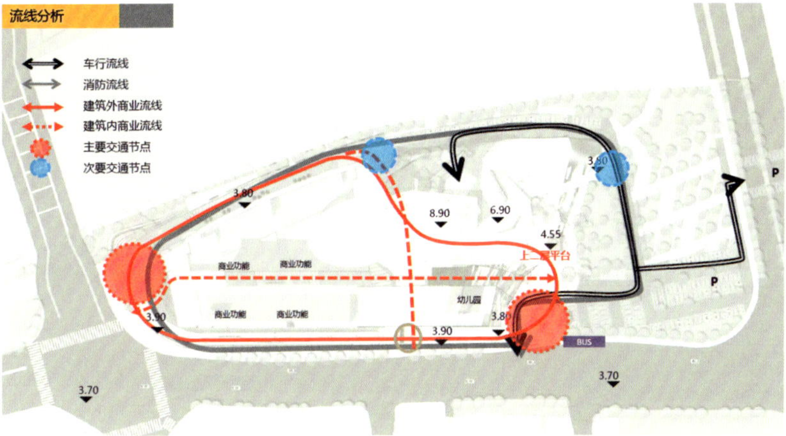

待改造景观地块主要集中在建筑南侧，其他三侧的空间较为局促，可进行改造的潜力不大

4 改造目标分析

旧改项目都是“戴着镣铐跳舞”，而办公改商业则需要舞者有更灵活的腾挪转身，才能在限制中找到自由，在约束下引爆力量。在该项目中，我们希望将原有场地疏通之后，在对景观空间重新解构、提升场地活力与辨识度、激活商业空间的同时，也为市民提供一块开敞的公共活动空间。在减少建筑及环境结构变动、尊重场地风貌的同时，提升场地的功能性、开放性、创新性和吸引力，保留原有乔木、维护生态基底，以低干预措施激活旧城空间，谋求成本效率的最大化。

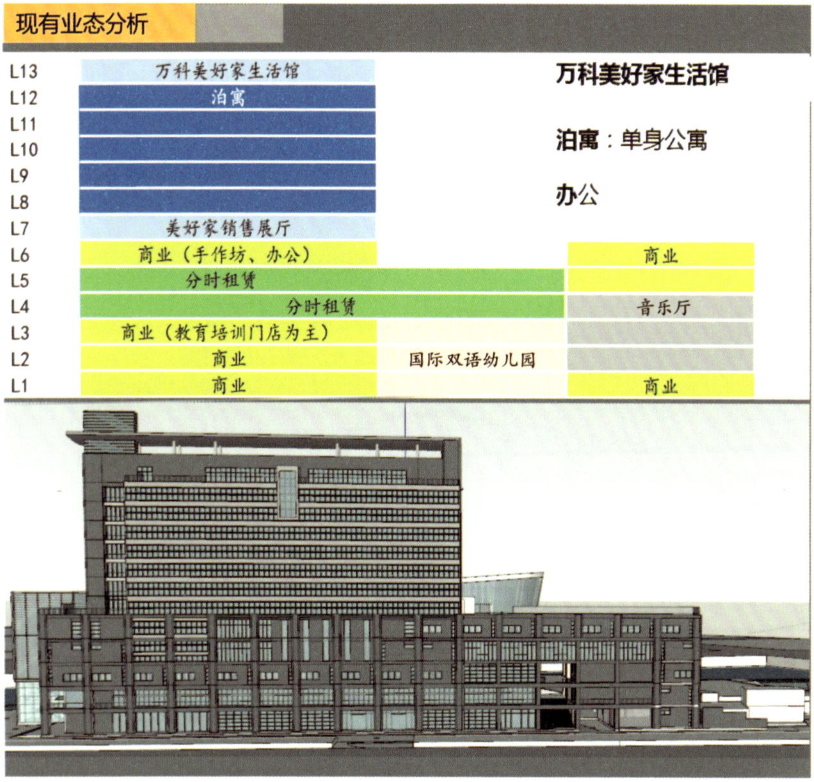

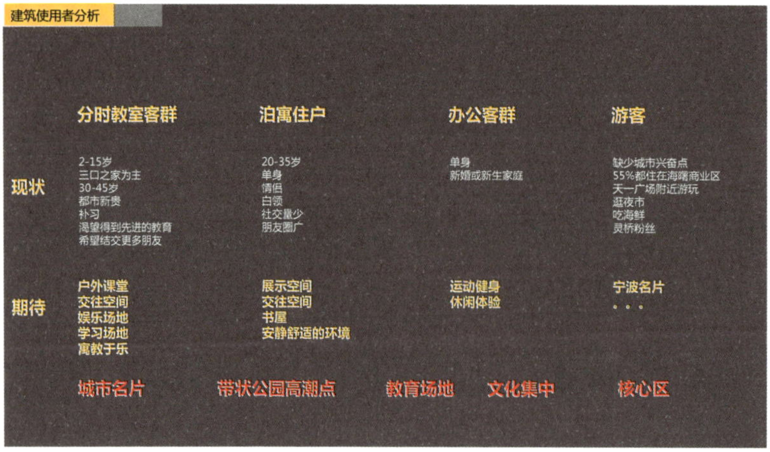

现有业态主要是为年轻一族提供的教育、居住、休闲等商业功能，外部环境也将针对这些使用者和业态功能进行打造

5 空间改造原则

空间改造内容

保留	增补	更新
现状乔木保留，最大化保留原有绿化	琴桥下增补停车位	流线重新规划
公园水景部分保留	—	—
尽量不破坏车库顶板	—	—
公园现状停车位保留	—	—

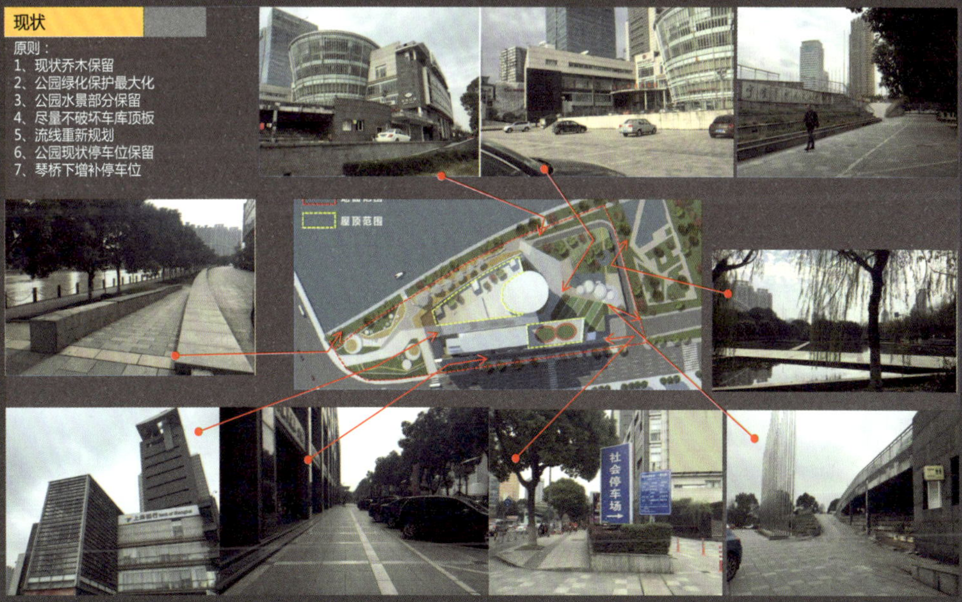

在尊重场地现状的前提下，根据客群定位调整场地的交通流线，优化环境，增加车位，符合当下的商业诉求

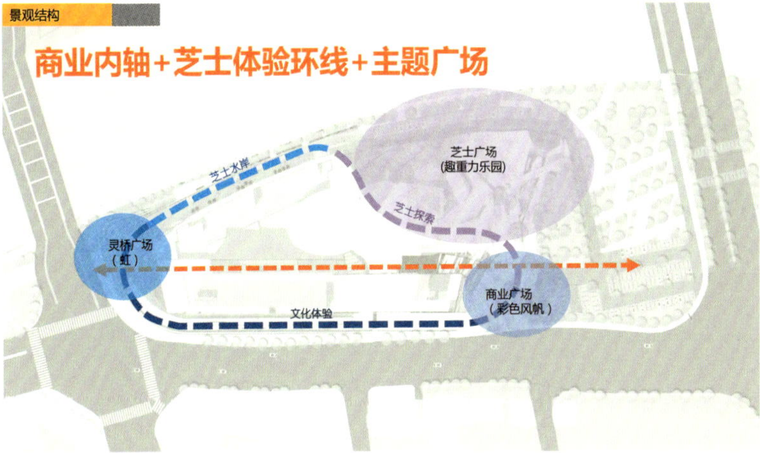

芝士公园景观结构

6 活力流线

设计对功能布局和交通流线进行了较大幅度的调整。为了扩大人行空间，设计将音乐厅前两层台地的停车空间定义为步行区。因此而减少的停车空间则通过重新梳理南部的绿地停车空间、地下车库以及周边可停车区域进行补齐。设计同时对车行流线进行了重新规划，避免因停车混乱造成交通拥堵。建筑南侧，对原有 20 米长的坡道及约 50 平方米的车库边角进行了切除，改造为人行入口，同时以形态新颖、色彩夺目的景观构筑物引入人流。建筑北侧，一座聚合人流的广场将人们引入综合体，并形成通往南部的贯通流线。在临近南端的东西两侧均开设了步行入口，由此可以轻松到达南部商业空间。多个方向的流线贯通极大地增加了建筑一层商业的活力。

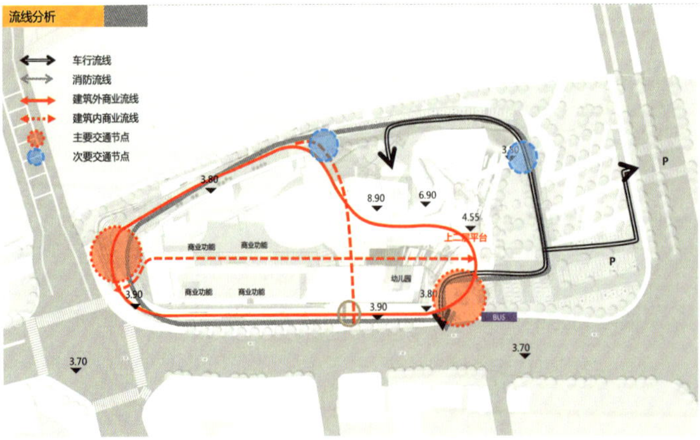

芝士公园交通流线分析

7 灵桥广场

灵桥横跨于宁波市海曙区与鄞州区分界的奉化江上，俗称“老江桥”，原为船排连锁而成的浮桥，是宁波最古老的大跨度浮桥。始建于唐，曾名“东津浮桥”。由于灵桥位处闹市，历代盛况不衰，虽屡修屡坏，仍屡坏屡建。1936 年，在宁波旅沪同乡会资助下，由德国西门子公司承建的灵桥正式完工，设计使用期限 70 年，成为宁波最有代表性的近现代建筑之一。2007 年，宁波市政府委托同济大学对灵桥进行了彻底检查，认为大桥主体结构依然安全。在对其进行必要整修后，现今灵桥依然作为市内主要桥梁为宁波市内交通服务。

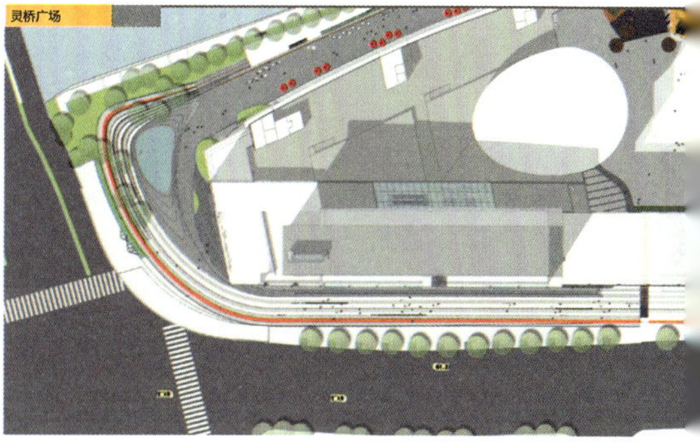

灵桥广场平面

灵桥广场作为连接灵桥和项目的纽带，起到了空间连接和交通疏导的作用，设计对灵桥广场未做特别大的改动，在原有空间格局的基础上，通过地面铺装的设计增加了对灵桥前生今世的历史解读。

灵桥广场效果

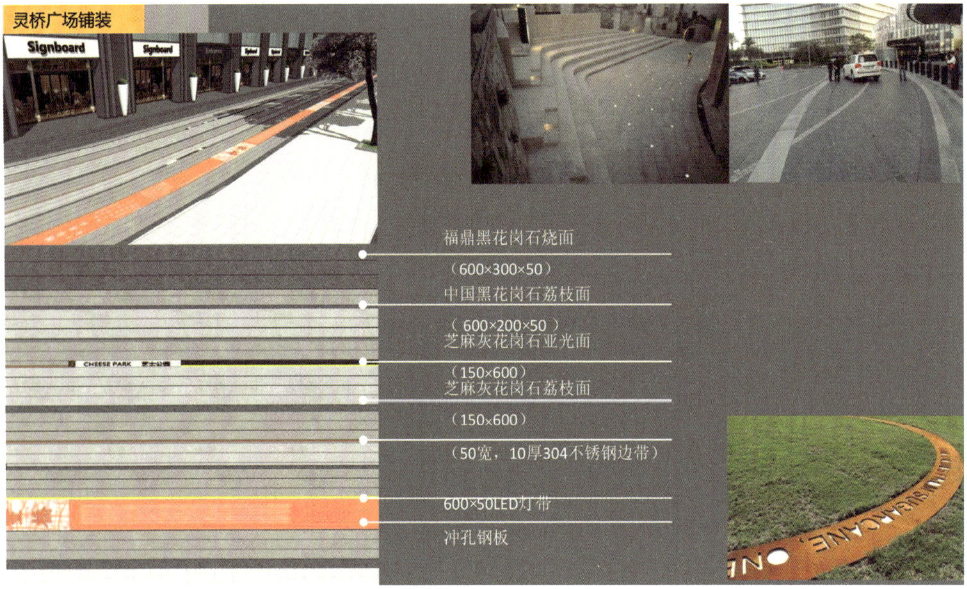

通过地面铺装的设计增加了对灵桥前生今世的历史解读

8 商业广场

与灵桥广场一样，商业广场也没有进行较大的空间改动，只是对原有的 20 米长坡道及约 50 平方米的车库边角进行了切除，改造为人行入口，同时以形态新颖、色彩夺目的景观构筑物引入人流，增加了被覆盖的一层商业的活力。

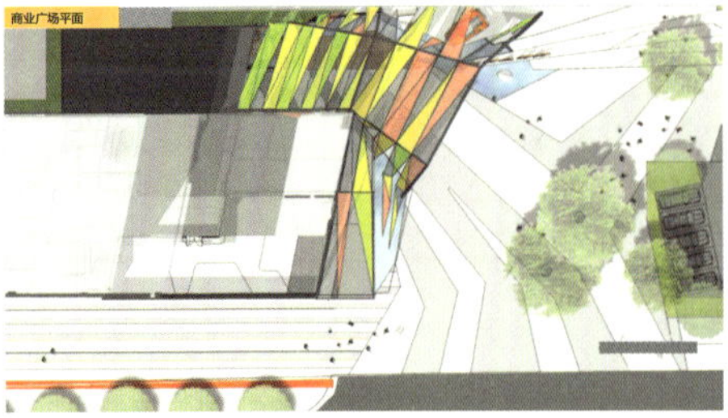

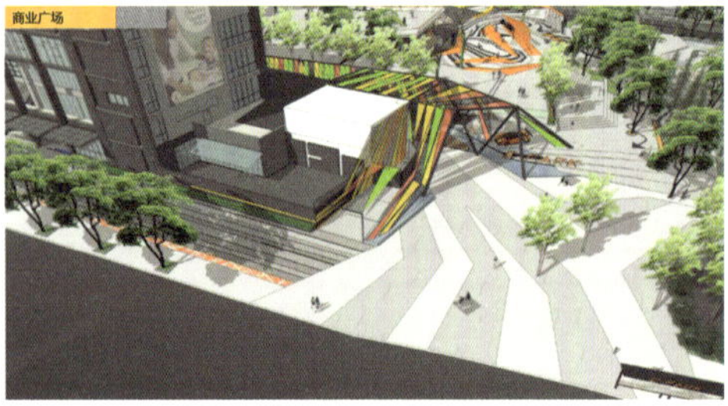

商业广场平面

原来用于停车的两层台地被改造为一处趣重力乐园，将场地的主角由“车”转变为“人”，激发场所活力

在建筑南侧，设计对原有的 20 米长坡道及约 50 平方米的车库边角进行了切除，改造为人行入口，同时以形态新颖、色彩夺目的景观构筑物引入人流，增加了被覆盖的一层商业的活力

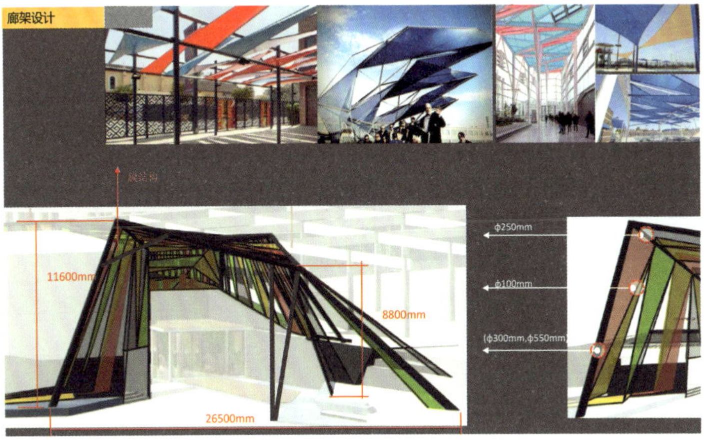

廊架设计

9 “重力”主题乐园

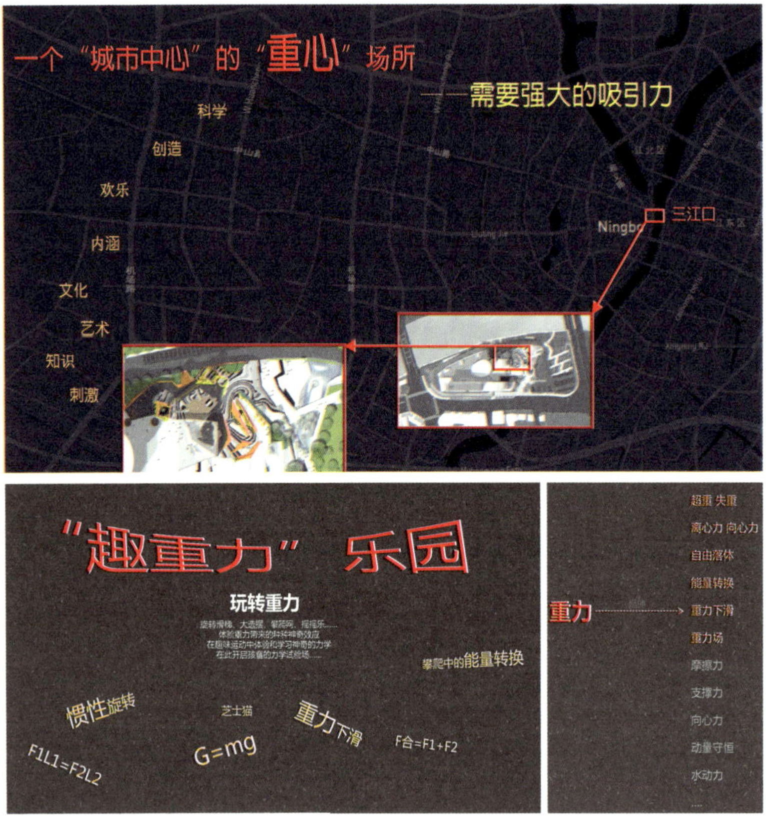

重力乐园主题分析

设计团队根据场地商业与教育综合体的定位，定义了场所的人群特征——以婴幼儿、青少年为主体，辅以学习型家长和职场提升的年轻人，并由此确定了场地温暖明艳的色调和互动参与的活动空间。由于上两层台地的下方为两层地库，楼板荷载不足以支撑乔木和大型游戏设备，能进行的改造十分有限，因此，设计师以场地限制为机遇，利用台地间形成的独特高差，为游客创造自下而上攀爬、自上而下降落的体验。由此，物理学知识点“重力”这一主题应运而生，进而打造了“趣重力乐园”“水重力乐园”等空间。设计师希望孩子们在游戏中寓教于乐，像牛顿一样去思索重力的奇妙。

重力乐园平面

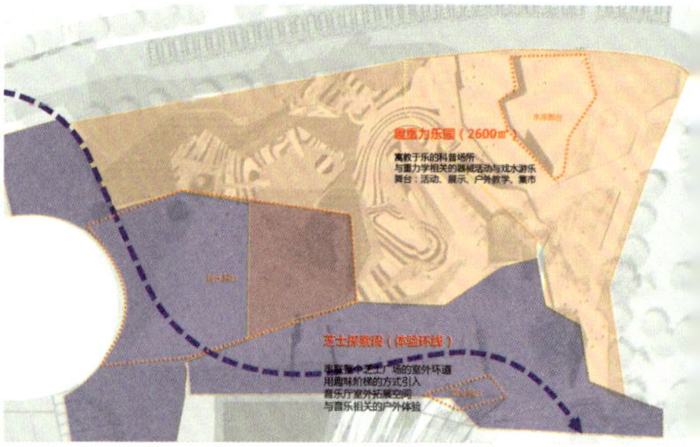

重力乐园功能分区

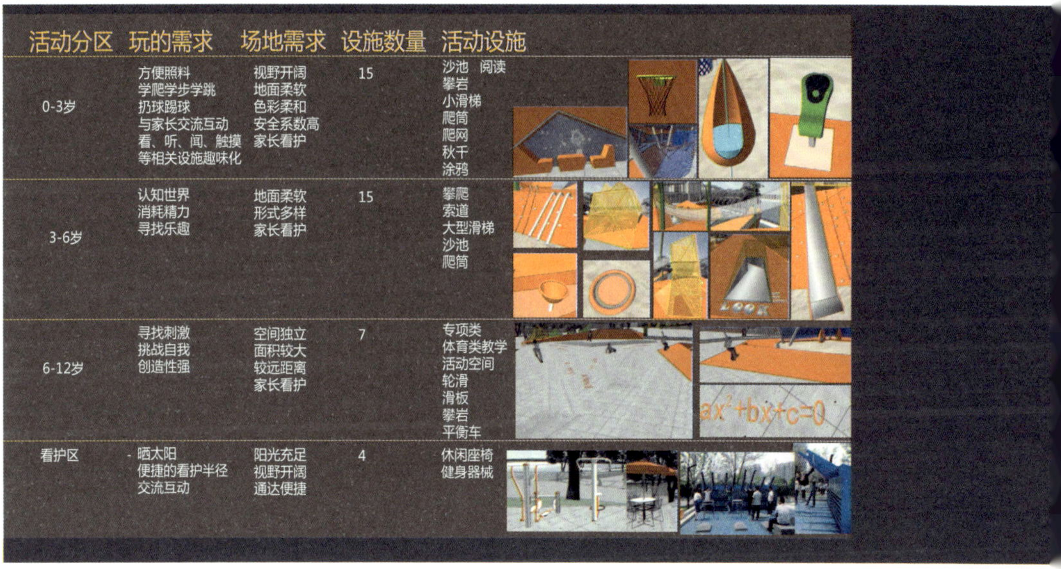

活动分区	玩的需求	场地需求	设施数量	活动设施
0-3岁	方便照料 学爬学步学跳 扔球踢球 与家长交流互动 看、听、闻、触摸等相关设施趣味化	视野开阔 地面柔软 色彩柔和 安全系数高 家长看护	15	沙池　阅读 攀岩 小滑梯 爬筒 爬网 秋千 涂鸦
3-6岁	认知世界 消耗精力 寻找乐趣	地面柔软 形式多样 家长看护	15	攀爬 索道 大型滑梯 沙池 爬筒
6-12岁	寻找刺激 挑战自我 创造性强	空间独立 面积较大 较远距离 家长看护	7	专项类 体育类教学 活动空间 轮滑 滑板 攀岩 平衡车
看护区	· 晒太阳 便捷的看护半径 交流互动	阳光充足 视野开阔 通达便捷	4	休闲座椅 健身器械

重力乐园设施功能结构分析

“趣重力乐园”的主体围绕着两层台地的高差展开设计。一方面，在原有高差的基础上设计了一处以 12% 的坡度抬升的挑台，并由此划分出两层空间：挑台上方坡度适宜，为大型室外活动、演出观赏聚集场所；挑台下方设置高 2.5~4 米的夏季阴凉、冬季避风的半室内儿童游乐场，很好地实现了广场上眺望的功能并适应了当地的气候。挑台延续了广场原有的铺装肌理，在节省成本的同时回应了场地的历史。另一方面，设计师还采用坡道消解两层高差，塑造出一处以芝士公园形象代言“芝士猫”为主题的户外游乐场。在这里，“芝士猫”被抽象为一个由钢管和钢网构成的棱角分明的大型构筑物，两只“眼睛”刚好形成了滑梯和绳索攀爬的入口。此外，半室内游乐场前的铺装也选用了旋涡曲线的形式，以模拟重力场的感受。在趣重力乐园中，孩子们通过重力塔、重力拉索、体重吊环等多种与重力相关的力学游戏器械，体验失重、超重、离心力、向心力、自由落体、能量转换、摩擦力等力学知识。

在“趣重力乐园”南侧，设计结合水体设置了一处“水重力乐园”。为了降低水景运营的负担，设计将水体面积缩小，水深从原来的 400 毫米调整为 10~50 毫米，形成儿童可以进入的互动水体环境。水压游戏、戏水阀门、压力水盘、宇宙水环、重力水玩等控水装置的引入，让孩子们在嬉水中对水重力有了更多的认识和体验。

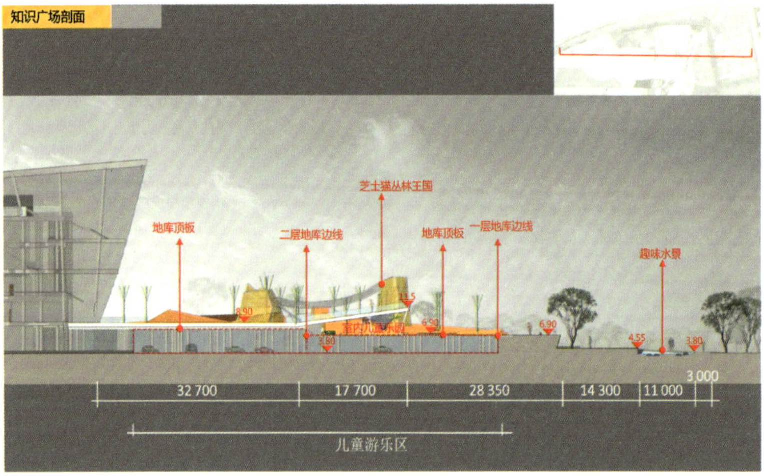

知识广场剖面

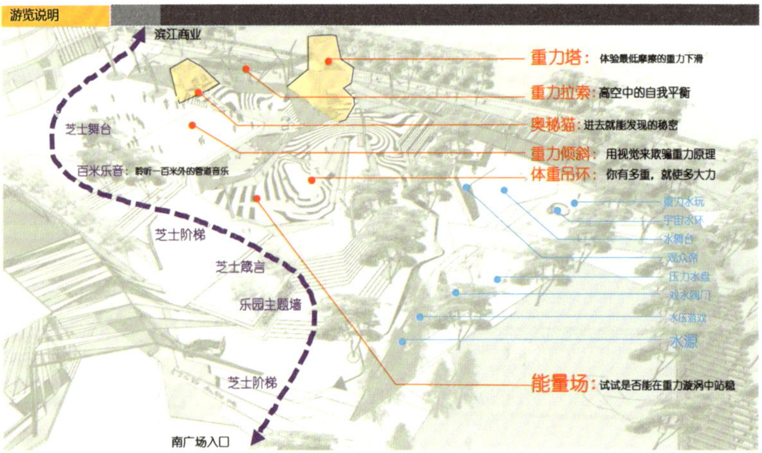

知识广场游览动线

趣重力乐园巧妙利用两层台地的高差展开设计，通过引入挑台和塑造坡道，创建了一处融合半室内游乐场和户外游乐场的鲜明目的地

通过将挑台向上抬升 12°，获得了一处高 2.5~4 米的夏季阴凉、冬季避风的半室内儿童游乐场，很好地实现了广场上眺望的功能并适应了当地的气候

户外游乐场围绕着芝士公园形象代言“芝士猫”展开。在这里，“芝士猫”被抽象为一个由钢管和钢网构成的棱角分明的大型构筑物

在“芝士猫”的“脑袋”里，藏着一座重力小屋，各种与重力相关的互动装置让孩子们在其中爬上爬下，感受重力带来的多元感官体验

设计尽可能对原有铺装进行了保留，只清理和修补污损，新增挑台也延续此铺装肌理，部分区域以旋涡曲线的形式模拟重力场的感受

夏天，建成后的水重力公园成了最受欢迎的区域。孩子们在此嬉戏，家长则在旁边的石阶上落座陪伴

原桥头公园里保留下来的水景在水重力乐园中得到了充分地利用，延展出了各种各样的水重力游戏

10 生态低干预

针对场地最南侧的桥头绿地，设计团队对每一棵乔木进行了测绘定位，最大限度地保留了大中型乔木，只对凌乱的低矮植物做了梳理，以达到对原有生境的最小干预，同时维系了原有用地性质与城市肌理。

芝士公园种植设计

桥头绿地中的大中型乔木被最大限度地保留，只对凌乱的低矮植物做了梳理。这里如今成了市民乘凉休憩的好去处

11 绩效与成果

从报业大厦到芝士公园，经过一系列的解剖、梳理、重构，这块城市中心的土地又重新焕发出璀璨的光芒和无限的活力。本着功能改换、审美主题更新与尊重场地、低干预改造并重的原则，设计成功地展现了一个旧城空间更新项目为城市注入了全新的活力。人们在更新后的空间中各取所需，孩子们在功能各异的乐园里结交新朋友，家长们在宽敞的座椅上看护和攀谈，从南侧广场进入的车流和人流络绎不绝，附近居民坐在桥头绿地的树荫里乘凉，还可以见到小松鼠在林间跳跃。这里成了当地市民尤其是青少年休憩的崭新目的地，也为整个综合体的运营带来了巨大价值。

编者按：

设计带着自然与空间一起，从70年前的日常，到如今的“新日常”。

从“城市机构”到“城市公共空间”

——重塑新的“日常”

宋本明

龙潭公园建于20世纪50年代，是西部省会城市太原的一个城市中心公园，原为太原动物园。我们的场地是这个公园东南角的一个水塘，叫栖凤湖，它是公园的一个小型的鸟类园。整个园子的目的只为观看，它是一个舞台，水中的岛是布景，水鸟是演员。岛和岸之间的水面和栏杆把观众与布景隔开，水边一圈栏杆之内的范围已经不是现实世界，它以剧场的形式再现了另外一处想象的“自然”，呈现的是一种看与被看的关系。

2003年，动物园整体搬迁，鸟岛表演功能谢幕，虽然空间结构没有变化，但整个栖凤湖的中心结构却已不在。 如何重塑栖凤湖的中心结构，并承载新的城市生活成为我们设计的入手点。

公园改造中的“新日常”映射了过去70多年间中国公共空间使用的巨变。70年前中国城市公园的规划与设计延续了现代主义的传统，当时的公园被认为是类似学校和电影院的机构，四周被围墙包围，形成一个与城市隔绝的“壶中天地”。出于一种美好愿望，设计师假定了公园中所有人共同的抽象行为是“游赏”，他们沿着小路前行，欣赏四周的风景。在这种思维框架下产生的公园并非是城市的公共空间，他们是仪式性的、制度性的，对日常生活的复杂性一无所知。

70年过去，中国城市发生了翻天覆地的变化，加剧了城市公园这种角色的尴尬。大量村镇居民涌入城市并定居，大量新建的住宅和商业空间将城市的空地填满。龙潭公园在十几年间已经被数十幢高层居民楼包围，而公园在绝大部分时间也成了附近居民散步休闲的场所，而不是观景。在这种新的“日常”关系中，公园和街道一样成了城市公共空间的一部分，它不再是被高墙围起，给人们提供“游赏”经验的

改造后的龙潭公园——增加了逗留空间，提升了利用效率

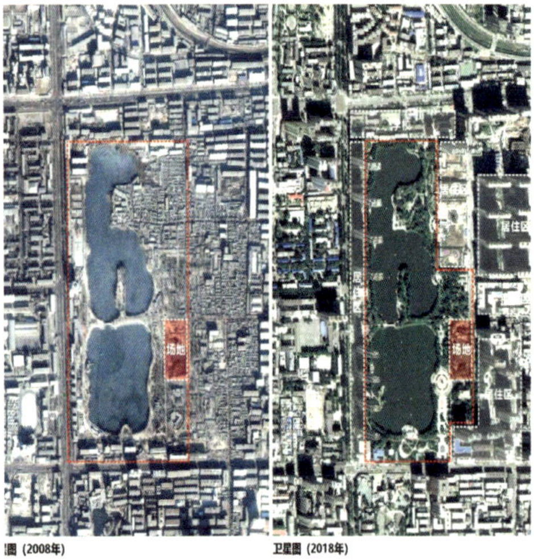

卫星图对比

城市机构，而是被推倒围墙，与城市街道连接在一起的一种日常生活空间，允许自由出入、活动。

在改造过程中，我们拆除了将公园与城市分离的围墙，用新的步行道将我们的场地接入城市空间，并设计了廊架、看台和广场，作为沿湖新的中心。同时我们拆除驳岸，使人可以来到水边，亲近水面，湖心岛被恢复为生态岛，水鸟重新在上面安家。新的中心成为新的舞台，老人和孩子以及其中的每个人既是演员又是观众。

改造后，场地被重新纳入周边居民的生活之中，居民们和游客们在湖边散步健身，小朋友喂鱼看鸟，老年人听戏唱歌，新的公园给他们提供了不同尺度的场地，同时也重新塑造了一种“日常”生活的空间。

龙潭公园的改造成为我们对中国公园从“城市机构”到“城市公共空间”转变的解读。在这种转变中，公园中的人从简单抽象的人，变为城市中复杂的、有血有肉的人。而公园中的空间也从舞台的、仪式性的单中心的空间，变成日常的、放松的、多中心的空间。人们聚集在一起举行社区活动，锻炼、交流或是仅仅找个树荫坐一会，而不是仅仅是看风景。我们创造的新的城市空间给他们提供了这种场所和可能。

我们的场地是这个公园东南角的一个水塘，叫栖凤湖，它是公园的一个小型的鸟类园。整个园子的目的只为观看，它是一个舞台，水中的岛是布景， 水鸟是演员

1 基地问题及对策

问题一：垂直驳岸老旧，亲水性差

策略一：改造驳岸形式，增加互动活动设施，提高空间丰富度。

人是能给场地带来活力的主体。改变单一的垂直驳岸形式，增加互动场地，提高空间丰富度，促进人与人、人与自然之间的交流。

景观风貌单一，视觉效果差

策略二：修复湿地生境，丰富湿地生物多样性。湿地的生物多样性特点突出，场地通过不同湿生植物与动物形成的丰富景观风貌满足视觉景观需求，引入科普展示功能，增加场地的内涵，打造湿地展示教育示范场所。

场地空间单调，体验性缺失

策略三：引入科普展示功能，打造湿地展示教育示范场所。龙潭公园湿地园在现状场地核心区（中心湿地）与公园区之间建立缓冲区（植物屏蔽区），达到对外界不良生态干扰的屏蔽，以及对场地内部新建湿地生物及生境的保护和过渡。恢复自然生境的活力，丰富湿地植物多样性。

2 案例研究

唐纳德溪水公园

地点：美国波特兰
规模：0.4 公顷
景观设计：戴水道景观设计
时间：2010 年

悉尼公园五号湿地

地点：澳大利亚悉尼
规模：15 公顷
景观设计： ASPECT Studio
时间：2006 年

哈尔滨群力新区生态湿地公园

地点：中国哈尔滨
规模：30 公顷
景观设计：北京土人
时间：2009 年

基地在被开发为工业用途之前是一块湿地，公园设计者设想用 “现代的新技术来再现过去”，试图在这块工业废弃地上重现湿地的渊源，并以水和湿地栖息作为新公园的特色。

公园设计充分利用了地势从南到北逐渐降低的特点，收集来自周边街道和铺地的雨水。收集到的雨水经过坡地上植物过滤带地层吸收、过滤和净化，最终多余的雨水被释放到坡地下方的水池中。另外，公园在传统的湿地基础上，还被赋予了现代元素，如横穿水池的曲桥和由象征波特兰往日城市肌理的旧铁轨所组成的波型艺术墙，从而使人们对这块经历过改变的场地倍感亲切。

五号湿地的设计当之无愧成为简洁现代公园的典范。从选用的材料来看，如混凝土和木材等，都洋溢着现代简约的风格。弧形混凝土景墙带来的简洁视觉效果与公园自然景观形成鲜明的对比，给予人们一个强烈的视觉冲击，亦是该项目的关键设计。景墙对于湿地水体的流通起到一个导向作用，同时可供人们休憩使用。

修复湿地原有的水文条件，混凝土墙相当于公园水道的半圆形支架或者边框。混凝土拱体为公园奠定基础设施和构架 ，构成湿地的闲坐区和边缘 。

设计上以湿地生态保护为基础，建立原生湿地与城市间的缓冲隔离区，以引导性恢复为原则，营造湿地恢复的环境及提供必要的资源条件，形成“湿地保护”的设计理念。即在原生湿地外围设计建立人工的保护屏障，阻隔城市对湿地的影响，同时内部湿地通过外围的健康引导完成湿地的恢复转变。

在湿地具体恢复策略上从建立圈层保护模式、构建湿地生态水网体系、丰富湿地生物多样性、修复湿地生境以及完善湿地监测与管理机制等方面着手，使湿地通过人为的建设达到有效恢复。

3 项目定位

3.1 对自然的研究——再造生境

湿地恢复的选择如下：

① 狭义的恢复：调整并恢复湿地水文过程和生物，最终恢复生态系统的活力和自我维持能力。

② 复原：只能恢复部分结构和功能，人为引入目标物种，改造地形以恢复类似湿地的水文特征 。

③ 重建：水文条件无法恢复，极度退化，构建新的湿地类型 。

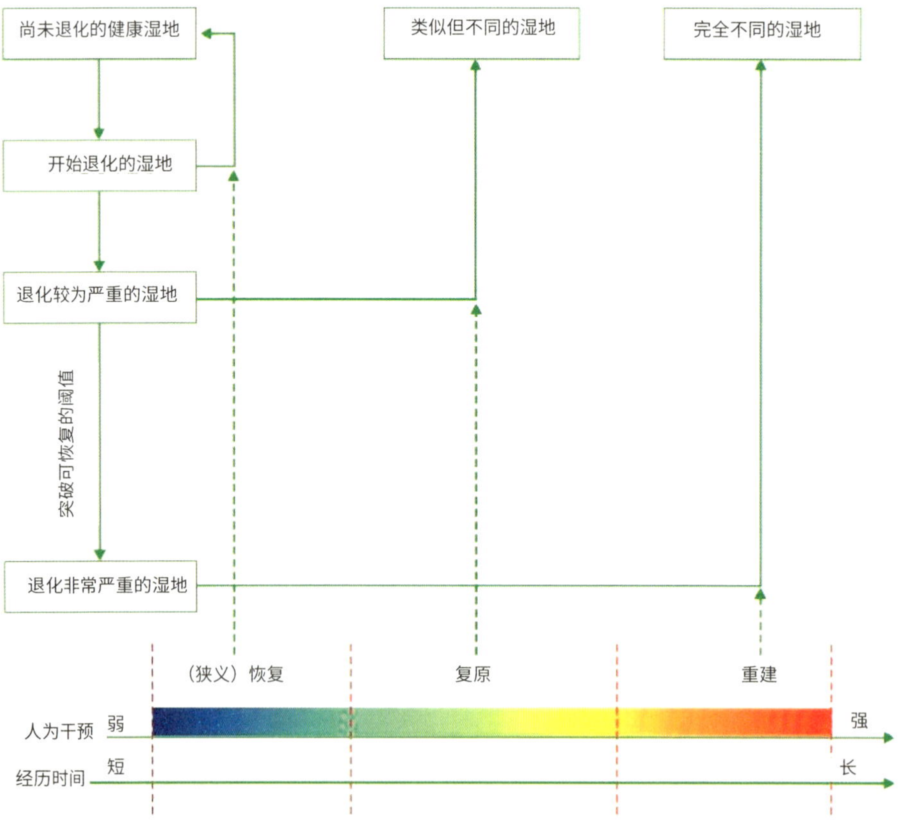

湿地恢复原则

3.2 对空间的研究——重塑空间结构

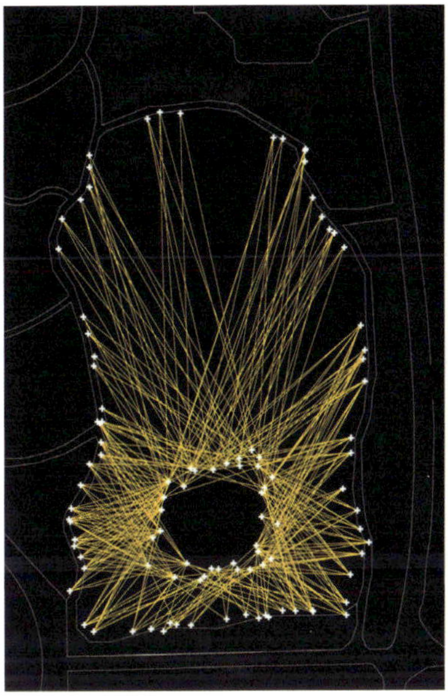

单中心的空间（改造前）

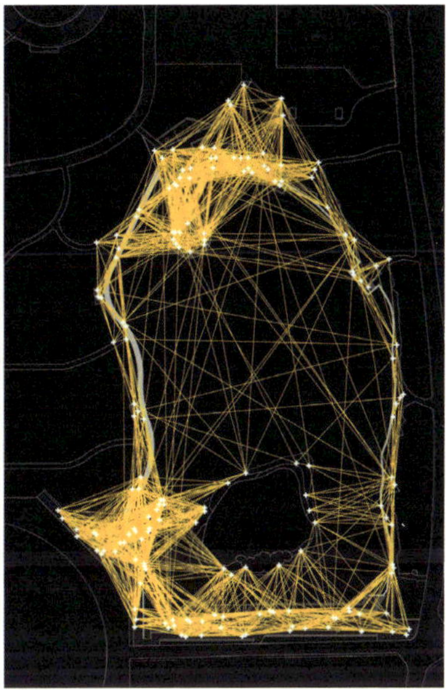

多中心的空间（改造后）

如何重塑栖凤湖的结构，将栖凤湖的空间从改造前的单中心结构转换成多中心的结构，并承载新的城市生活是我们设计的入手点

图例：

❶ 入口广场
❷ 现状厕所
❸ 景观廊架
❹ 滨水舞台
❺ 林间小路
❻ 湿地植物
❼ 现状树林
❽ 疏林草坡
❾ 生态岛
❿ 湿地净化池
⓫ 亲水平台

总平面图

4 改造措施

4.1 改造措施之一：空间布局改造

在空间布局方面，梳理原有空间，将原来的单一空间转变为多个空间，由大的聚集空间向多个多规模空间转变，增加了空间的丰富性，满足了不同需求客群的空间要求。另外，多个、多规模空间也丰富了岸线和交通动线，通过丰富空间数量，打造多个吸引点，由原来的单调交通路线转化为富有多种意趣的游览路线，增加驻足的地点和范围，提升多角度视觉景观的可能性。

4.2 改造措施之二：驳岸系统

4.2.1 现状驳岸及设施

现状大量硬质的垂直驳岸使水域缺少由浅到深地过渡，形式单一生硬，不利于植物生长。且现状互动设施场地缺失，缺乏亲水活动场地。

4.2.2 改造途径

改造驳岸形式，增加驳岸土壤，使驳岸土壤与湿地水体相接，为湿地微生物、水生植物、水生动物提供生长环境。恢复湿地生态功能。

在现状基础上，增加互动设施，提高人与人、人与自然互动交流机会。

改造前驳岸实景

方案一改造后驳岸剖面

方案一改造后景观意向

方案二改造后驳岸剖面

方案二改造后景观意向

方案三改造后驳岸剖面

方案三改造后景观意向

4.2.3 改造原则

将原有僵硬的人工设施改造为贴近自然的空间环境；减少硬质景观，提供有利于生态恢复的软性景观；将原有单一的驳岸形态改造为多元、变化丰富、亲水性的驳岸形态；提供动植物的生存空间，打造生机盎然的景观环境。

改造后的龙潭公园——亲水空间增加了人们与水接触的机会

改造后的龙潭公园——还原自然环境，建立动植物生存的生态平衡

4.3 改造措施之三：互动设施系统

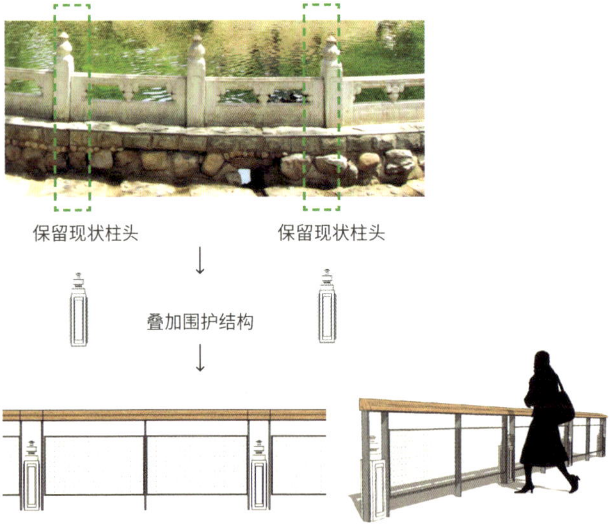

栏杆改造方案一

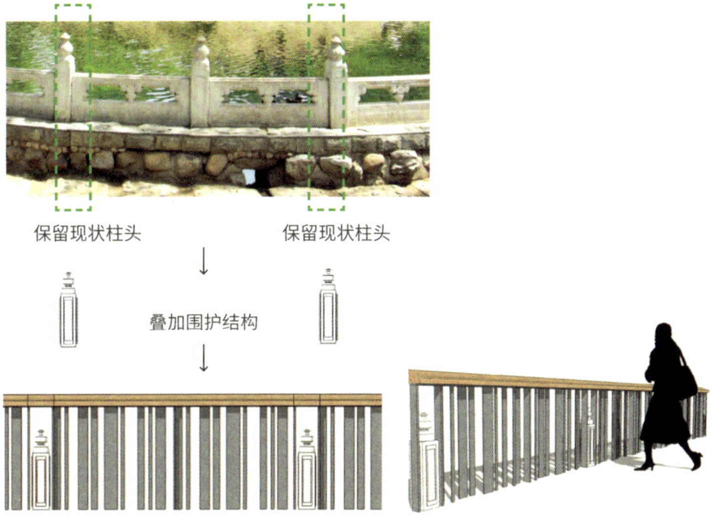

栏杆改造方案二

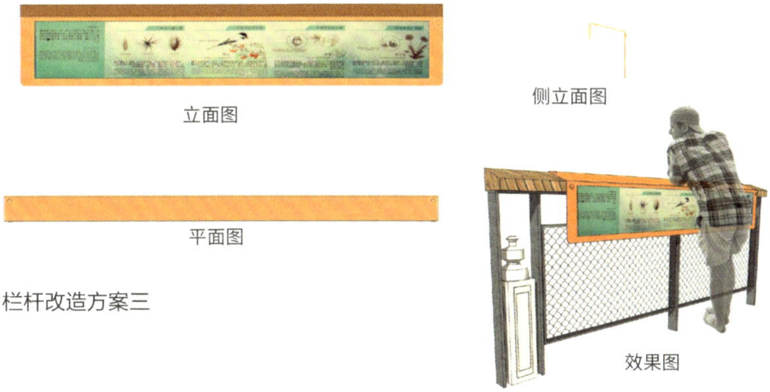

栏杆改造方案三

4.4 改造措施之四：植物系统

4.4.1 植物系统改造原则

保护和利用原有植物，完善植物群落。植物设计中充分利用现状，保护和利用原有植物，在现有植被的基础上适度增加植物品种，从而完善植物群落。

丰富湿地植物品种，引入科普展示功能。利用丰富的植物品种，结合硬质景观为游人提供植物基础知识，凸显出园区的趣味性。模拟自然湿地中各种植物的组成及分布状态，将挺水、浮水和沉水植物进行合理搭配，形成更加自然的多层次水生植物景观。

增加常绿乔木和秋色叶树种，填补园区季相景观的不足。丰富季节变化及植物景观层次，打造多样空间体验，让景观在四季赋予人不同的感受。植物设计营造出四季变化之感，让园区景观多样性，使游人的体验变得愉悦而充满活力。

植物季相表

4.4.2 分区设计

（1）浪漫休闲草坡

利用现场高大乔木为背景，结合岸线的起伏，增加开花乔木，点缀观赏草和自然花带，形成视线焦点，打造浪漫休闲的自然入水草坡。

植物结构：缀花草坪 + 花乔 + 自然花带。

品种选择：山桃、晨光芒、黑心菊、狼尾草、蒲公英、苦荬菜等。

（2）生态净化展示区

生态示范性展示，点亮公共交流互动空间。在有限的可种植区域内，用观赏性强的湿生植物营造一个具有充满活力专业展示空间，以满足人们互动和交流的功能需求为目的。

植物结构：阶梯式种植空间 + 观赏性湿生植物。

品种选择：鸢尾、菖蒲、香蒲、睡莲、荷花。

（3）趣味科普区

利用高低错落的湿生植物，营造安静体验型湿地走廊。结合东面现有植物，以高低错落的挺水植物品种为主，在平台及入口处通过植物空间的围合，打造视线通廊，将观赏性的湿生植物与科普类地面铺装一起打造展示廊道，同时也为西岸提供良好的景观观赏面。

植物结构：开合有致的种植空间 + 高低错落的挺水植物。

品种选择：芦苇、 菖蒲、千屈菜、香蒲、水葱。

（4）神秘中心岛

增加耐盐碱观赏类植物，打造景区焦点。结合现有植物，补充常绿乔木，增加中、下层植物景观，充分利用观赏性强的水生植物多层次围合岛的边缘，使之成为公园的观赏焦点，同时其打造成的生境为野生飞禽提供理想栖息地。

植物结构：常绿乔木 + 中下层植物 + 观赏性湿生植物。

品种选择：黑松 、柽柳 、黄栌 、醉鱼草 、千屈菜、马蔺等。

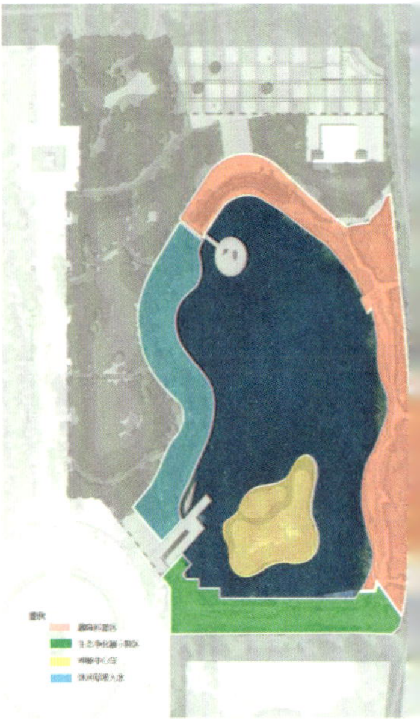

植物系统——分区设计

图例：
趣味科普区
生态净化展示物区
神秘中心岛
休闲草坡入水

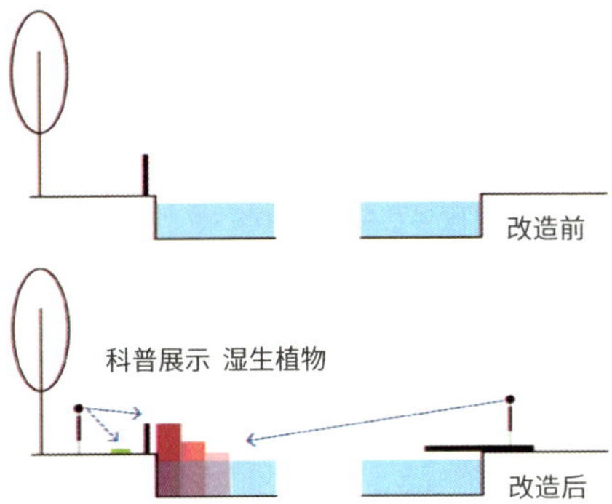

趣味科普区植物改造分析

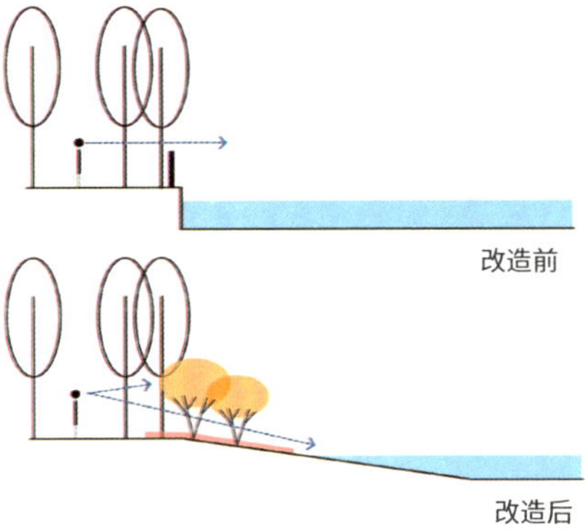

浪漫休闲草坡植物改造分析

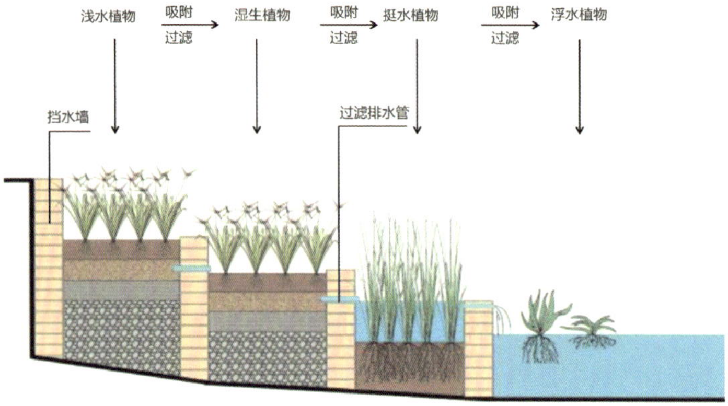

生态净化展示区植物改造分析

春：春是喜悦的季节，原生的柳树和湖西岸正值花期的山桃，以及在岛上开花的醉鱼草，把春天衬托得更加明媚

夏：夏天是快乐的，沿湖岸线种植水生植物（千屈菜、荷花、菖蒲），给夏季的水面增加颜色，使游人更加的向往

秋：秋是收获的、深思的季节，金色是秋的主色调，沿湖的芦苇和新增的秋色系树种黄栌让人更加流连忘返

冬：冬季飘雪，一切归于平静，在岛上和岸西侧增加常绿的黑松和云杉，给萧瑟的冬季一抹亮绿

5 结语

龙潭公园的改造成为我们对公园从“城市机构”到“城市公共空间”转变的解读。

在这种转变中，公园中的人从简单抽象的人变为复杂的、有血有肉的人。而公园中的空间也从舞台式的、仪式性的、单中心的空间，变成日常的、放松的、多中心的空间。

人们聚集在一起举行社区活动，锻炼、交流，或是仅仅找个树荫坐一会儿，逃离家庭生活的枯燥，而不仅仅是看风景。我们创造的新的城市空间给他们提供了这种场所和可能。

改造后实景

编者按：

设计不止于视觉，更新中的秩序、精神、功能、生态重构是可见和不可见的真内核。

一次品牌和功能的更新

——鲁能泰山足球学校改造

赵雯

鲁能泰山足球学校成立于 1999 年 7 月，坐落在山东省潍坊市。它交通便利，与潍坊机场和济青高速公路以及潍莱高速公路毗邻，隶属于山东鲁能体育文化发展有限公司，是中国足球俱乐部的后备人才培养基地。项目于 2015 年开始改造设计，最终于 2017 年建成。

1 原生之困

鲁能泰山足球学校办校之初由两个单位合并而成，大部分建筑是这两个单位的旧有建筑，没有经过专业的规划设计，建校过后逐步建设一些功能空间，由最开始的校区一步一步扩建而来，是一个“东拼西凑”的组合式校园。整体校园并没有根据足球学校的需求做过统一的规划，所以现状存在以下问题：校园轴线空间缺乏仪式感和整体性；文化感、荣誉感、参与感需要体现和加强；生活区和教学区动线太长，缺少荫蔽空间和停顿节点；学生生活系统、课后娱乐设施、景观节点、球场配套设施薄弱；道路尺寸缺乏分级规划，进出车辆管理设施不完善；VI 导视系统缺乏；球场草坪浇灌成本高，植物偏老龄化，缺乏复层植物和季相区分。

建校近 20 载，随着学校逐渐走出一些运动名将，学校知名度不断提高，同时鲁能泰山足球学校每年需要承办国际青少年足球比赛，老旧的学校空间不能很好地承担教学与比赛的需求，作为中国一流的青少年训练基地，无论是日常教学的功能使用还是更上一个台阶的品牌发展，都对学校的整体环境提出了新的诉求。

改造项目往往不是单一专业的工作，鲁能泰山足球学校改造项目亦然。在这个项目里，我们承担了整体景观设计改造以及统筹管理所有设计专业的工作，将规划、景观、建筑、室内一体化，同时融入文化导入、环境导视、水文设计多专业联合植入校园改造，形成安全、舒适、健康、快乐的整体校园环境。

鲁能泰山足球学校改造前问题分析

2 设计挑战

与大多数改造项目一样，项目也面临成本有限的问题，怎样以点带面，使有限的改造工作能够重塑校园的物理空间和精神空间，是项目从开始到最后最大的挑战。我们试图从四个方向重新构建校园的空间：秩序重构、精神重构、功能重构、生态重构。

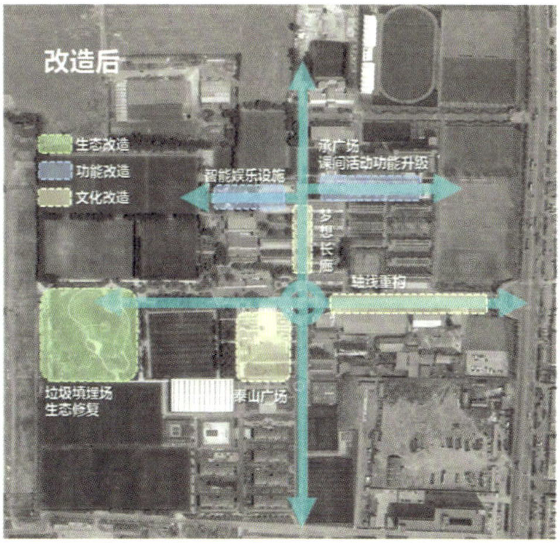

鲁能泰山足球学校空间重构思路

3 秩序重构

项目改造的核心是从入口的双塔到泰山广场这一段。改造设计在取舍中探寻场地的开合、节奏、明暗、阵列。

改造前主要存在人车混行、封闭性弱的问题，另外轴线上高大的杨树因每到春季杨絮飞舞，影响主轴线的观感而饱受诟病。改造设计中，首先对交通进行梳理，保留靠近入口段的双向四车道的车行道，以及车行道进入校园内部之后变为双向两车道的交通设计，将原有种植在车行道两侧的杨树改为设置在车行道中间的宽大中央绿化带，种植树形统一的银杏。银杏树形笔直，也是优秀的秋色叶树种，近年来在北方苗圃广泛种植，造价也可控。这样的改变使得原本一望到底的轴线设计，变成了空间上开—合—开、有变化的轴线序列，增加了轴线上的仪式感，也为一些形象焦点提供了良好的背景空间。

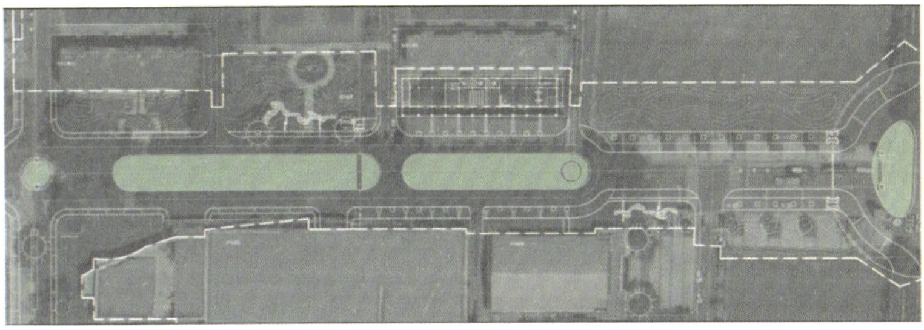

鲁能泰山足球学校入口空间改造思路

鲁能泰山足球学校入口空间问题分析

鲁能泰山足球学校改造后入口道路 1

鲁能泰山足球学校改造后入口道路 2

轴线上的另外一个改造重点是大门的双塔。塔门在这里矗立了 16 年，是师生们记忆的起点。我们的方式并不是做一个新的大门，也不是修旧如旧，而是在保留原有双塔结构的基础上做一个崭新的大门设计。新的大门除了原有的双塔，将原有的低矮铁艺围墙改为与双塔体量相匹配的拱形洞门，饰面改用红砖。红砖能够凸显校园风格，从背景的绿色中跳脱出来，给人隽永的印象。

鲁能泰山足球学校原校门双塔

鲁能泰山足球学校改造后校门双塔

在本次改造轴线的另一端，是另一个改造重点：冠军楼和泰山广场。冠军楼保留了原有的结构和功能，只对外立面进行了改造设计，使用了跟大门统一的红砖和线脚设计，在窗与窗之间增加假柱，增强立面的凹凸感，让冠军楼的立面更加庄重立体。

冠军楼前的泰山广场以大禁区和小禁区的尺度进行设计，并设计了 12 条红色特色铺装，将一些重要的历史时刻以铸铜的方式镶嵌在泰山广场上。

鲁能泰山足球学校改造前的冠军楼和泰山广场

鲁能泰山足球学校改造后的冠军楼和泰山广场

泰山广场的标志铭牌

冠军楼近景

4 精神重构

鲁能泰山足球学校的改造有其特殊性，这种特殊性使得它区别于一般的公共空间和住区的改造。在改造中需要赋予场地一些新的精神内核与故事。

胜利十一人雕塑：在轴线 11 对整齐划一的银杏前面，用橙色钢板展现的运动剪影和镂空的人形剪影做成胜利十一人的雕塑，象征球赛序场中列队的运动健儿顽强的生命意志和强健的力量与速度，体现了人类丰沛的感情，表达了拼搏奋斗超越自我的精神。

文化墙：传承齐鲁文化，将古人的智慧融入文化墙设计。在增强体能的同时，不忘提醒孩子们文化的重要。

胜利十一人雕塑

文化墙近景

文化墙

LOGO 标志：场地记忆的感动是我们一直遵循的原则，从建校之初就存在的两个 LOGO 也是鲁能精神的守护。老龄化的杨树我们做了再利用，场地的线条秩序也重新做了梳理，但最初的感动还将继续守护在这里。

Logo 标志应用 1

Logo 标志应用 2

5 功能重构

由于之前是两个单位合并而成，历史遗留问题使得教学楼和宿舍楼之间的距离太长，并且中间跟机动车的车行动线有交叉。改造中试图用两个方法来去解决这个问题：一是对教学楼与宿舍楼、食堂之间的路线进行重新规划和选线，二是在这条选线上设计激励性和文化性的长廊。

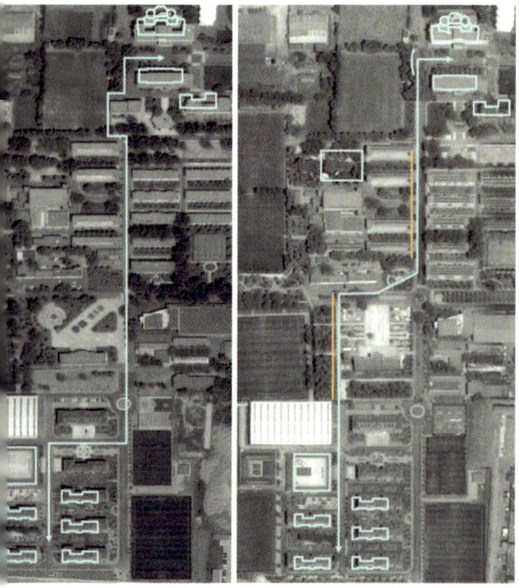

校学习和生活的场景

原有宿舍食堂和教学楼之间的流线是从冠军路开始，经过综合行政楼南边转到东边文明路上。改造后将冠军路的行程延长至泰山广场，然后再转到文明路上，这一改变结合泰山广场的设计得以实现。为了让这条比较长的流线能够更加有意思，我们设计了环保且有标识性的文化长廊，生动展示了足球、乒乓球巨星和鲁能培养的球星，从北往南依次为书简墙、梦想长廊、名将墙、春晖长廊、名将堡垒，利用这些节点串起每日足球学校学习和生活的场景。

鲁能泰山足球学校原道路空间环境

鲁能泰山足球学校改造后的道路空间环境

鲁能泰山足球学校改造后的道路空间环境细节 1

春晖长廊

鲁能泰山足球学校改造后的道路空间环境细节 2

鲁能泰山足球学校改造后的道路空间环境细节 3

儿童游乐：将原来只有基础健身器材的场地，改造为与孩子们训练和娱乐结合的新型活动场所。在游戏中提升孩子们的运动能力，寓教于乐，收获更多。

原健身设施空间

改造后的健身设施空间 1

改造后的健身设施空间 2

标识系统：忠“橙”战斗，永不服输！作为鲁能球队的标志色，标识系统用橙色作为主色。慢行系统将足球动作和球场尺度的知识融入其中，为孩子前行的每一步打好基础。

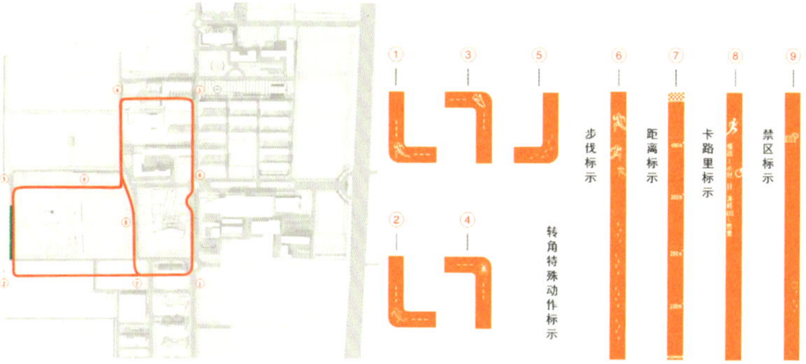

标识系统设计

跑道标识 1

跑道标识 2

跑道标识 3

冷疗室：冷疗室为鲁能青训斥资建造，在国内青训机构中尚属首例。这种用冰水做“低温疗法”的方式，对刚运动完的小球员帮助非常大。

冷疗室外观

冷疗室室内

6 生态重构

整个鲁能泰山足球学校拥有 31 个足球场，每年浇灌和养护这些足球草坪需要巨大的水量。在改造设计中，我们将景观用水、建筑中水等统一考虑，新建污水处理站，形成整体的水资源系统方案。

首先从源头收集，包含雨水花园的地表雨水，每年收集量约 5.88 万立方米；球场的浇灌水截流，每年约 13.5 万立方米；新建的污水处理站，每年收集约 4.5 万立方米。将以上这些水资源进行收集，然后再利用园区西侧的生物净化湿地进行净化。生物净化湿地由以前的垃圾填埋场改造而成，总储蓄量可达 4 000 立方米。每年可以有 20 万立方米的水量通过管网把净化后的水送回到回用池，供场地浇灌使用，整体保证 1 500 立方米的常量水量，以及 2 500 平方米量的湿地景观。

将景观水体、污水站处理水与足球场的浇灌用水统一协调考虑，为足球学校的景观和球场用水带来了创造性的解决方案。

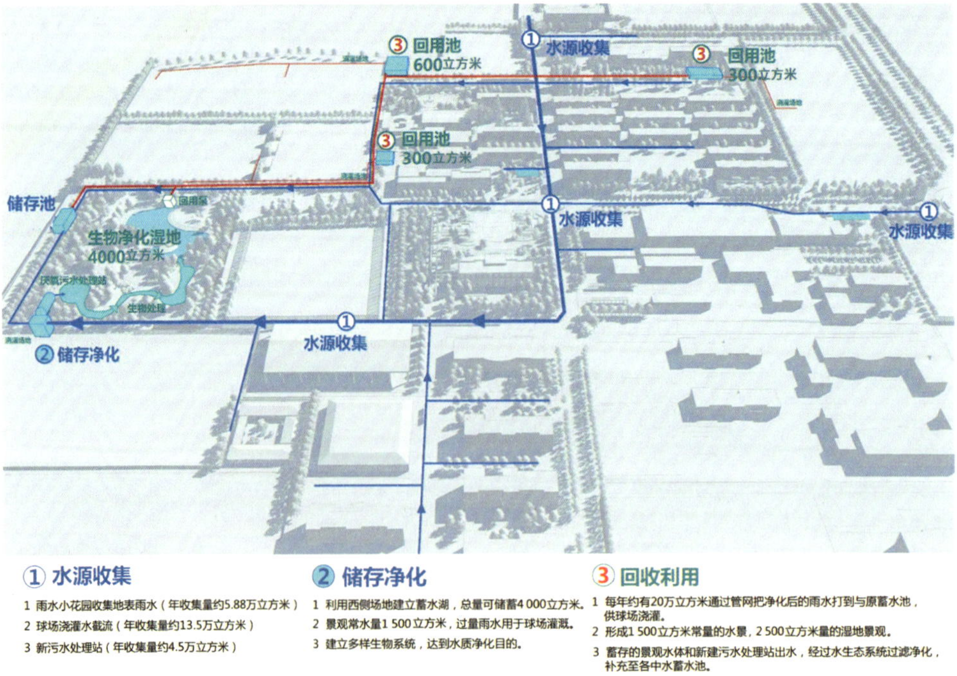

海绵校园系统图

原垃圾填埋场

改造后的生物净化湿地

生物净化湿地平面结构

生物净化湿地细节

生物净化湿地竖向结构

在构筑梦想长廊的时候，我们在长廊顶部增加了太阳能板，太阳能板在白天收集能量，成为夜晚长廊光源的来源。这种新型能源在学校空间里起到了非常好的示范作用，也为学校的长久运营节省了开支。

在这个改造项目中，除了以重构的方式解决场地中现有的各种问题以外，景观设计还特别注意保留现场中的一些元素，比如入口轴线上的大雪松、墙上的 LOGO。原有轴线上老龄化的杨树砍掉后，被用作园林里的树桩道牙以及石笼墙的材料。

梦想长廊太阳能系统

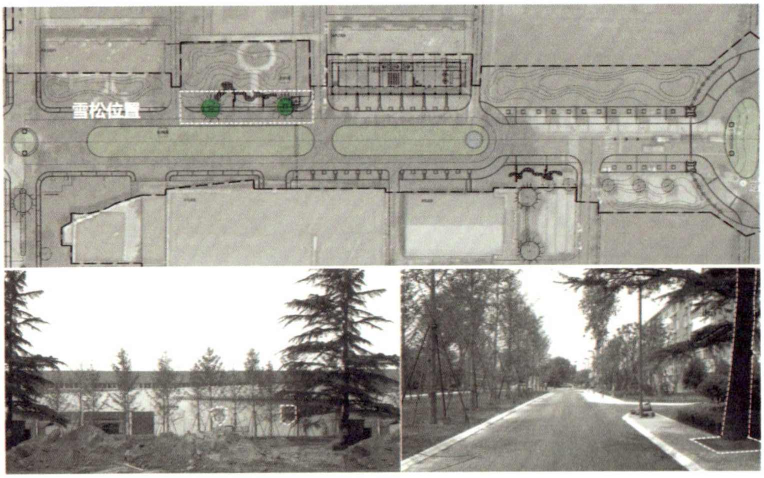

鲁能泰山足球学校原有树木保留

利用原有建筑材料做成的石笼墙

场地原生树的再利用

从高速增长的增量时代走入存量时代，建筑、景观和室内设计师都将面临更多的改造项目。

改造项目排在首位的是要解决原有存在的问题，这是项目的起因。鲁能泰山足球学校的改造起因是功能的缺失以及多年的发展需要一个崭新的形象，所以我们将改造工作集中在了每日校园生活的动线、主轴线以及活动区域这“两线一区”上面。

但设计师的工作往往不止于此，改造型项目更大的挑战在于从设计师的角度去发现更深层次的问题和需求。发现业主自己都没有总结出来的需求，是做改造项目设计师的价值。在足球学校的项目里，我们对整体项目进行了分析，发现要结合垃圾填埋场来做整体水资源规划，利用团队本身景观与海绵一体化设计的能力优势，为校方提出长远节省运营费用的方案。

编者按：

100 万元内的更新挑战，“粗粮细作”“天人合一”……依然有鲜活的文化与个性。

林盘之嬗变

刘卫兵

大规模的城市改造正在让中国的许多城市空间焕然一新，但却也多了些对人性温暖消退的抱怨。建筑和城市失去本质，忘了人是对象，城市的更新应该与自然与文化环境息息相关。在中国，历史文化名城虽都有着悠久的历史沉淀，却各自又有着不同的城市本底，从而呈现出多样的文化品味。这些古城要与时俱进，确实面临激发历史文化形态和适应当代人生活诉求的再生困惑。

1 林盘之于成都

“九天开出一成都，万户千门如画图”是唐代诗人李白对天府之国成都的赞誉。成都，作为首批国家历史文化名城，具有独一无二的特色。纵观成都三千载建城史，笔者认为把公园和城市结合，当是“水润天府”的史诗续写，更是乡愁记忆的保留。成都的大小城镇乃至社区都在进行着城市细胞的新陈代谢。公园城市之于城市公园是截然不同的味道。这时，公园的内涵巨变为城市的生态底色。“人的命脉在田，田的命脉在水，水的命脉在山，山的命脉在土，土的命脉在林和草，这个生命共同体是人类生存发展的物质基础”，公园城市的核心正是人与自然的和谐共生。

“拜水都江堰，问道青城山”，都江堰的水不但浸润了成都平原，还滋养着青城山“天人合一”的生存之“道”。瑞士著名规划师卡尔·芬格胡斯对中国道家哲学深入研习后，反思现代设计虽理性但缺乏人情味儿，他那本著名的《向中国学习——城市之道》一书提出：中国的“道”是一个超现代城市规划框架。他认为“道”是一种宁静生活的感知、一种生态有机的概念。阴阳图启发他提出了著名的城市格式塔理论，核心内容就是环境友好、社会和谐、资源节约。这些正是第三次联合国住房和城市可持续发展会议通过的里程碑式文件——《新城市议程》中提出要解决的全球问题。放眼中国历史文化名城，成都的林盘便具有城市生态本底和道家特质，而且更可贵的是传统生态农耕生活方式还依然存在，续写着绵延的乡愁。这份传统人居智慧样本，丝毫不输于当代城市的可持续发展理念！

川西林盘，源于古蜀文明时期，这种传统生态聚落是成都的基底形态，也是城市再生的基因。相对于苏州园林“虽由人作，宛自天成”的特质，川西林盘同样是由人作的都江堰塑造。“幸亏战国时代李冰的治水天才，当地才有完整的水利灌溉沟渠，千余年来，在良好维护之下，始终功能完好，使川西地区千年来沃野千里，永无水患”，这是作家林语堂 1944 年来到川西坝子的感慨。在这片平坦的扇形冲积平原上，正是这套自流灌溉的生态水利系统允许人们从容地引水耕田、修房建院、种竹栽树，形成了河水环绕的自然农耕散居聚落，成都方言称之为“林盘”。这些散布城郊的林盘供养着繁华的成都，清代学者王培荀在其《听雨楼随笔》记述了当时的锦城：“衣冠文物，济于邹鲁；鱼盐粳稻，比于江南。”川西林盘孕育出了成都“安逸闲适”的城市气质。

2 “南溪遥”之过往

世界著名建筑评论家伯纳德 · 屈米曾呼吁：“在全球化的同时，不要丢掉自身的文化特征，城市需要个性。”成都因水而生的城市格局和乡村聚落孕育着道家精神，这种乡土与城市的“川味”糅合使“成都含有一种内秀的力量，它代表着中国的至善至美。成都将会逐步向世界展示中国最佳的生活方式、文化、创新与商业”。保留随田逍遥的独特山居传统将让成都这座公园城市，在世界文化名城中凸显出自己那份诱人的古蜀乡愁。笔者自从 2009 年设计的“花溪村灾后重建”获全球人居环境规划设计奖以来，陆续做了几十个川西林盘聚落的再生设计，不断反思其中滋味，最新作品“南溪遥”正是致力于浸润其原有生态和回暖其人文温度。

成都平原边缘的蒲阳镇南溪社区活动中心，又名“南溪遥”，位于藏有著名唐代古寺——般若寺的丹凤山山麓。山中流出的清澈南河水傍着茂林修竹中的山边农舍缓缓流入成都，它属于典型的川西林盘。这里独特的本土道家文化与地理条件，除孕育了大熊猫之外，还有延续数千年的川西林盘聚落。

“南溪遥”鸟瞰实景

新中国成立后，这里的南溪院坝改为南溪小学校，作为 369 户人家的乡民子弟接受教育的场所。后因学校规模扩大，迁出另择新校址。此院被作为南溪社区日间照料中心，社区老人白天入托接受照顾和参与活动，晚上回家享受家庭生活，推行社区居家养老服务模式。再之后，这里又成为村民议事、品茗、看露天电影甚至打麻将的活动中心。但伴随着城市化加速，这座老建筑因低矮、潮湿、缺乏舒适性而逐渐被遗弃，但原有的场址是村民们共同的历史空间记忆。

改造前的南立面实景

改造前的院坝实景

3 南溪遥之再生

南溪遥历经沧桑，院坝内现仅存 L 形单层砖砌建筑，总用地面积约 954.39 平方米，蒲阳镇人民政府经讨论决定采用公开招标方式将其有机更新成为南溪遥社区综合体。设计目标是创建传统与现代融合、休闲与文化兼备的社区文创综合体。然而，面对这立在厚土上的残存，如何体现文脉信息的承续，又如何满足当下生活的新潮？是“穿衣戴帽”还原川西传统小院，是“素颜朝天”走现代极简路线，还是“标新立异”惊艳于大地？面临设计投标的激烈竞争，我们处于决定更新方向的十字路口。

对于建筑的再生，我们团队的设计理念是建筑应该像时光的盒子，进去可以感受过往的记忆、当下的鲜活和未来的向往。沉浸于川西林盘的研究十多年后，我们发现它最动人之处在于对环境的“乘势利导，因时制宜”。听从内心，无问西东。我们想通过对院坝的历史递邅、多次重建和功能变异的研读，改造设计应力图从人性的感知出发，将历史变迁、本地生活、故土情感有机融合在有地道林盘味儿的空间里，在原有的骨架里展现出既充分利用川西传统营造经验又体现当代设计空间的表现力。最终，我们以增加舒适度和丰富体验感的改造理念获得了该项目的设计权。

3.1 设计创意的亮点

南溪遥有面对南溪，逝者如斯，遥望时空，不舍昼夜之意蕴。深思熟虑后，方案设计放弃了在空间界定上大费周章的老套路，采用深究蕴含历史的院坝中人对原生环境的体验感，更多地关注空间对人的关怀。为解决原有建筑被嫌弃的最根本原因——较低的热

“南溪遥”构思草稿

舒适度，这一内在需求正是当下如火如荼进行的川西林盘更新中被花样百出的设计所忽视的。

项目地处成都平原与龙门山脉交接之处，属于亚热带湿润气候，我们首先利用 IES 绿建软件分析其场址、建筑用材和拟建空间在当地气候条件下所形成的微气候与热舒适度的关系，同时测试其建筑能耗，从而使平面布置保持原有主要立面和院坝的合理格局，保证充足日照并适度优化改造。

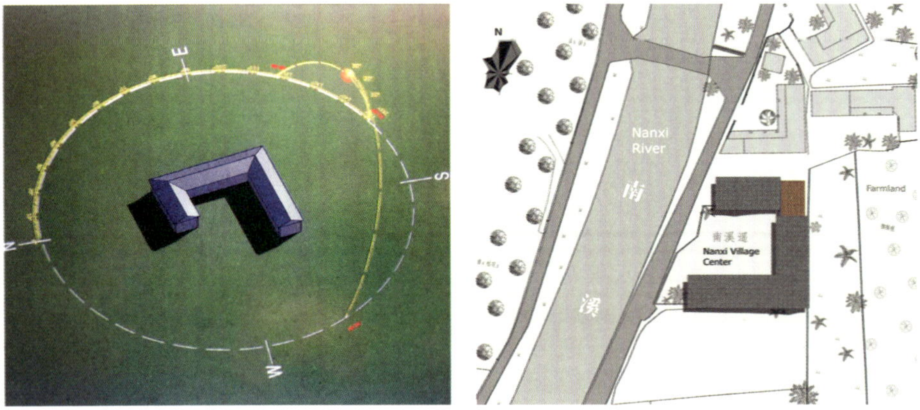

“南溪遥”的 IES 日轨分析图和总平面图

方案规划突破当地传统围合凹形院坝格局，将院的东北角转化为“灰空间”，让漏空柱廊正对主导风向（北北东）。北面局部加高建筑的坡屋面形成东低西高的趋势，引导自然风进入院落并穿过屋顶木廊，吹向西南面建筑回旋后从面对南溪的院坝缺口流出。整个院落在不依赖高耗能的空调设备情况下保证了室内获得新鲜空气，带走多余的湿热，使身居其中的乡民感到了舒适安逸。

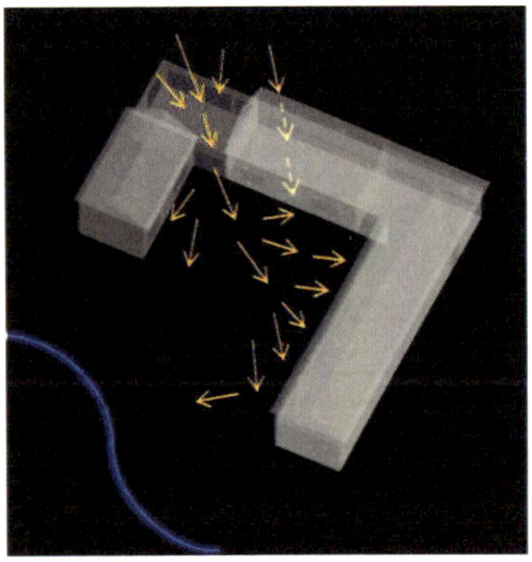

主导风向与“南溪遥”院坝空间的气流分析

造型设计上，充分吸取四川民居轻盈灵动、闲散飘逸的特质，我们希望承载历史文化的建筑应具有该地域应该有的样子，就像费孝通先生在《乡土中国》里写的“只有直接依赖于泥土的生活才会像植物一般的在一个地方生下根”。根据当地风向，设计因势利导地将院坝两翼设计成相反方向舒展的单坡小青瓦屋面。无论从村口或溪边看过去，此起彼伏的屋顶配以简洁的素墙衬着黛色的远山，散发出蜀山悠然的美感。

在舒适空间考量上，创造性地借鉴该区域中青城山的树皮凉亭、都江堰上南桥的传统廊桥和川西民居的深出挑檐等特色地域建筑空间，巧妙地植入新增的活动功能。在保留历史记忆的同时也丰富村民体验。例如：

①处于村口的山墙处增加供村民歇脚寒暄的开敞半木架凉亭。原场地东北角紧邻南溪村口，是村民劳作回家必经之处，而且总会在此稍作逗留，谈论家长里短。设计在这里的山墙旁增加了川西风格的休憩半亭和美人靠座，为乡民提供交流情感、和睦关系的场所。以传统营造形式保留川西乡村生活场景。

②在东面屋顶局部创造性设置的架空通廊，仿佛都江堰江水上的廊桥空间，为百姓增加了不曾有过的登高望山、檐下茶叙的半室内空间体验，通透的屋面通廊疏解了四川气候的潮湿闷热。而通过简约的长方形和 T 形窗可以看到葱郁的稻田，让人切身体会到乡民们对生活的从容和对远方的遥望。

傍晚，此起彼伏的“南溪遥”与黛色远山遥相呼应

村口的半亭

东立面夜景

屋顶增加的木廊采用了典型的川西檐廊

院坝夜景

③在主导风口处下为敞廊、上为露台的新建构提供了晴雨皆可活动的休闲“灰空间”。作为村口的院坝记忆再次回归成真。居民们又可以这里唠嗑歇脚、看露天电影、饮茶话桑麻。

营造出新颖的“灰空间”和观景露台不但丰富了传统空间的多样性，还增加了外围护结构的热容，使室内外空间在热交换中有了良好的缓冲。

北立面图

3.2 全生命周期的关注

传统川西林盘的形成依循的是“天人合一，道法自然”，是本土生存哲学，与现代被动式建筑的理念都符合自然生态系统客观规律并与之和谐共生。这次改造设计考虑的所有建材就地取材，使用廉价的小青瓦、旧黏土砖和容易获取的杉木，并不做多余装饰而仅刷白，正如四川民间谚语“好看不过素打扮”，体现了川人朴素的审美取向。同时，建筑的所有材料均可被环境吸收，在全生命周期内不会产生废弃物，不仅对环境无副作用，还能维持生态平衡。建成后的运营不采用空调系统的被动策略，对节能减排有极好的示范效应。因此，虽然设计没有采用新材料，但从全生命周期重新认识传统被动节能策略的环境友好特质并加以创造性地运用，本身就具创新性。

4 再生之“道”

南溪遥改造投资控制在 100 万元以内，有限的再生经费和高品质的建成期许存在着矛盾与冲突，对设计师也意味着挑战。设计采用的低技策略和当地廉价建材的使用其实就是“粗粮细作”。在造价控制方面，造价师与设计师一道在方案策划的材料选择、施工图设计的技术选用和现场施工的建造工艺等全过程严格监控和评估，以确保建材和建造工艺满足规范要求和技术规程。涉及规范外的传统技艺计量，如木构件的土漆罩面、旧砖的翻检整理，均实地调研，确保低成本建造的高品质完成。

本项目在既有建筑的提升改造中，创造性运用传统的被动节能营造经验与先进的绿色建筑分析技术相结合，这种生物气候设计策略既传承“天人合一”的本土哲学思想，又对节能减排进行科学定向、优化设计。同时，从外部的造型到内部建构以及空间区域的划分上，建筑的叙事将人移步换境地带入川西特殊的地域氛围之中。虽是典型凹形布置的传统成都院坝布局，建筑空间却变得多样：封闭、半开敞和灰色地带，并且在一楼屋面创新加设穿斗木结构的檐廊空间、露台和园林式漏窗，最大限度地利用了自然采光和通风，界定出展陈、社交、议事办公以及休闲娱乐等功能空间，村口公共休憩空间更以营造“唠嗑歇脚”空间氛围为主旨，展示了“摆龙门阵”这一体现乡里亲情的川西民俗风情。让社区中心回归林盘，更好地融入周遭环境和百姓日常，也给外来游客更亲切自然的川西林盘美学体验。

编者按：

一个“符号”、一处“造景”、一种“更新”……其中包含着城镇更新更开阔的思考方式。

“社会景观”转变为“社会造景”

——上海水舍微更新

三益中国

上海工业遗产、20 世纪 30 年代建筑、网红酒店、服务设施……这些词都是老码头水舍的标签。如果要给水舍加上新规划、新定位、新公共空间的定义，这些新标签该如何与旧标签相处？ 2020 年 6 月，水舍酒店暂停营业，也迎来了新改造。三益设计对水舍锅炉房进行微改造，小尺度的改变将成为水舍的新开端，探索新社会语境中的设计方法。

更新后的水舍一隅

1 社会造景，在景观社会中“反叛”

在中国城市化进程中，大规模大尺度地建造一种新社会关系的“景观”，若干个“景观”堆积，则反向强化快速建造的社会关系，即法国情景主义者居伊 · 德波（Guy Debord）定义的“景观社会”这里的景观并非“landscape”，而是为了图像化生成的景观（spectacle），是一种表象的景观，以物和人为本体的“造景”。

上海水舍微更新，是水舍更新计划的一部分。

水舍位于上海南外滩老码头新规划区内，原有的三层建筑建于 20 世纪 30 年代，10 年前增加第四层改造为精品设计酒店。改造保留了原有的混凝土肌理，增加了耐候钢结构，使用特色表皮材料，与黄浦江的船舶形成工业空间的联结，水舍是中国城市化过程的一个回忆。

2020 年 6 月，水舍将停车场规划为城市公共绿地，这一功能的改变让工业时代的厂房和老码头现代发展有了“社会造景”的契机。

水舍鸟瞰

更新后的水舍实景——与黄浦江的船舶形成工业空间的联结，水舍是中国城市化过程的一个回忆

更新后的水舍实景——改造保留了原有的混凝土肌理，增加了耐候钢结构，使用特色表皮材料

现状地形分析

更新前的水舍

区域环境分析

本次对水舍锅炉房进行改造，营造一个“Mini Stage”，是水舍与未来公共绿地的过渡，也是“社会造景”的引言。建筑师以批判性的立场、观点和方法，将过往的“社会景观”转变为“社会造景”。

更新后的水舍实景

更新后的水舍细部

2 场地造景，在封闭城市中“流动”

更新后的水舍实景

新旧结合与对比

场地是造景的第一对象，原本的景观社会沉浸于工业遗产营造的浪漫中，以一种图像化的手法强化场所感，失去了时间变化的规律。

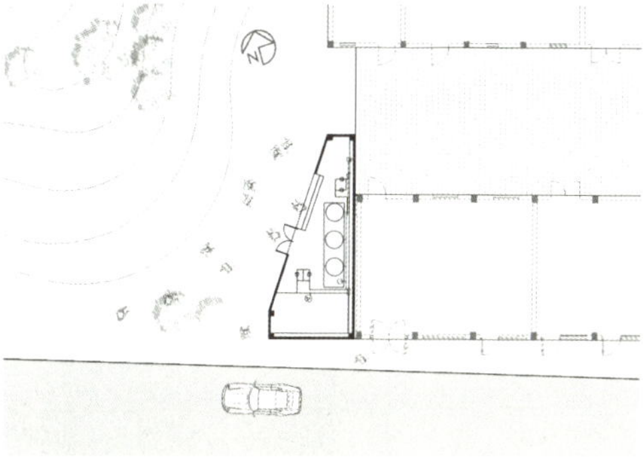

总平面图

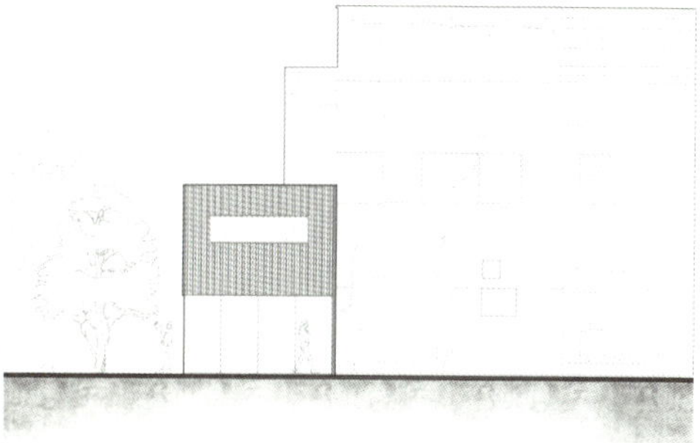

立面图

微改造位于建筑的端头，是街道的行走方向，随着人流导向自然而然形成流动的轴线，将工业场地氛围“流动”过渡到公共开放的场地氛围中，所以与原建筑相接的立面形成封闭底层，延续封闭感，但同时微改造的高度远低于建筑高度，封闭感也在持续减弱，人群和状态继续“流动”，到达微改造的另一侧—— 一个开放并且设有接纳性座位的空间，封闭感全部“流走”，有序的流动生成过渡性的场地造景。

在材料的选择上，从周边环境中提取出折叠铝板、水泥材质和色彩元素，将过往的时间以材料的形式凝固。新老材料的直接对比，加大过去和现在之间的距离感，反衬出场地之间的时间流动，“历史”成为一个背景化的封闭场所。

水舍总体实景

更新后的水舍近景

材质的对比

从周边环境中提取出折叠铝板、水泥材质和色彩元素，将过往的时间以材料的形式凝固

从水舍提取的颜色转变成四种材质

3 空间造景，在符号城市中“运动”

当空间赋予功能后，将不再是以图像符号为本体的景观社会。在面向城市公园开放的场地中，增加文旅展示窗，立面嵌入一体化的现代造型雨棚、灯光及休憩座椅，强化流动后的开放互动性，建立一种新的观景方式。建筑中的小公共空间与场地中大公共绿地空间对接，将曾经被同化的图像转变为沉浸式体验。

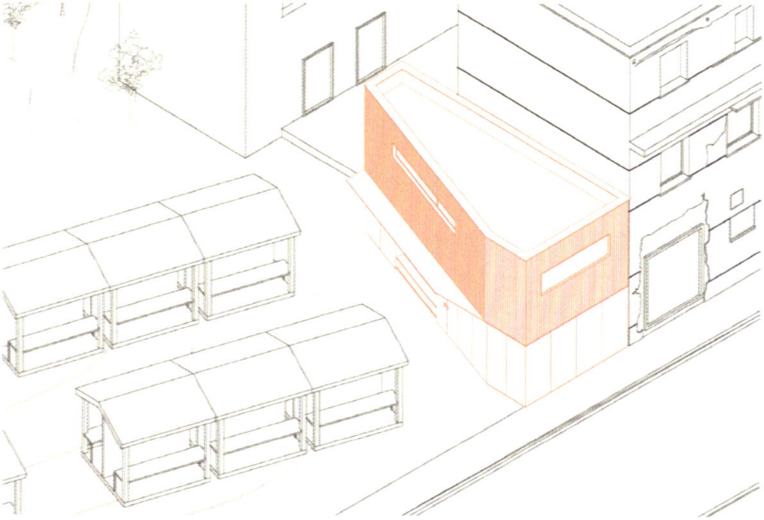

开放空间中的一体化设施

更新后的水舍夜景

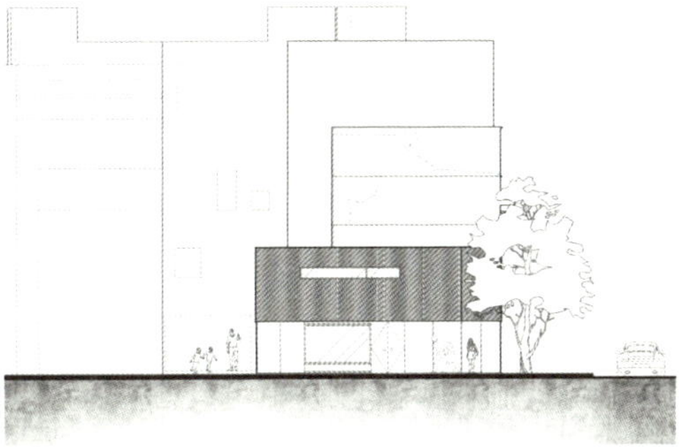

立面图

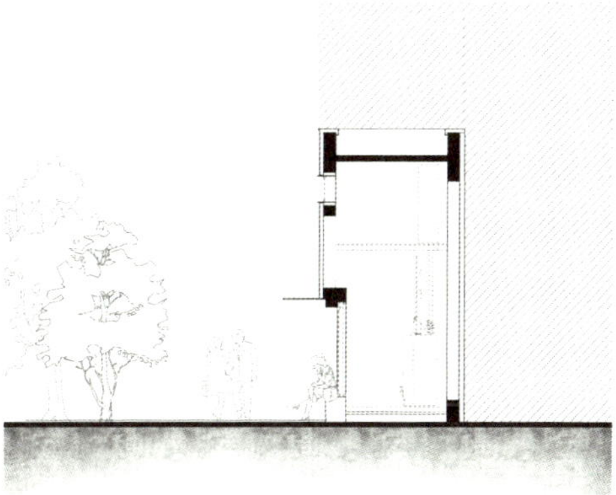

剖面图

当微空间和观众介入空间造景中时，水舍将会增加新的篇章，一个脱离原有景观社会的新故事，形成一条新的时间轴，成为城市重新生长迭代的开端，也是外滩故事中的一部分。

将观众介入空间，成为城市重新生长迭代的开端

正好应了当代艺术家倪卫华的那句话，“我们经历的当下都是未来的历史”，我们邀请倪老师在水舍的墙体上创作新一期《追痕》，由不同年龄、性别和职业的人书写，不断的延续、覆盖和更新，如同水舍和微改造以及城市的关系，希望可以引起“景观社会”和“社会造景”的思考。

《追痕》是艺术家倪卫华创造并发起，由跨地域、跨年龄、跨职业的各路人士广泛参与的观念艺术活动。“追痕”运用反衬填色描绘方式，以城市边缘工厂、住宅废墟墙壁为画布，用黑白反差将墙体痕迹的对比度拉到最大，赋予它们仪式感。2018 年起，户外系列作品《追痕》聚焦并探讨社会景观和时代痛点，成为“艺术介入社会”又一引人注目的案例。

《追痕》现场 1

《追痕》现场 2

《追痕》现场 3

从水舍内部看《追痕》

深处于“景观社会”中，我们很难避开图像设置的陷阱，但也是因为处于这样的环境中，我们才产生一种反思的思考方式。沿刻板的逻辑线条逆向行走，也许不会立竿见影，但可以从小装置微改造处理开始。水舍微改造，是历史到当代的过渡，也是封闭到开放的过渡，更是建筑师从“景观”到“造景”的思维过渡。

水舍用于公共服务的功能空间

更新后的水舍实景

编者按：

有生命力的更新，是从思维方式开始的，“多孔”的思考，改变着上海“老腔调”。

老克勒的“新腔调”

——上海老码头改造

三益中国

城市在发展，建筑在老去——如何让老建筑融入日常生活，而不只是记忆的一环？上海“老码头”项目提出了一种设计的可能。没人能准确预计未来 100 年的生活，但建筑师希望把设计的时效尽可能延长，关键是对人的关注。

老码头即原来的十六铺，既是码头仓库，又是渔民维持生计的场所。20 世纪，这里变成了上海油脂厂，随着产业调整，房子就闲置了下来。

2007 年，老码头就已完成一轮翻修和功能调整，成为上海著名城市景点。到了 2019 年，它重新整合外部内容资源，调整场地配置，开始进行二次升级。升级后的老码头，正在逐步成为年轻人心中的艺术公园、时尚秀场、复合工作室……要如何重新定义这里？

老上海十六铺码头

上海油脂厂

拥有一线江景的老码头（存在建筑 摄）

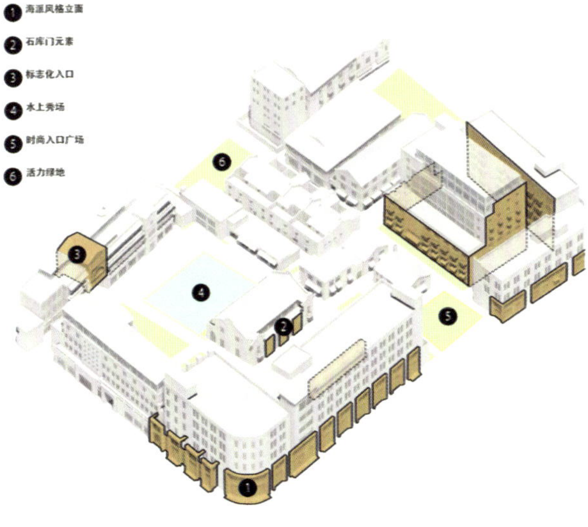

老码头空间结构

1 老码头的新面貌

2019 年 9 月的一个周末，第二届野餐艺术节吸引国内外 100 多组艺术单位来到老码头，轮番呈现“现场单元”“行为表演”“艺术家餐厅”等不同主题，涵盖插画、漫画、设计、影像、文字、音乐现场、装置、VR、木偶剧、艺术行为、艺术表演等不同领域的公众讲座和表演，为这块江边的城市广场重新注入了崭新而非凡的活力。

野餐艺术节现场

风靡全球的“油漆未干 WET PAINT”潮流艺术群展在 2019 年 8 月也来到上海老码头，展开前卫街头艺术与老上海港口码头气质的现实对话。

自从 2019 年 4 月老码头新一轮改造完成、壹号秀场及部分商家开始正式营业起，各种不同风格氛围的活动都将视线聚焦在了这里。2019 年 6 月 28 日，权威家居杂志《安邸 AD》还于上海老码头举办了“2019 AD100 颁奖典礼暨《安邸 AD》创刊八周年盛典”。

老码头以新腔调，上演新时代下都市时髦的新生活方式。吹着江边的秋风，感受年轻的活力。100 年前建造码头的人，无论如何都想不到它的今生！

“油漆未干 WET PAINT”巡展现场

安邸盛典
图片来源：安邸 AD 中国

2 回应时代的“新内容”

“产学研展商”一体化概念，是新生代老码头为入驻者打造的新场景：从零售、展示到办公，在一个空间里就能全部完成！实际上就把大平层或是竖向三层空间做成了一种融合了售卖、展览和研发的空间产品。

概念升级后的老码头不仅吸引了荷兰烘焙世家 BROKKING、国际家具设计品牌及制造商 DECCA 达艺家具，更有品花研茶的地山公社等复合店铺的加入。此外，创意产品工作坊、先锋艺术家工作室、商务办公等也是老码头业态的重要组成部分。

老码头业态分析

野餐艺术节

空间模式的转变使得办公场景发生一种年轻化的更替。创意工作者、小品牌商家、跨界自由职业者，都可以围绕办公这个核心功能，灵活开展其他活动。这种交流空间的互动，带给个体更多机会，实现资源互换。

在新一轮的版本升级中，老码头不仅在业态布局上下足了功夫，建筑空间的场所塑造也是设计能被大众广泛接受的基础条件。

全新的空间模式（存在建筑 摄）

壹号演绎空间外立面（吴清山 摄）

壹号演绎空间内部（吴清山 摄）

老码头园区内的中心水面（存在建筑 摄）

这座南外滩上的核心空间甫一开放就成了抢手货，各类外部接入的艺术展览、品牌大秀竞相入场，反过来又能为园区更新内容，源源不断地带来新鲜人气，点亮了整个园区。

码头建筑的内部空间也设计得更加宽敞、透亮，满足了新业态的需求。

建筑前的大片水面无疑是老码头项目的点睛之笔，凝聚了整体场所空间的气质和风度。新的改造抹去了原来伸入水面的长条形 T 台，还原整体大面积水池，不仅能够打造亲水景观界面，同时还可以在需要时将水抽干，为活动搭台。

整个项目的改建方案以装饰、加固为主，局部混凝土构件与结构交杂，配以部分木质构件，构成整个项目的现代基调。面砖、钢材、涂料的现代化结合与运用，以及各种材料的巧妙结合，让现代风格中又融入了过去的味道。

大面积红砖是整个老码头项目的基调，给人一种复古的气息。但在立面的细节处理上又有很多讲究，外马路入口处就保留了原有的航海元素和欧州建筑的气质。

立面又进一步提取了上海本地“石库门”的意向和比例，提升了场所的记忆性和身份的认同感。大玻璃窗的运用使得视线更加具有穿透性，增加了现代气质。

老码头城市界面的复合元素（吴清山 摄）

老码头建筑立面

老式石库门

为了快速识别项目，在中山南路还做了一个老码头的标识符号，运用马赛克拼接方法去呈现这个标志，更年轻化、现代化。砖石结构的建筑风格在继承海派文化的同时，还融入了玻璃与现代材料的元素，在传承中重生。最终，整个园区形成了一种保留、融合、创新的建筑风貌。

马赛克标志“老码头”（吴清山 摄）

老码头记忆的现代呈现（吴清山 摄）

3 “无孔不入”的城市空间

作为参与城市生长的建筑师，批判性地将对当代城市建筑空间的再思考落实到具体的建筑实践中去，是十分困难但却必须去捍卫的使命。老码头不仅仅只是一个城市地标景区，它也是跟周边街区一同生长的生命体。

在这次老码头的二次更新中，建筑师受到“多孔性理论”的影响，将园区更新成了一团具有无限潜力的海绵，拥有边界却包含开口，内部与外部变得更加有机可变，为城市居民的活动发生创造了无尽的可能。

城市中的海绵空间（吴清山 摄）

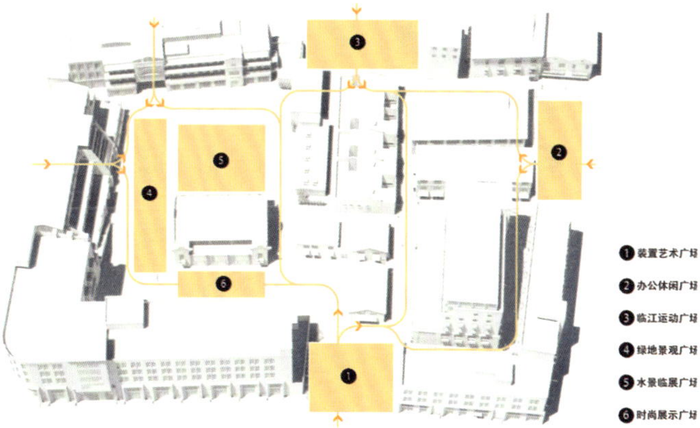

老码头的多孔界面

开放的城市空间（吴清山 摄）

社区中的老码头（存在建筑 摄）

老码头覆盖了整个街区、四面环路，多处开口的设计也让行人更轻松地进入核心地带。而各种景观、休闲设施，穿插在开口和空地，同时打造出宜人的可停留区域。

放大一些空间节点的魅力，能够吸引四面八方的人。无论是城市游客，还是周边的居民，都能自由地使用这里的设施，感受社区的趣味。

在基础设施方面，设计团队综合上位规划和实地考察经验，提出了“共享效应圈”的解决方式。在不新建停车楼和大型停车设施的前提下，巧妙借用了周边大型商业的停车空间，从策略上进行调整。5 分钟的步行时间，换来的是更完整的广场、更闲适的体验、更丰富的业态。

这项操作不仅最大化合理利用了周边资源，实现资源整合，还加速了各个层面人群间的沟通交流，让园区跟周边街区的关系绑定得更紧密了。

4 城市空间线下的实体“APP”

用户思维、迭代思维、平台思维……这些属于互联网时代的核心关键词正在快速向全行业渗透。的确，这些令人深思的时代议题不也正是我们城市更新需要解决的问题吗?不断地纠错，进行版本升级，从细节上保证高品质内容平台的用户体验，打通设计与其他行业的底层思维逻辑，才能更好地从专业层面解决业主的切实需求。

在这次老码头的升级改造中，很多细节也体现了建筑师的周全。当夜幕降临时，刻意的照明渲染减少了，而是突出了夜间的明暗对比，以店铺室内灯光为主。这也让整个园区的夜晚更加沉浸、神秘，赋予了更高的品位。在建筑景观更新的同时，设计团队还制定了一套标识控制系统，包括字体的灯光效应，甚至一些光色上都进行了更新调整。将光能的使用时间与亮度的弹性交给商业店主，让一切更生动、自然。

老码头的标识和字体灯光控制（存在建筑 摄）

编者按：

“小元素”意外带来很多“多样化”，多样的更新方式也许不限于建筑……

城市更新中小元素的建造

——姜娓娓工作室的城市更新实践

姜娓娓

1 当下的城市更新

2011 年，我国城镇化率突破 50%，正式进入城镇化的“下半场”。在中央政府“五位一体”的总体布局下，城市更新树立了面向社会、经济、文化和生态等更加全面和多位的可持续发展目标。

2017 年 3 月，住房城乡建设部印发了《关于加强生态修复城市修补工作的指导意见》，安排部署了全国全面开展生态修复、城市修补工作，并于同年 4 月，将“城市双修”作为治理城市病、转变城市发展方式的重要抓手，推动供给侧结构改革的重要任务全力推行。在当前国土空间规划背景下，推动城市高质量发展、重视城市内生型增长、提升城市品质和魅力，成为下一步城市规划的重点内容。

当前，北京城市化率已经达到 80% 以上，同时北京市总体规划中以地控人、以产控人的总体思路，决定了北京已经达到城市建成区总建设面积的上限。对比国际同等城市化水平大都市的发展经验，当城镇化率达到 50% 以后，城市前期加速发展所积累的问题就开始放大呈现，“城市病”进入高发期。在城市规模有限的背景下，以北京为代表的特大城市已从增量时代进入存量时代。经过几十年的发展，北京迅速发展成一座保有古都风貌的国际化大城市，同时也面临人口过多、交通拥堵、大气污染等“大城市病”的困扰。城市更新也被寄希望成为解决北京大城市病和促进城市发展的新举措，通过城市更新来解决城市面临的安全与卫生、资源约束和环境质量的可持续发展等不同问题。

如何实现城市更新过程中各种目标之间的动态平衡，取得经济社会发展、人居环境和谐等综合效益，是当下城市更新面临的一大挑战。过去快速增长时期大规模的城市改造更多还是以追求经济增长效益的单一导向为主，而当北京的城镇化水平到 80% 之后，人居环境、品质提升、可持续发展等社会性的目标将引起更多关注，以实现经济、社会、文化等目标的动态平衡和综合效益最优为目的。相比城市建设，城市更新不仅是对建筑物等硬件设施进行改造，更要对生态环境、文化环境、产业结构、功能业态、社会心理等各种软环境进行延续与更新，提升对产业导入、产业布局、生态环境、人文理念等方面的全面把握能力和综合运营能力。这需要社会各界共同努力，也特别强调建筑师的总体把控能力。

城市更新一直是近年来国际城市规划学术界关注的重要课题。中国的城市更新自 1949 年发展至今，内涵日益丰富，外延不断拓展。迄今为止经历了四个阶段[1]。

第一个阶段（1949—1977 年），以改善城市基本环境卫生和生活条件为重点。梁思成先生和陈占祥先生在“中央人民政府行政中心选址”中提出的“梁陈方案”，从解决城市发展与历史保护之间的矛盾、疏解过度拥挤的人口方面，为后来整体城市更新开启了新的思路。

第二个阶段（1978—1989 年），以解决住房紧张和偿还基础设施欠债为重点。吴良镛先生提出“有机更新”的理论，认为从城市到建筑，从整体到局部，如同生物体一样是有机联系、和谐共处的，主张城市建设应该按照城市内在的秩序和规律，顺应城市的肌理，采用适当的规模、合理的尺度，依据改造的内容和要求，妥善处理当下和未来的关系，在可持续发展的基础上探求城市的更新发展，不断提高城市规划的质量，使城市改造区的环境与城市整体环境相一致。吴明伟先生结合城市中心区综合改建、旧城更新规划和历史街区保护利用工程，提出了系统观、文化观、经济观有机结合的全面系统的城市更新学术思想。这些都为我国的城市更新指明了方向。

第三阶段（1990—2011 年），市场机制推动下的城市更新实践探索与创新。这个阶段有关城市更新的学术研究不断推进。中国城市规划学会于 1996 年正式成立了“中国城市规划学会旧城改建与城市更新专业学术委员会”，并相继出版了《北京旧城与菊儿胡同》《现代城市更新》《当代北京旧城更新》等论著，它们作为早期系统阐述城市更新的理论、方法与实践的著作，填补了我国城市更新研究的空白。

[1] 阳建强，陈月 . 1949—2019 年中国城市更新的发展与回顾 [J]. 城市规划，2020, 44（2）.

第四阶段（2012 年至今），开启基于以人为本和高质量发展城市更新新局面。在生态文明宏观背景下，城市更新更加注重城市的内涵发展，更加强调以人为本，更加重视人居环境的改善和城市活力的提升。城市更新已从传统的注重物质层面与拆旧建新，过渡到以功能环境重塑、产业重构、历史文化传承、社会民生改善为重心的有机更新阶段。

城市更新时代的来临，给城市规划和管理提出了新的挑战。第一，从过去单一效率主导的价值观转向基于以人为本和高质量发展的多元价值观。第二，在更新层面，从过去“自上而下”的单一更新模式，转向“自上而下”与“自下而上”双重驱动的多元更新模式。第三，在更新思维层面，需要从过去规划主导的物质更新，转向多学科交叉和融合的社会、经济、文化、生态整体复兴的综合思维。第四，在制度层面，需要从过去单一的政府主导与审批的行政机制，转向权力下放、社会赋权、市场运作的空间治理模式。

2 小元素的建造

城市更新最重要的核心是要保护并发掘城市的多样性。雅各布斯在《美国大城市的死与生》一书里提到，城市的一个最重要也是最简单的事实：城市是由无数个不同的部分组成，各个部分也表现出无穷的多样化。

她强调大城市的多样化是自然天成的。“大城市是天然的多样化的发动机，是各种各样新思想和新企业的孵化器。大城市是成千上万各个行业的小企业的天然经济家园。”因为城市拥有众多人口，人们的兴趣、爱好、品位、需求、感觉和偏好五花八门、千姿百态。她指出，城市越大，制造业的种类就越多，同时小制造业主的数量和比例就越大。他们依赖于城市中的其他形式的各种各样的企业，同时也为这种多样性添砖加瓦。

但是城市并不能仅仅通过它的存在就能自动产生多样性。城市之所以能够产生多样性，是因为它们能够集中各种有效的资源。要想在城市的街道和地区产生丰富的多样性，雅各布斯提出了 4 个方面来保护和激发城市的多样性：① 地区以及尽可能多的内部区域的主要功能必须要多于一个，最好是多于两个。② 大多数街道必须要短，也就是说，在街道上能够很容易拐弯。③ 一个地区的建筑物应该各式各样，年代和状况各不相同，应包括适当比例的老建筑，因此在经济效用方面可各不相同。这种各色不同建筑的混合必须相当匀称。④ 人流的密度必须要达到足够的程度，不管这些人是为什么目的来到这里的。这 4 个条件结合在一起才产生最有效的经济资源，并激发一个地区的最大潜能，最终形成最富有多样性的城市生活。

从雅各布斯的城市多样化的四要素可以看出，小街道、小企业、新老建筑的混合等，这些“小”的方面而非“大”方面，才能激发和保护这种多样性，而多样性对于城市更新至关重要，是城市更新的生命力所在。

自 20 世纪 50 年代以来，城市更新领域有两个非常重要的理论，一个是罗伯特 · 摩西（Robert Moses）提倡的大规模城市改造。另一个是雅各布斯提倡的从微小的尺度来为城市做贡献。

亚历山大的《建筑模式语言》一书提供了一种模式语言的思考方法，通过每一个要素可以和邻居们合作，改进城市和邻里环境。每一种模式不是孤立的，而是可以和其他的模式联系起来，通过不同的关系，成为千变万化的组合。按照不同人的意愿建造的建筑就可以在大自然的网络中适得其所。

国内的城市更新也开始注重微观层面的价值。深圳“趣城计划”、北京胡同微更新、上海社区微更新等这些社区微更新实践，通过社区微更新项目，吸引居民参与，促进社区的共治、共享与共建。创建多元主体参与、项目实施为导向的“城市设计共享平台”，吸引公众参与城市更新设计，促进社会联动与治理。

城市更新的很多实践发生在日常生活中，在非常尖刻的现实性、矛盾、冲突和对立的环境中来做事情。面对重重困难和障碍，需要应对以下几个问题：① 老旧社区更新的时候，很多阻力不是如何把建筑做大，而是如何更多地获得周边居民的支持和政府的参与。② 资金问题对应的是产业更新动力问题。如何有效引入产业和驱动更新是难点。③ 需要在自上而下的与自下而上之间寻找平衡点。

由于外部条件的复杂性，建筑的外轮廓基本是确定的，于是建筑师被置于这样一个困境中。为了争取更多的建筑的话语权，我们提出将表皮由二维拓展为具有空间性的三维，它是由小元素集合而成的、疏松的而非实体的、没有确切界面的建筑，我们称之为：小元素的建造。

小元素能够比较灵活的体现“自然之美”，也就是数学之美。数学是大自然的语言，分形几何体现于万物之中，小元素可以作为自然的语言在建筑上表现。它既可以灵活地体现于建筑的整体和局部，也可以灵活地衔接新老建筑，在城市更新项目中，有非常多样的表达方式。

通过小元素的建造，建筑拥有小尺度的、柔软的表面，让人感觉温暖亲切。没有确切的建筑边界，自然的阳光、空气、色彩等都可以渗透其间，通过小元素的建造，建筑是一种低调的存在。它在场所之中不是凸显，而是融入，甚至消失。通过小元素的建造，建筑是一种连接人和场所的媒介。小元素之间的不同关系形成一个集合体，让人成为主角而不是建筑。

小元素的建造强调用当地的自然材料元素进行建造，关注材料元素之间的关系，关注自下而上的方式。

小元素的建造对于城市更新是非常重要的。它不仅指城市更新中的小规模投资带来的可持续影响力，而且它可以形成一种网络，达成一种生态体系，建构整个城市的全貌。

城市的日常生活蕴含着大量的更新内容，有建筑的，也有花坛座椅墙面等的更新，它们都有积极的意义，整个城市的复兴由这些小元素的更新组成。那么，建筑师应该做的不仅仅是如何盖一个房子，更重要的是去引导这个系统。

3 小元素的城市更新实践

3.1 三才堂——清华校友总会办公楼

三才堂——清华校友总会办公楼是一个城市核心区拆除重建的城市更新项目。项目位于北京市海淀区成府路 160 号，南侧紧邻中国科学院 20 世纪 80 年代的老旧住宅区。原三才堂写字楼建于 30 多年前，是一栋 5 层砖混结构的老写字楼，整体比较破旧，建筑层高和平面布局已经不能承担新的科研功能。2012—2013 年期间，业主和规划局结合项目周边情况进行改造指标的重新定位，改造方式为拆除重建，并将高度、容积率、退让红线等建筑指标进行了重新定位。

改造前的三才堂

三才堂改造后外景

项目总用地面积 2 921 平方米，可建设用地面积 2 568 平方米，总建筑面积 16 699 平方米，其中地上 10 220 平方米，地下 6 479 平方米。地上 11 层，地下 4 层，建筑高度 49.95 米，主要使用功能为科研办公和科研展示。

三才堂设计意向草图

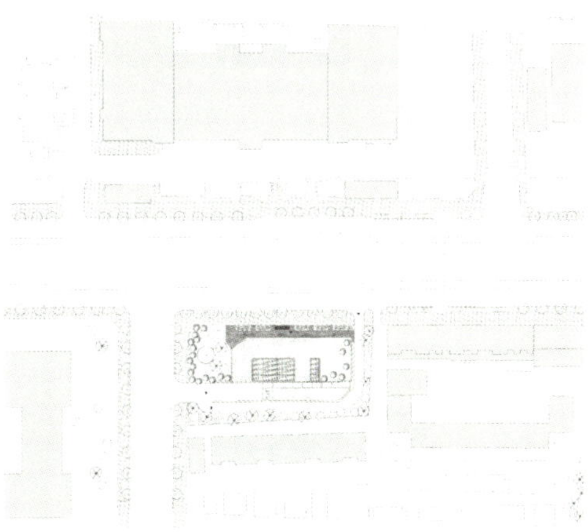

三才堂总平面图

设计面临如下挑战：①项目位置优越，开发强度高。②周边为中国科学院的老旧居住区，最近距离不足 20 米，建设项目对现有居民的居住环境冲击和影响较大。③项目周边配套老旧复杂，缺乏现有管线资料，市政容量非常紧张。④项目面临来自规划局、园林局、交通局、供电局等部门的复杂要求。⑤项目用地狭小，让项目面临设计极限和精细化的挑战。诸多的外部要求与项目本身的高强度开发和自身的规模限制，业主经济价值最大化的利益诉求和提升片区城市活力，提高办公楼使用者和周边居民的满意度，是建筑师面临的复杂挑战。

通过前期多次社区居民访谈、规划局走访和沟通，我们和业主共同确定了本次城市更新的战略目标，就是最大限度地改善社区环境，提供更多的公共广场和公共绿地给社会，同时提高建筑高度，减少每层面积和进深，给未来的使用者——清华大学的科研工作者们提供以自然采光为主的工作环境和丰富的交流交往空间。我们采取小元素的建造策略，化解新建项目对周边老旧的中国科学院住宅楼的影响。同时通过新建筑的环境设计，提供共享的坡院花园和首层的开放展览与人工智能的互动展示空间，提升现有社区的活力，并将教育资源和科学研究者与社区居民连接起来。

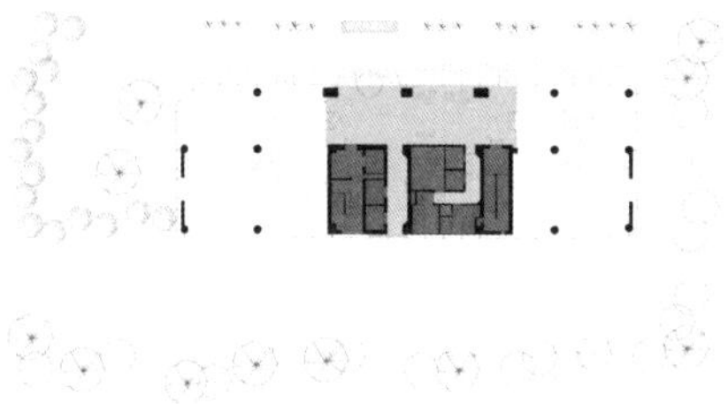

三才堂 1 层平面图

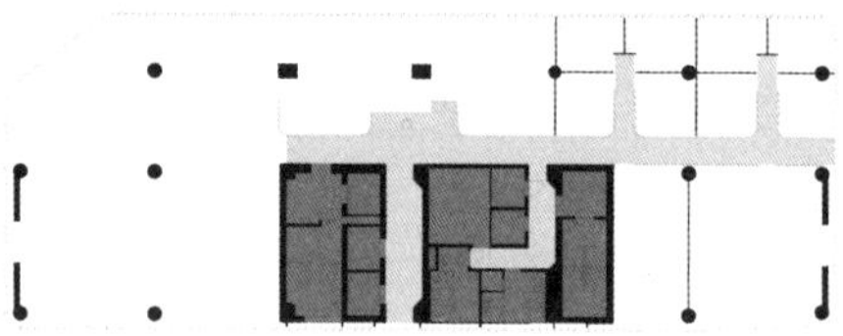

三才堂 3、4 层平面图

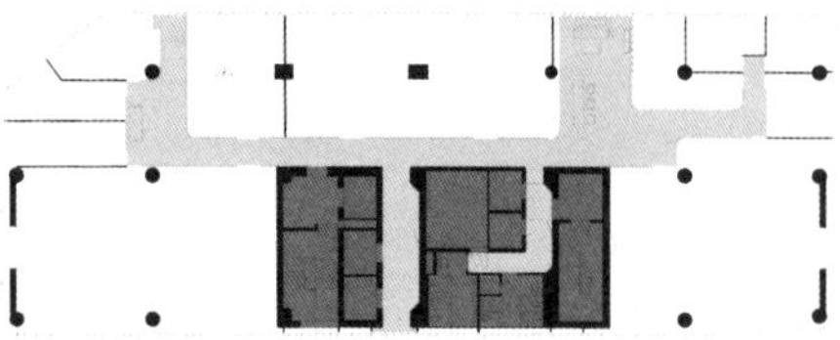

三才堂 8 层平面图

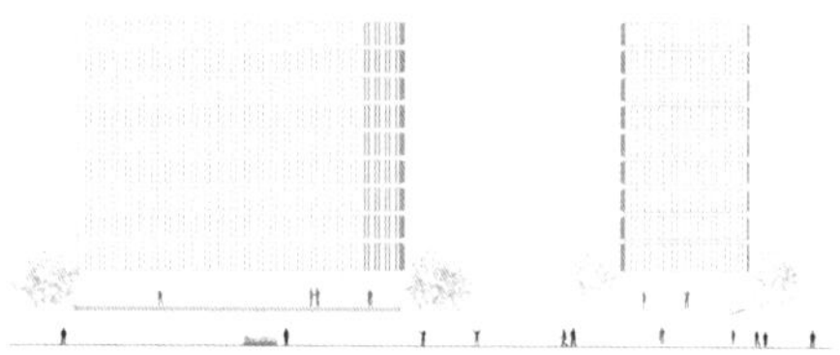

三才堂立面图

设计试图通过简洁、现代和兼容性强的设计，逐一解决和回应面临的诸多挑战。为了更好地解决矛盾，设计研究了极限设计和高利用率设计方法，包括地下层高的最小化设计探讨、坡道空间的双重利用等。最终呈现出一个低调介入城市的、更加人性化的、更舒缓温暖的城市环境。项目有如下 4 个特色：

特色一：城市更新。作为一个城市更新项目，来自城市规划、投资者、周边社区和使用者的诸多约束对设计思路形成巨大的挑战。设计用界面柔和的木纹百叶，纯净而轻盈地介入周边环境，在混杂多样的城市生活中，探索一种城市更新建筑实践的方法。

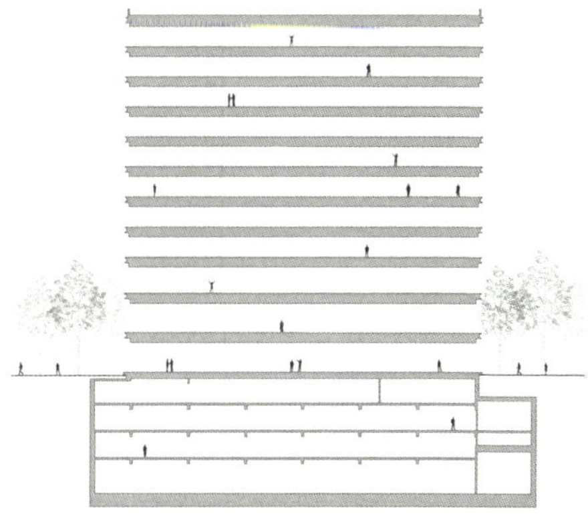

三才堂剖面图

三才堂改造后细节

特色二：公共参与。首层的展厅空间充分采取了建筑师与科学家跨界对话与合作设计的模式，形成共享空间向城市市民开放，并参与到和人工智能互动以及未来家居的研究中。利用设计与科技共创城市美好生活。

特色三：社会责任。建筑南侧汽车坡道的上部空间设计成面积不大但充满阳光的坡院，小尺度、多层次的植物和功能性的景观环境成为周边社区居民休闲生活的乐园。坡院与居民

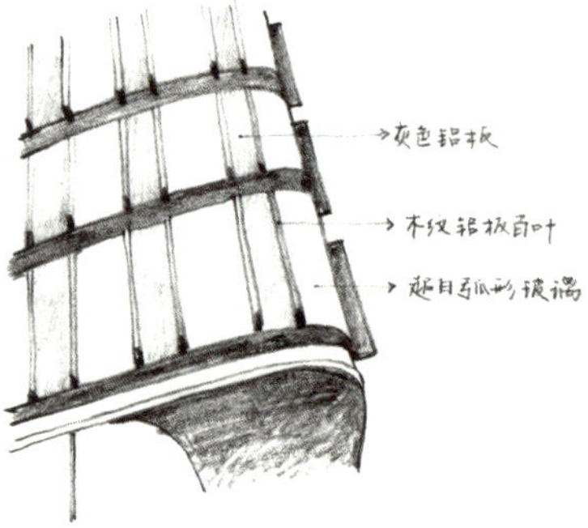

三才堂木纹百叶设计意向

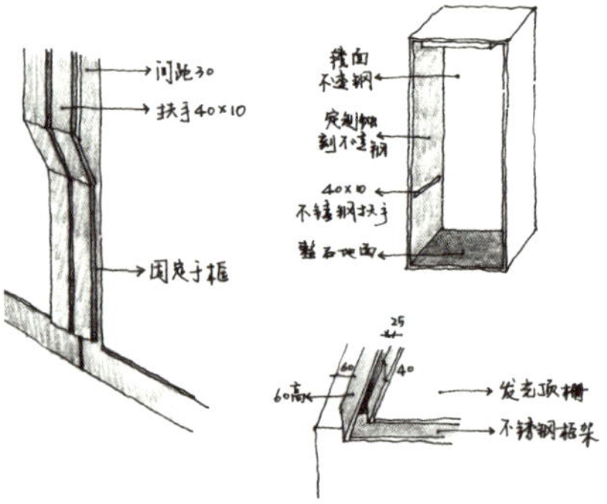

三才堂细节设计意向

使用的紧密连接弥补了社区现有公共空间的不足，探索当下城市更新项目对现有生活方式的影响做了积极贡献。

特色四：回归自然。在快节奏和高压力的都市生活中，建筑设法创造一种柔软温暖的幸福感。立面上的木纹百叶和入口出挑深远的木格栅屋檐，在保持建筑内部良好通透性的同时，消除了建筑对周边住宅的光污染，塑造积极健康的城市环境。更重要的是，木纹百叶的温和与亲切，带给人回归自然的放松，给都市人以心灵的慰藉。

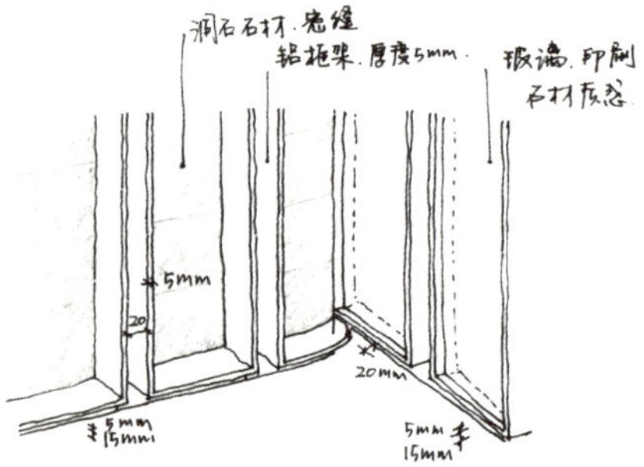

三才堂立面细节设计意向

三才堂木纹百叶效果

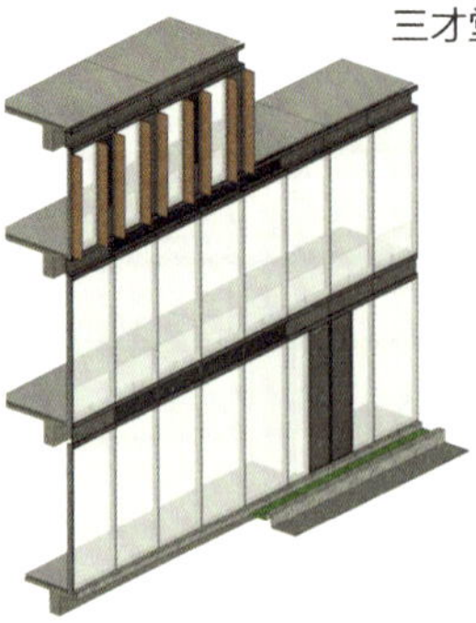

三才堂立面设计效果

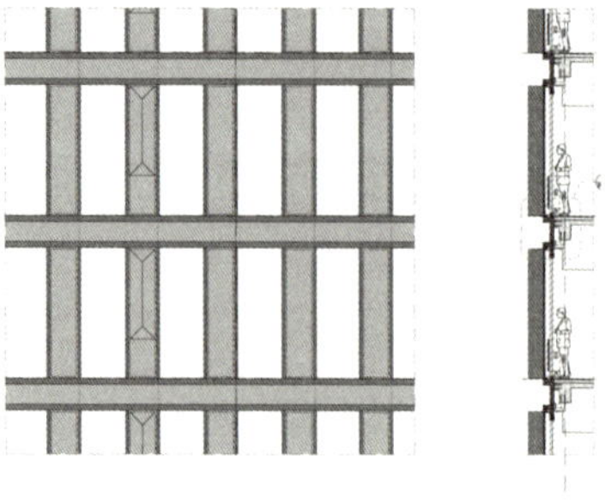

三才堂幕墙细部设计

三才堂木百叶实景

三才堂外立面细部

三才堂室内实景 1

三才堂室内实景 2

3.2 北京北辰亚运村酒店

北京北辰亚运村酒店改造是一个经济型单体酒店的存量改造设计项目。作为整个亚运村片区众多楼宇之一的北辰亚运村酒店及公寓片区，规划建设于 1986 年。举办过亚运会和奥运会之后，在政府的支持下，迅速成为国际型高端社区。凭借 2008 年北京奥运会的契机，亚运村地区吸引了近 30 万的新增居住人口，总居住人口达到 200 万。而由于迁入人口众多、消费水平较高，这里也曾经成为京城知名的高端生活区。

北辰公寓改造前外观

北辰亚运村酒店及公寓片区的规划当初的设想是建造一个宽阔整洁的理想城，最终形成了亚运村、五洲大酒店、国际会议中心、康乐富乐园等大型项目区。但是从今天的需要来看，这些区域之间缺乏公共活动空间，区域内的功能也比较单一，缺乏必要的、小型的、多样化的功能。其中的亚运村酒店一方面其装修历时十几年，存在着功能缺失、空间狭隘、装修破旧、设备陈旧等问题，需要进行改造升级。另一方面，因其毗邻鸟巢、水立方和奥林匹克森林公园，交通极其便利，成为 2022 年冬奥会奥组委指定的服务酒店。因此，在主动改造与被动改造相结合的契机上，北辰亚运村酒店改造开始推进。

作为酒店存量改造项目，亚运村酒店的空间格局和设施存在很多不足: ①建筑的格局。由于当时设计的建筑功能距今已经近 50 年，完全不适应当下的使用要求。而建筑的剪力墙结构又限定了建筑的改造，功能上不能满足酒店的设计需要。②建筑层高较低，走廊较窄。③原有的消防设施和消防系统早已经无法满足目前规范的要求。④酒店的安防和弱电系统急需更新。⑤由于酒店目前还在经营，故不能全面整体施工，需要 3~4 层逐步进行改造，非改造区域正常运转。⑥建筑的外部形态不能有任何改变。

在这样的困难和前提下，我们认为存量改造的本质和新建建筑一样，都是要创造价值。北京北辰亚运村酒店改造，属于城市更新中的中小型项目。可通过内部装修改造，提升租金价值。

存量改造项目体现了雅各布斯提到的老建筑的存在价值，而通过小元素的建造，可以给它创造多样性和提升活力。

存量改造不同于新建项目，它有两个原则必须遵守:

第一，成本管控。改造的实施过程中，成本管控是核心，也是一个项目成败的关键因素。从经济利益的角度而言，前期改造的投入成本直接影响到后续运营管理的财务分配。存量改造的设计就需要从成本控制的角度进行，需要厘清设计与成本的关系；为了加快整个改造周期，可将改造设计分阶段分步骤进行，并细分设计模块进行精细化设计。

第二，协同合作。对于商业物业的改造来说，需要设计和运营协同设计。设计要有与运营和市场对接的能力，根据运营从实际管理的情况向设计提出要求，从而在运营环节节省很大的人工成本。北辰公寓的主要客群是商务会议人群，因此就应考虑其使用功能，如设置书桌、取消开放厨房、简化储物空间及休闲空间等。

北辰公寓改造前客房

北辰公寓改造后客房实景 1

基于项目遇到的困境和问题，以及改造设计的原则，我们通过加入现代建筑的一些小元素来添加酒店所需的功能空间，使其符合自身定位的同时，形成极简、现代、健康、有中国文化内涵的酒店空间。

第一，小元素设计的模块化。①根据酒店的功能，将设计分成不同模块，然后根据不同房型进行重新组合。这些模块包括床头元素、吊顶、挡板、书桌、衣柜、吧台、阳台等。②根据房间的面积，将不同颜色的小元素设计重新组合。颜色模块分成三种：深胡桃木纹、白橡木纹以及黑白系列。

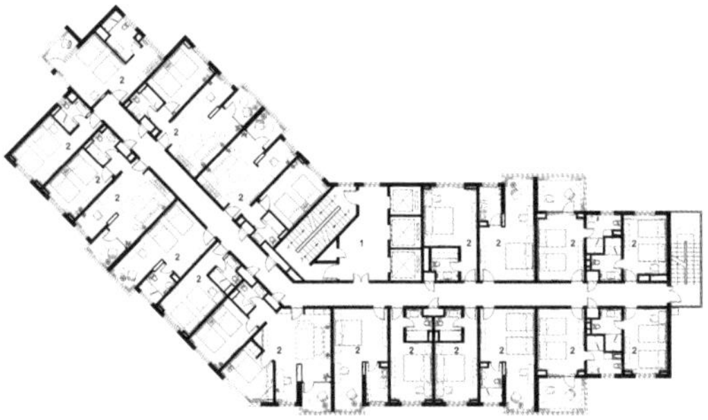

平面图

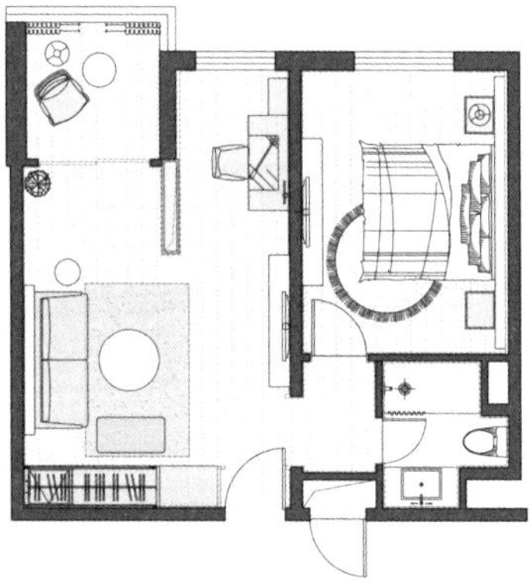

北辰公寓套房平面布局

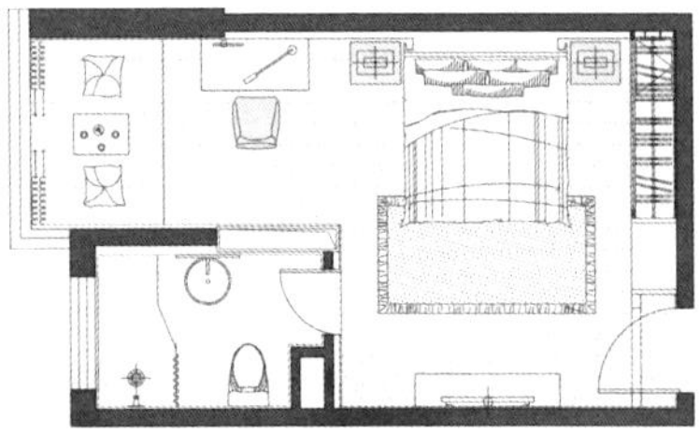

大床房平面布局

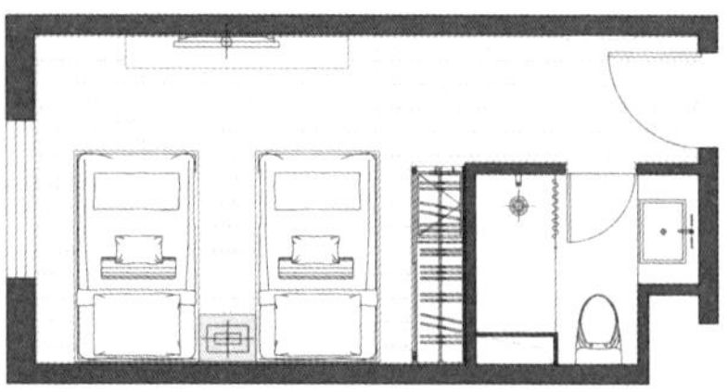

标准间平面布局

第二，家具的定制。家具摆放的整体原则也是模块化和极简。将主要家具整合成一类设计形态，包括书桌、床头柜和电视柜。小尺度、强功能性、高整合性定制酒店家具，提升客人的入住感受。

第三，软装设计。用植物和装饰画点缀空间，不增加空间负担，并可以形成自然主题的空间调性。

此外，我们还在清华大学南区地下学生活动中心的设计中运用小元素的建造，形成弱化边界、强调自然光线的地下空间。在清华大学将留学生公寓改造成非人灵长动物实验中心，并运用小的木片元素形成柔软的三维界面。

4 结语

在当下城市更新的背景下如何做建筑，是每一个建筑师面临的新问题。我们希望通过小元素的建造策略，填补城市需求空白，用小而美的网络系统，丰富城市的多样性，达成一种生态体系，建构整个城市的全貌。

北辰公寓改造后会议室

北辰公寓改造后洗手间

北辰公寓改造后客房实景 2

编者按：

标准化住区面临升级时，如何兼顾原有技术体系进行可控的更新？

住区景观改造中的规划与落地

——以长沙麓印长江改造为例

包布赫

住宅景观管控中存在设计与实施落地的脱节，寻根溯源，自定位、策划、设计开始，到整体实施落地呈现，每个环节都做对也很难保证最终效果。结合之前管控的诸多案例可知，景观管控即空间管控——总图规划、视线管理、平立空间转换需要重点关注。

1 景观总图规划

1.1 总图规划

对于景观项目管控，每个项目地块场地特征不同，针对项目设计不能逐一而论，但对空间的划分及理解可以遵循普遍的规律。住宅景观中总图的突出特征是在总图规划中必须处理核心景观区与其他空间的有效互动，在整体场地的空间结构、标准序列及相应节点的尺度营造上也是环环相扣，每个环节的互为验证可以对总图布局形成整体的把控和互动推演。总图规划、空间结构、标准序列、核心景观、尺度和节点营造，这五个步骤是相辅相成、互为一体的，而不是割裂的；犯一个错误，往往是好几个错误在一起的，一个项目的成功，也往往是前后系统考虑的结果。

总图之下的空间结构序列主要分为入口区、入口后场、核心景观区、次核心景观区、宅间组团、入户空间。

入口区：包括仪式感门头和落客前场，入口区不等于门头，应该是绿化、仪式感、前场空间的整体体系。标准要素为：特选绿化、落客前场、仪式感门头，辅以涌泉等动感节点。

入口后场：后场一定要延续前场的礼仪性，前后场统一延续，形成统一完整的调性系统，强调视线引导，延续仪式感、对称性，或根据空间差异采用连廊式，实现前后统一，并逐渐引导视线过渡至核心景观区。入口后场的标准要素为阵列式种植、轴线式水景、连廊和绿化，作为礼仪感延续，以围合为主。

核心景观区：核心景观作为整张图的精华所在，前期一定要前置与建筑设计师沟通，与建筑空间协同预留足够的骨架空间，与建筑围合形成一个景观中心，内容与活动场地丰富。核心景观区三要素常规设置为：中心水景或社区 HUB（社区功能中枢）、种植围合空间、密林，切忌核心景观区元素运用缺乏渗透和延伸，彼此之间无衔接关系，各功能区间分割严重，缺乏各空间的组织和串联。

水景或社区 HUB、种植围合的空间、密林的设置有以下几点基本要求：①联合不割裂，要求水系尽量长，在人的行进路线上尽可能感知。②人在核心景观区之间穿行，需考虑周边建筑的视线关系，以及各功能组团间的连续感，要遮挡渗透，不要一眼穿透。③密林作为公园式的表达存在，要求疏密结合，环抱式种植。④活动功能不能以独立硬质场地存在。形状融于肌理中，注意和绿化之间的掩映关系。⑤反对完全直接的硬质场景。⑥不同高差空间（有架空层的空间）尽可能形成联动，形成核心景观区 + 架空层，形成项目亮点。

次核心景观区：在核心景观区外。在一些情况下（尺度变大、空间延伸、服务楼栋多），会出现次核心景观区，要将次核心景观区作为链接核心景观和宅间组团景观的机会，并创造项目的第二记忆点，增加丰富度。场地空间狭小的可与宅间组团合并，作为核心景观区序列的有效承接，同时结合场地功能设置儿童、老人等活动空间。

次核心景观区作为核心景观区的扩充、延展，两者需要有机的空间连接和渗透。次核心景观区的画面和场景营造不同于核心景观区，作为核心一部分的延伸，是对它功能性补充的界定，能级低于核心景观区。其功能以活动功能为主，可以融入儿童老人、青少年健身等活动空间。当次核心景观区与宅间位置重合时，它的定义和定位取决于它与核心景观区的距离以及与核心位置的衔接关系。

宅间组团是指偏静态类的宅间空间。宅间组团重绿化、轻活动，以安静、舒适环境为主。大尺度的宅间组团需要绿量掩映活动场地，避免道路将完整空间切分均质；小尺度的宅间组团对入户对景、道路端景有视线管理要求，忌消防道路通直，可用景观元素消解消防等高场地。典型宅间组团需要以立体造景的视角来整体看待宅间组团空间。

入户空间有“一字形”入户及“花园式”入户两种类型，入口空间的特征 ——“一字形”入户，需有整形地被结合特选灌木及两侧夹景树，用砾石条带与景观灯引导视线；“花园式”入户则需花坛与绿化夹景树配置。

1.2 视线管控

视线管控的内核是对道路管控，要严格核对前期总图道路空间布置。道路规划是总图规划的末端，是视线规划的起点，种植是视线管控的重要手段。

道路的走向线型对如何展开景观的空间序列起到决定性的作用，在视线规划过程中，要结合景观空间序列、组团划分和楼栋布置，优化道路及道路周边的景观设计。为尽量减少对景观空间的切分，可以采取外置消防道路等影响较大的道路，调整道路走向、线型等措施。重点关注与核心景观、次核心景观及组团景观的关系。在具体工作中，要从空间序列—功能定义—情绪和节奏—审美这四个层次逐步推敲。

视线管控本身和景观风格无关，但是与道路组织关系密切，即人行动线上的视线管理。视线管理可以分为起、承、转、合四大步骤。起：视线的起点，情绪酝酿处，即通过标识性构筑物起到提示情绪的作用，如大门入口。承：视线延续，承接入口视线，有视觉观望空间，如入口后场空间、道路通行区。转：视线转折，结合景观元素进行转折，如道路转角，宅间转角空间、宅间组团之间。合：视线聚焦，视线引导性强，凸显聚焦，如入户端景节点、核心景观区、活动场地。

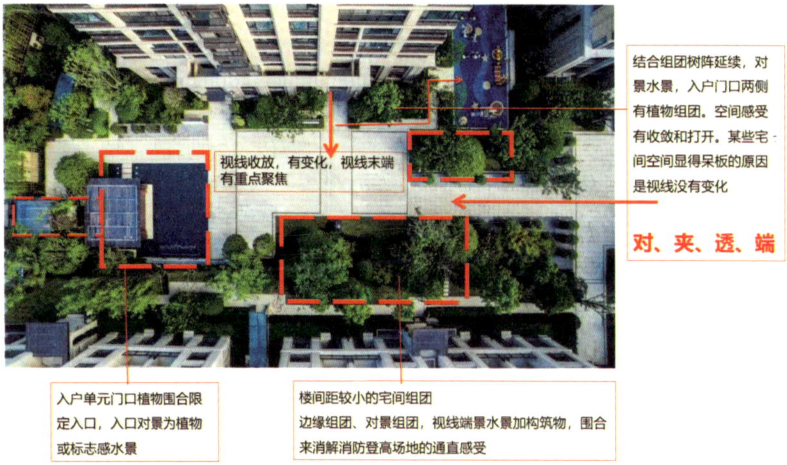

宅间组团

空间视线变化首先要根据功能确定，每项功能“场”的设置不能过长，一般控制在50米为宜，每到一个空间都需要各类不同的景观点去改变，单元出入口的节点及大于50米的直线道路需要增加视线聚焦节点，增加丰富度。

综上所述，道路和节点梳理与视线控制关系密切，道路形式可以根据场地条件切换选择。视线管控需要和整体景观结构结合分析收放关系，以此来决定道路两侧的景观形式；同时注意建筑围合感的体验，在树木的搭配上要形成视线掩映及遮挡。

1.3 平立面转换——软景围合空间

从平面构图到立体空间，对建筑、视线管理、周边环境的统一考虑格外重要。在植物搭配方面，简单的平面叠加及构图，在形成立体的景观后容易显得空旷，或者视线遮挡不够。软景空间围合需要从造景、空间、视线的维度进行场景营造，从平面的树圈到立体的空间转换，需要多维考虑。

平立转换容易出现核心景观视线过于开敞无焦点、建筑下部轮廓无修饰、节点无植物背景显得空旷等问题。针对这些问题，我们可以采取多种有效的做法，概括如下：

①通过骨架树、背景林遮挡外部环境干扰，社区内部自成空间。利用大乔木对建筑空隙处进行遮挡，形成独立的内部景观；内部场地利用植物层次做场地边界的围合，形成互不干扰的内部景观。

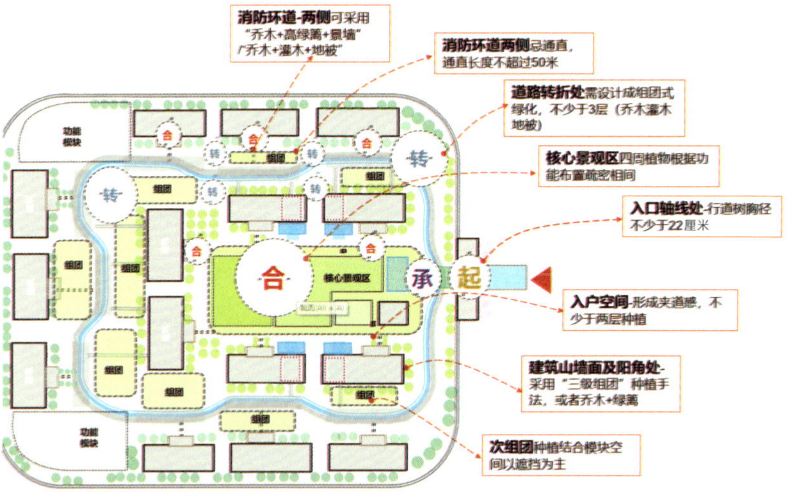

视线管控的起承转合

②忌高低一致的种植，充分利用好场地的近景和远景的关系来做植物搭配，高低起伏、色彩变化、形态各异的软景搭配才会让人感觉到空间的丰富性。植物搭配从大空间上要遵循起伏变化的林冠线，切勿一马平川，小节点上要遵循先高后低、先内后外的原则，注重高差层次的变化，近矮远高。多种植物的搭配需要遵循形态、色彩、常绿落叶开花结果的互相搭配。

③空间、道路拐点要收，平滑段要放，圆弧或直线的园路在转弯处需要通过植物的遮挡来避免视线的穿透，近人尺度的组团用 7~8 米的中乔木做夹景树效果最合适。

④建筑的阴角和阳角面及山墙面作为消极面，要利用植物遮挡，遮挡视线要高于人的正常视线点。

⑤低成本的景观植物营造涉及平立转化——要避免绿化压路边，草坪空心化，提高价值感；将植物沿路边种植，易让人在视觉上感觉到绿量丰富。

2 麓印长江小区景观改造

以麓印长江改小区造为例，改造前的总图及骨架空间与改造后的总图及空间基本一致，但是改造前的空间结构中没抓住要点，同时在平立面转化、视线管理方面存在诸多问题，在此一一对比分析。

麓印长江总平面图

2.1 导入段

改造前：入口林荫道导引段，作为以后实体交付区景观永久保留，设计手法及点位没有问题，树种选择及对视线管控有待商榷。

改造后：高大乔木列植形成夹道感，将视线牵引到空间节点尽端，设计手法没问题，但是要形成视线封闭，结合成本，加单侧围板；两侧围挡均衡背景对称，视线中心集中在中央，突出夹道感，同时端头种植绿岛作为视线透视焦点。限于成本及工期，林荫道树种及树下和种植、路缘石等暂未做大调整。

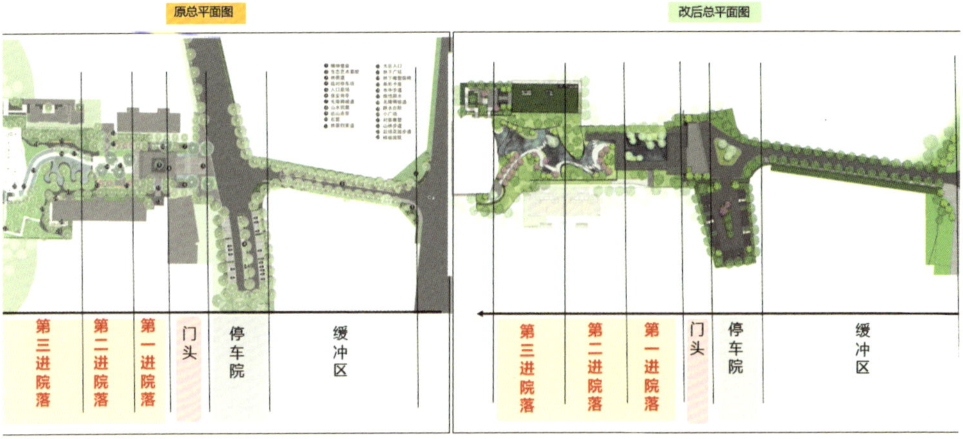

从空间结构序列来看场景营造和植物搭配

2.2 入口大门区

改造前：选择居住小区常用入口大门样式，并选择高端石材作为大门立面材料，但大门高度只有 3.5 米，与建筑关系不协调，未充分考虑视线管理及周边环境衔接。

改造后：入口大区前增加交通岛，营造多空间层次，打造酒店落客区体验；门头实体墙加高，由 3.5 米增加为 5.5 米，以控制视线、增加仪式感，营造高墙大院的感觉，避免会所建筑被一眼看穿；前场结合 3 棵特选乌桕，增加绿量掩映；同时用蓬径 6 米的大桂花压脚，柔化与周边山体边界的关系。

改造后入口增加交通岛，结合现有植物，增加了绿量及空间层次

2.3 停车区

改造前：简单划线，临时增加车位，无体验感。

改造后：营造停车院，停车院增加景墙围合，控制入口前场视线，增加仪式感。停车院景墙结合植物，增加空间层次，同时利用高绿篱分割车位，将开敞空间转为半开敞空间。

原停车院及改造后的停车院，停车院增加景墙围合，控制入口前场视线，增加仪式感

2.4 第一进庭院

改造前：进入入口大门后，设置中心置石，可 360° 观景，形成第一进院核心。边界处理没有考虑视线管控，且核心景观景石大小、比例与周边关系不协调，尺寸偏小，绿化与景墙没有考虑相互关系。

改造后：进入入口大门后，设置桃花屏连廊引导，增加礼仪感，视线向一进院落聚焦，连廊体系管控视线和参观动线，同时种植观赏松、营造水庭院。将视线观赏及松树种植点位进行叠合，核心空间为院子体系及连廊体系，结合动线、视线及观赏点位设置，构成半封闭私密空间。

改进后的第一进院落：设置桃花屏连廊引导，增加礼仪感，视线向一进院落聚焦

2.5 第二进庭院

改造前：二进庭院简单用景墙围合，种植 3 棵孤植大树，两侧配置花池，对场地理解过于简单粗暴，对视线及沉浸体验没有更多考虑。

改造后: 结合一进庭院，桃花屏连廊体系过渡至二进庭院，增加富有肌理的景墙形成“峡谷”，避免视线一览无余。同时考虑廊架漏景，在一进庭院后场种植绿岛，到达二进庭院前设置高差跌水汀步，增加空间趣味性。景墙峡谷结合植物种植与流水，营造空间收放体系，同时悬崖景墙结合植物有效控制视线收放。

改造后的第二进院落: 桃花屏连廊体系过渡至二进庭院，增加富有肌理的景墙形成“峡谷”，避免视线一览无余

2.6 第三进庭院

改造前：原方案第三进庭院简单围合，将建筑全部展现。水景边缘与绿化结合，但水系与绿化并未与建筑形成一体。建筑比例、尺度及施工质量问题全部暴露，同时在视线管理、平立面转化、视觉焦点设置、景观与建筑总图间关系等方面考虑欠妥。

改造后：改造方案首先对人行动线进行调整，向建筑一侧绕行，隔水相望有“留白”，留出观赏建筑的景观空间。同时结合现代风格汀步呼应第二进院落元素，设置洄游方向动线的焦点，营造临水岛的概念。接近建筑处设置人工叠瀑，由自然向现代化建筑过渡，让流水别墅仿佛漂浮在水上，同时展示建筑最美的“侧颜”。

改后第三进庭院：人行动线调整，向建筑一侧绕行，隔水相望有“留白”，留出观赏建筑的景观空间

2.7 后场区

改造前：动线沿着建筑楼梯直接过渡至样板房区域，没有考虑空间定义、空间氛围及视线管理。

改造后：如果说前场区的核心是院子空间，后场空间就是花园空间。动线考虑视线管控及单元入户感受，营造“花园式”单元入户及酒店式后场的精致感。沿着建筑至室外空间，首先改变楼梯的宽度，通过穿孔铝板处理压窄通行空间，山体一侧利用毛竹营造夹道；顺接样板区时，营造下沉式样板房庭院，增加竖向空间，丰富微地形变化，同时通过线性元素增强入口仪式感，点式水景及前场景墙围挡结合竖向树池，形成休憩空间，营造轻松休息空间，满足人们聊天交流需求，同时为入户前提供缓冲空间。

改造后样板房庭院：下沉式样板房庭院，增加竖向空间，入口仪式感通过线性元素增强

3 小结

景观总图规划在住宅项目中的应用，一定要考虑空间序列、视线管控、平立面转换等多重关系，当然也必须结合地块特性进行实施利用。

大地块产品可采取公园式曲线设计手法。设计时要注意道路自然曲折，空间开合有对比；功能模块采用曲线形进行互动组织；元素构成丰富，每个功能模块采用环抱式种植。

小地块低密度产品，建议使用直线型设计手法，最大化利用场地，兼顾私密性，总图在构建图底关系及考量地块特性时，需要灵活处理应用。平立面转化涉及绿化种植，不只是简单视线遮挡或疯狂地堆树，需要结合节点配置，分不同类型体系进行模块化处理。

理想的景观总图及集中的场景是：曲折幽静的水空间、浪漫多彩的花园体验、幽密的林荫步道、惬意的阳光草坪、随处可坐的交心场所，生态与生活交融。创新的“景”与返璞归真的“观”构建成为景观总图规划及整体实施的价值主张。

编者按：

如果有一种更新思路，是彻底的脱胎颠覆，未尝不是一种诠释！

游于山水间

——以松 · 生活馆为例

孙虎

松 · 生活馆这个项目满足了风景园林师相对自由灵活进行艺术创造的条件，该项目是一个位于西安市曲江新区住宅产品的展示区。项目地处雁翔路和杜陵邑南路交叉口处，直线 5 千米范围内有大雁塔、大唐芙蓉园、曲江池遗址公园等文物古迹，场地占地面积约 2.28 万平方米，地块呈较为规则的长方形，整体东高西低，但无明显高差。

尽管这个项目地处历史底蕴深厚的西安市，但正所谓“平地起园”，设计师仍把这个项目看成一张“白纸”。这种激进的策略与时下的造园风尚有很大的出入，试问该如何造园？鉴于《园冶》中的绳墨和当代的主流思潮的影响，当代风景园林师的标准回答是：以场地为基，场所精神和文化特质……而后，再言尺规图画。场地精神已经成为空间艺术的标准，无可逾越，是为艺术正确。这种路径自然值得足够的尊重，但中国当下的现实却大多事与愿违：城市楼盘多数是推倒重来，或者是一片新城的灰色基础设施上“平地起高楼”……

在具体的项目中，我们更需要坦然面对一处城市白板，有节制地、坦诚地尊重应该珍视的存留。尝试丢掉生拉硬扯的厚重与冠冕，撕扯掉沉重的包袱，去无中生有地营造佳境。形式、空间、精神、叙事、生活、功能等，都是造园的切入口和途径，不存在绝对正确的路径，没有永恒的有效性，更没有对与错的价值标准，而特定坐标中的生成过程本身是否符合逻辑和常识，大概是唯一的优劣评判。一旦设定这块场地没有历史文化的直接束缚，设计师即可真诚地自由发挥自身的创造性来无中生有地“平地起园”了。

1 抽象原型

平地起园尽管没有场地文脉的束缚，也没有必要苦心钻研场地的精神，但设计方案仍然需要某个强有力的“抓手”。这个抓手通常是借助于某个外部概念作为设计的起点和原型，设计师们主要选择两种具体的原型，一个是历史性的，一个是文化性的。历史性原型概念的落脚点是经过归纳和抽离长安城的空间秩序，文化性原型概念则依托于中国基本文化中更永恒的“山水精神”。长安城的街坊理念与山水概念是递进的关系，也就是说，后者提供空间布置维度上的设计支撑，而前者主要提供设计形式上的灵感和操作方法。因此，在原型性概念的创造逻辑下，松 · 生活馆的空间构成和形式塑造在某种程度上便应运而生。

唐长安城作为当时世界性的大都市，包含着丰富的日常生活和繁荣的市场活动，而无论是政治活动还是商业活动都需要放置于具体的空间当中，且发展出伟大的街坊制。由“坊”“市”“街”“墙”定义的城市格局包含了丰富的空间格局，笔直宽敞的大街彼此平行又相互交错，将外郭城划分为一百余坊，呈现出“百千家似围棋局，十二街如种菜畦”。而且，在坊内，园林活动也渐趋繁盛，比如白居易的履道坊园就是当时闻名遐迩的名园。因此，那一层层由高墙围合的套叠空间中正在上演着精彩的审美活动和日常生活。

于是，在本方案中，风景园林师们将把形成街坊制的空间构成“线”抽离出来，将以抽象化的表达还原那些再也不会出现的都市格局。平行的、交错的、互交的“线”相互组合编制出空间的骨架，且没有仅局限于平面符号化的模仿，而是实现某种程度上的平滑转译。在交错时空里，那些从庄丽严肃皇城到繁华坊市的精巧组织到“墙”“街”“坊”“市”的基本形制的变体，共同完成一座城的空间折叠与共情。从直观感受的想象性记忆的层面而言，这种抽象的初步设计让在墙、城墙、坊墙、街衢间的隐喻语言中辗转腾挪，且能完整、重复地传递着历史记忆中的这座都市的空间交响乐。

回到作为文化性抽象原型的山水上，设计团队不再局限于符号的转化，也不再执拗于保留山水元素的再现，而是直接深入山水的精神内涵中抽离特定的概念作为设计的形式载体。一般来说，山水通常被看成相互关联的“一极二元”（阴阳），但值得注意的是，山水的二元不是西方哲学思想中的主体、客体相互对立的两个极点，也不是单纯强调两

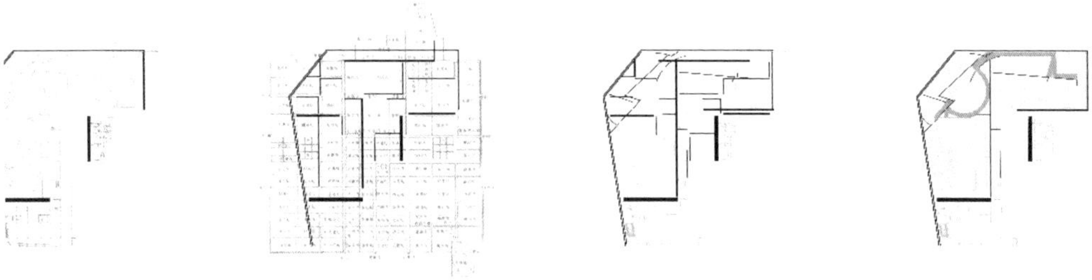

方案平面推演过程

者之间的模糊性联系，而是特指，主体、客体之间的关联能够蕴藏着无限的创造性。

在松·生活馆中，二元关联性在形式塑造上发挥了重要的媒介作用。具体说，在设计的形式上共有 3 处二元关联概念的表现：主入口、主次入口和虚实的光影。

主入口的形体由若干盒子状的体块组成，左边竖立着约 9 米的高耸的矩形，右边平卧着高 5 米、长十几米的矩形体块，而且右边的形体是由独立的矩形拼接而成。入口的整体意象传递出一种街坊的隐喻，不过这种设计方法的根本目的是建立一种感觉体验上的二元关联性。左高右低，入口的左边抽象成垂直方向上高耸的、向上延伸的山，而入口的右边抽象成水平方向上的、延展的水。在此，山不再是叠石和土丘，水不再是湖面和溪流，山水的基本精神被抽离成象征着山的垂直体和隐喻着水的水平体，正是在这种看似与山水无关的景观再造中，纵横、高低的两组抽象物既相互排斥又相互回应，暗示着山水的内在痕迹。

同理，在主入口与次入口之间也存在着二元关联的精心设置。主入口是棱角分明的几何形体块，次入口则被有意布置成由双曲面夹道而成的弧线体块。在两个入口的关联性对比中，把主入口的硬质的体块抽象成“阳、山”，把次入口的体量抽象成“阴、水”，恰是在浑厚的阳刚和阴柔的幽暗的对话中，在静止稳定且不动声色的山与不停流动且柔软的水之间，在密实与稀疏之间，经由抽象的二元性便能在主次入口的变体形态中寻觅到对立因素之间无穷的互动。

主入口的两侧、主次入口的呼应和虚实光影的联袂，三者的形式皆与山水没有直接的相似性，但在山水基本精神的抽象层面上，它们却以二元关联性这个概念建立起山水思想与景观营造之间的转译形体。

2 游

松 · 生活馆的营造因其界限明显的围墙使其浸染了“桃花源”和“辋川”的意蕴，这是一个非外向借景的内向空间，犹如文征明绘画中“探幽之径”的形式构成，能让观者一步步迈入深山野林中，松 · 生活馆的景观也传递出一种内向的隐逸性。隐逸性的同义词是与世隔绝，独居小楼，任凭楼外风雨肆虐而安然自洽。这种与外部世界隔断的景观想象自然不是设计的终极目的，确切地说，围墙内的景观提供的生活状态才是根本性的。因此，松 · 生活馆的意图是建立一个内向可游的、生命栖居的、桃花源式的剧场。

在这个项目构思中，有 4 个有待回答的小问题：①居住者游于何处？②游这个行动是如何完成的？③游最终意味什么样的生活和审美体验？④设计如何与游发生关联？

在中国传统的精神世界中，若是人们想要执行游的互动，他们可以游于诗、游于画、游于园林、游于山水。实际上，无论是游于山川秀美的实地踏青，还是类似于宗炳卧游于床榻旁高悬的绘画，或者畅怀于幽谷的晚霞田园诗歌，甚至是移天缩地的园林世界，其本质都是由“通感”引发的审美活动。换句话说，游于不同的场景和媒介中都能通过共同的文化机制导向一种属于中国文人特有的精神旅程。

松生活馆主入口

入口近景

在松 · 生活馆的设计中，文字中的隐喻、绘画中的写意、风景中的真实元素之间不再具有明确的界限。画中物即是园中景，园中景映衬着诗中情，正是由于物、景、情之间相互的转化状态，松 · 生活馆的景观营造才能称得上是沾染到诗情画意的韵味。在构思如何形成游的空间容器时，王维的《辋川集》、钱贡的《环翠堂园景图》、沈周的《东园图》和文征明关于拙政园的诗画图册都涌现于思维中，于是设计师把三道由挡墙间隔且配以松树的通道想象成这些园林绘画的手卷，由左向右，从卷首到卷尾，慢慢展开，徐徐推进，各个景点呈连续分布的状态跃然纸上，而松 · 生活馆的三重长廊的原型就来自此诗画意象。

游包括“静”和“动”之分，“静”主要是凝视某个固定的场景（或云，或松，下一节将简述之），“动”指的是身体在景观中不断运动而产生的体验。在空间中不断移动的身体，随着时间的持续展开，游者能全身心地沉浸到风景中去。既然游依靠人体的运动完成，而在景观中的运动又须遵照特定的路径展开，故而，松 · 生活馆便有意识地设置 3 种类型的路径以触发运动所带来的综合体验，而且每种路径都会设定特定的运动模式，比如：归家（入口处的过渡性通道）、踱步（弧形的半通透的走廊）、穿越（停车场南部通向展示区的三重墙间的走道）、闲荡（水池边的那条直线游步道）和探幽（次入口区进入庭院的曲折小径）。

三重长廊

游

3 气韵

在中国传统的文化语境中，山石乃生于云根，云雾作为重要的造园因素时常处于被忽视的状态，云这种缥缈的具有象征性隐喻的素材在景观营造的价值甚至比常识判断还要重要得多，因为维护山水意象的关键物质性媒介需要依托于云雾的布置。

在著名艺术文化史论家巫鸿的研究中，他试图在仙境、山水、石涛的黄山绘画、郎静山的摄影、汪芜生的黄山摄影之间建立一种关于中国山水再现（绘画与摄影）美学源流的叙事。众所周知，中国山水画是写意的风景意象，笔墨皴峰描绘出韵云氤氲的深谷或高峦，迷雾升腾后的高耸之山峰。但问题在于，作为一种客观记录工具的现代摄影如何才能传递出山水的意境呢？部分答案便隐藏于“云雾”中。

在松 · 生活馆的设计中，雾气占据着相当大的设计分量。在当下的景观设计中，云、雾、烟等能够传递出气韵的物质材料其实长期被风景园林师所忽视，它们的出现只能依赖于“老天爷赏饭吃”，它们随着天气的变化而出现或瞬间消失。因此，设计师从来都不曾为云雾设计更加适合的场景，云雾虽然在文化意义上价值巨大，但其设计层面上的意义则尚未得到重视。结合上述分析，松 · 生活馆在抽象概念和打造游的容器的基础上，以松林作为云雾缭绕的文化载体。故而，本设计着重考虑的是如何把景致与云雾充分结合起来。

松是一种符合文人精神追求的指示性植物，从其自然形态到文化意象皆有丰富的内涵。松能贯四时而不改柯易叶，自有其自然美的形态，其姿态苍劲有力且曲度有致，使得松成为士人主观精神投射的理想艺术意象。松是一种形式、一种观念、一种存在，一棵松的干、枝、叶之间的大小、高低、疏密关系构成了它的客观存在，这种客观存在一方面要求与所处环境高度融合，同时又极力彰显其内在形式的抗争性。在场地内，粗细不等、曲直有法和树皮纹理粗糙的松干便以其自身这种既从容又孤傲的姿态独立存在。

单体的松相互组合而构成生活馆内的松林，一旦有了这片围墙内的松林，云雾就能缠绕于松林的针叶尖之间。园中有松，松中带形，形间纳气，而山水从气中升起，松间烟云逐渐散布且聚集沉淀，又向四周不断散开，这股蕴含着“势”的氤氲隐含着永恒流动（聚集一散发）的能量，从而在墙、长廊、通道、松间和雾气之间相互相感应，最终抵达一种理想中的气韵生动的生活境界。

第三章

更新中的城镇化进程

城镇化进程中的乡建、镇区建设、乡村升级，面临着更大的变化和冲突，也同样面对着更多的丰富性和独特性。本章中有从空间、文化、运营、景观和旅游产业不同角度进行的乡建更新案例，建筑师、设计师、规划师和策划者从不同领域积极的推进着每个微观项目的变化，从而带动着城镇化的步伐。

编者按：

用建筑构建“乡村”，是涉及结构、行为和体验的更新过程，一次从空间开始积极拓展的营造。

从雕塑到花园：计家墩村民中心改造

闫明

计家墩位于富饶的江苏省昆山市，四周都是稻田，有两三条水道穿村而过，行走其间看到的是江南水乡的秀丽风景。村子在两年前逃脱了被整体拆除、改建为工厂的厄运，妥协的结果是被开发改造，成为城市人梦想中的那种“乡村”：安静、田园、放松、有趣。未来的“村民”将是从上海驾车 1 小时来这里体验乡村生活的城市人，他们在这里小住并参加各种活动，体验城乡差异将是他们来此的主要目的。

位于村口的村委办公楼通过改造和加建，将会成为未来“村民”的公共活动空间，因此需要进行改建。 最初，业主并未提出严格的功能要求，未来这里的空间会出租给小商户来经营酒吧、咖啡馆、商铺和工坊。唯一确定的是要有作为餐馆的大空间以及配套厨房。此外，需要给每个经营场所提供室外空间，让有限的空间可以承载更多的活动。

计家墩村鸟瞰图

计家墩水乡风貌

我们同业主一起确定了从空间操作入手的工作方式，营造从大到小、有级差关系的一系列空间，并尽可能多地创造积极的公共空间。这种使用功能上的不确定性一直延续到了建筑落成之后，原来计划用作餐厅的大空间成为展览和活动空间，每个小房间也承载了起初预期之外的功能。

1 冲突，在旧有基地的气质之间

建于 20 世纪 90 年代的村委办公楼有着双坡屋顶、两层钢筋混凝土框架结构。东侧有一间后来加建的公厕，屋脊离地 10 米高，是整个村子最高大的建筑。改造前的村委办公楼和大部分办公建筑一样，布局紧凑、外观平实；虽然屋顶用了青瓦坡屋顶，但四四方方的外形与城里人印象里的江南水乡有着很大出入。特别是建筑四周都是 8 米高的墙面，直上直下地区分了建筑内外，绕行一周并没有一处让人想待下来的积极空间，作为村里唯一的公共建筑，在空间处理上却没有公共性。村委办公楼的空间权力关系简单明了，威严高大的办公楼让站立于其前的人们显得无足轻重。

有趣的是，村委办公楼的威严和封闭与整个村子的开放和平气质之间，差异巨大。沿着小巷走走，就会发现这里的公共空间有机而又动人。沿街的街面不时会出现惊喜，一些积极生动的小空间面向行人，让建筑的外观不再冰冷。

改造前后对比

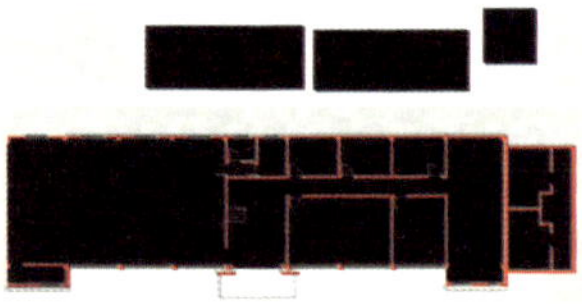

改造前的村委办公楼平面图

其中有两处十分精妙的空间处理让人印象格外深刻。通常，中国的房子只有檐面是正面，檐部出挑或是墙退至金柱让房子产生檐下空间；这个檐下空间既在屋檐之下，又是室外，因此它给房子带来正面性，房子也因此面向人、服务人，而其他三面都是白墙、小窗，是房子的背面。而这令人印象深刻的细部将房子的山面和背面稍加改造，让它们响应环境，变成了正面。第一处在山面加了不到 1 米的宽框，在山面形成檐下空间，屋主甚至把房子入口也挪到了山面以响应街道。第二处是房子背面的墙退到金柱位，形成门廊，尽管并没有门，但檐下空间却让邻居们可以在此小坐。

计家墩村中建筑细部构成积极的公共空间

2 建筑营造

2.1 空间策略：把拒人千里之外的方盒子打开

正是这些来自生活的细微操作，让房子的背面成为正面，让消极空间变为积极空间。在村子中走几步就可以看到或是面向行人，或是与室内连通，或是遮风挡雨又或是可以坐下休憩的空间。这些空间品质正是设计师想在改造和加建中营造的：把封闭、拒人千里之外的方盒子打开，让村子的公共空间进入建筑。因此，与其说是我们做的是建筑改造，不如说是城市设计——把一座建筑打开，让室内变为室外，让它成为村子公共空间的一部分。改建原则如下：

①打破工整对称的方盒子，消除原来的空间权力关系，降低建筑立面尺度，破除冰冷傲慢的姿态。②让进村的步行主路从建筑中穿过，让建筑的室内外空间连通成为村子公共空间的一部分。③彻底颠覆建筑内外的截然分割，让室内外连通；建筑内是室内花园、建筑外是室外客厅，人的活动由室内延伸到室外，由室外流动到室内。④把建筑四面全部向周边打开，让四周消极、威严、抗拒的界面变成既属于室内又属于室外的、面向且服务于外侧的积极空间。⑤强调建筑的城市性，让其从一块自外观赏的雕塑变成从内部被经历的一座花园。

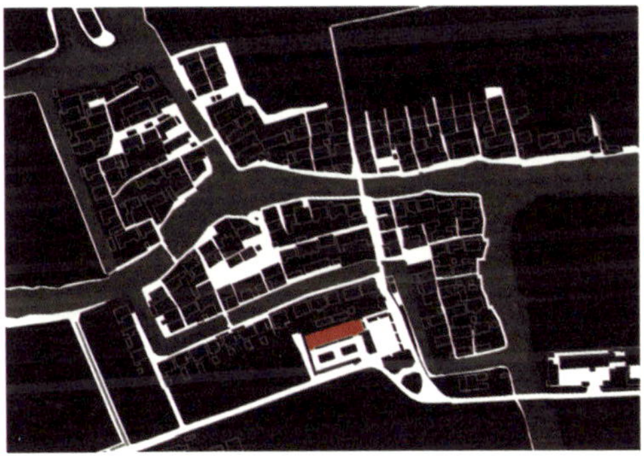

改造前的村委办公楼空间结构

改造后将公共空间引入村委办公楼建筑

2.2 营建室内花园

通过结构改造和加固，把旧建筑一层的梁和楼板锯掉，让旧建筑呈现出最大的空间潜力—— 一个10米通高的单跨大空间。这进一步模糊了室内外的界限：室内大厅对于室外空间来说仍然是室内，而对于小房间来说，这里却是有阳光和植物的室外。内外关系变得复杂，大厅成为村子公共空间的一部分，身在大厅之中，像是同时在建筑内外。

将梁和楼板去掉后释放老建筑的空间潜力

2.3 打开南侧界面

通过顶部结构加固，把旧建筑南立面的五开间彻底打开，创造全新的室内外连通的可能性。此后，在原建筑南侧 3.6 米处加盖一堵高墙，让其成为新的空间界面。

这样一来，原来隐藏在墙身中的钢筋混凝土框架结构柱被显露出来，成为空间中的主角；我们保留了原来的混凝土肌理和立面大梁被锯掉后在柱子上留下的切口，显现出建筑改造的操作。

中庭采光及裸露的混凝土柱

中庭入口空间

改建后的建筑室内中庭

2.4 打开建筑北侧界面

原建筑北侧有一排低矮的民房，与旧大楼之间有一条 3 米宽的巷子，极少有人通过。改造通过把建筑背面首层墙向建筑内侧移，让街道走进建筑，将民房和墙围合成尺度宜人的檐下空间，新空间界定打破了原来建筑的边界，产生了一种更为复杂的空间知觉。起初的设计选择保留部分梁和二层楼板，并对切割后的梁和楼板进行加固，由内移的混凝土柱对其进行支撑并悬挑。施工过程中发现混凝土楼板加固的技术要求过高，施工队无法完成，最终选择以钢结构实现最初的设计，这也造成了真实结构与设计结构表达的不一致。

北侧展廊

2.5 南侧加建

在旧建筑前加建 4 组角部相连的坡屋顶房子，围合出 4 组互相连通的院落，空缺处形成两层贯通的天井，让上下层空间在多处相连。在新建部分做一层挑檐，降低尺度，并界定出一层的室内外的连通空间。建筑南侧的树木和田地自然流入院内直至室内，进一步挑战既定的建筑院落的内外关系。

南侧加建模型

建筑南立面

南侧底层架空院落

新建部分二层多功能厅

3 公共空间

3.1 入口院落

入口处通过院墙的开口与铺装的边线界定出既属于院内，同时属于院外的空间。主庭院与入口庭院之间设计了一个双面廊，两侧都可坐人，角部打开形成一个可容一人通行的门，门向侧面一拐变成与人眼齐高的窗，可以从院外窥向院内；门向下一卷又形成了跨在水面上的桥，供人通过。这样一个是廊、是门、是桥、又是窗的构筑容纳了坐、窥、行等几组行为，为两个院子之间的连通提供了不同方式。

入口空间

入口院落

入口廊架

3.2 空中走廊

建筑二层的两处屋顶平台通过空中连廊与室内外的二层走廊连通形成环线。该环线同时连通了室外的一系列天井和二层室内平台。沿其在室内外间穿行，行进的次序带来迷宫似的体验。

整个改造试图构建多处既内且外、既彼又此的空间，空间的多义性（ambiguity）挑战人的空间归属认知，创造出一种室内与室外交织、建筑与自然交织的迷宫似的空间体验。这也是设计师在这个建筑中试图构建的一种“乡村”：一个由房子、墙和庭院绵延交错而成的整体。改造后的建筑像是一个多孔的、没有内外界限的结构，可以从任何一个方向进入。它不再是一个雕塑似的、只能由外观看的建筑，而成为一个需要从内部经历和体验的花园。

屋顶平台及连通廊道

二层天井

二层室外走廊

当一个建筑可以简单地被浓缩成为一张照片，方便地从手机屏幕上被消费之后，真实的建筑就消失了，照片成了这个建筑。如果说雨果的年代是“书杀死了建筑”，那么在我们的年代，照片也许做了同样的事。 无法描述的建筑可能是一个很难用一张或几张照片去概括的建筑，也可能无法简单地以一段叙事或概念将之抽象出来。尺度的感知、空间的次序和身体的经验这些最有趣的部分，都是照片、图纸以及文字所无法传达的；它们强调身体的在场经验，抵抗对于建筑的抽象、概括以及传播。只有置身于建筑之中，在其中漫步，才能体会到照片无法描述的部分——也许这些部分才是建筑被媒体过度消费的年代里，最为珍贵的品质。 在我们的设计中，我们着意于强化这种人的身体与建筑的互动，以及人的经验在建筑中的积累，因此设计了一座需要用身体去经历的房子。

首层穿越建筑的公共空间

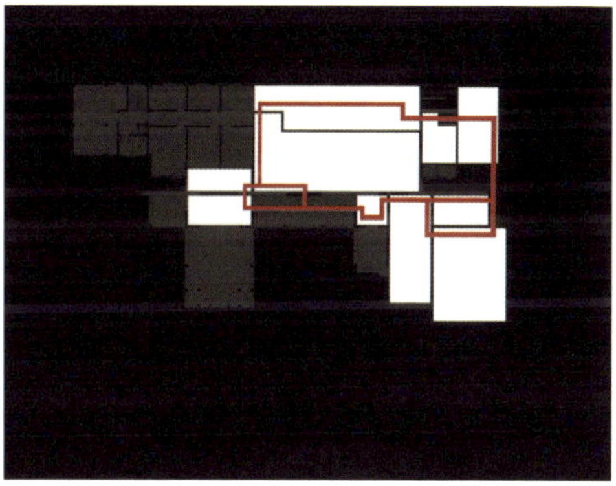

形成环路的二层走廊

首层平面图

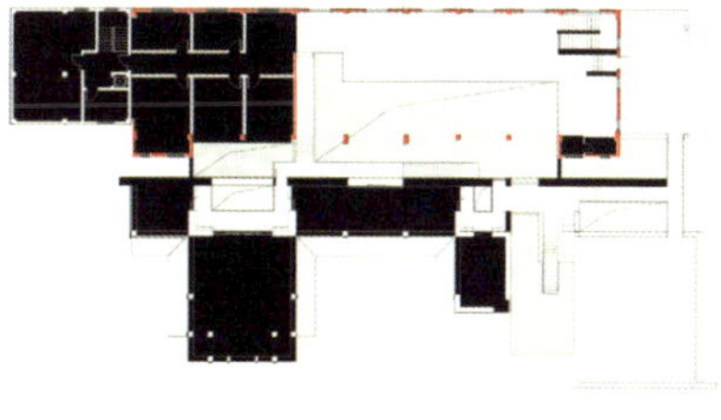

二层平面图

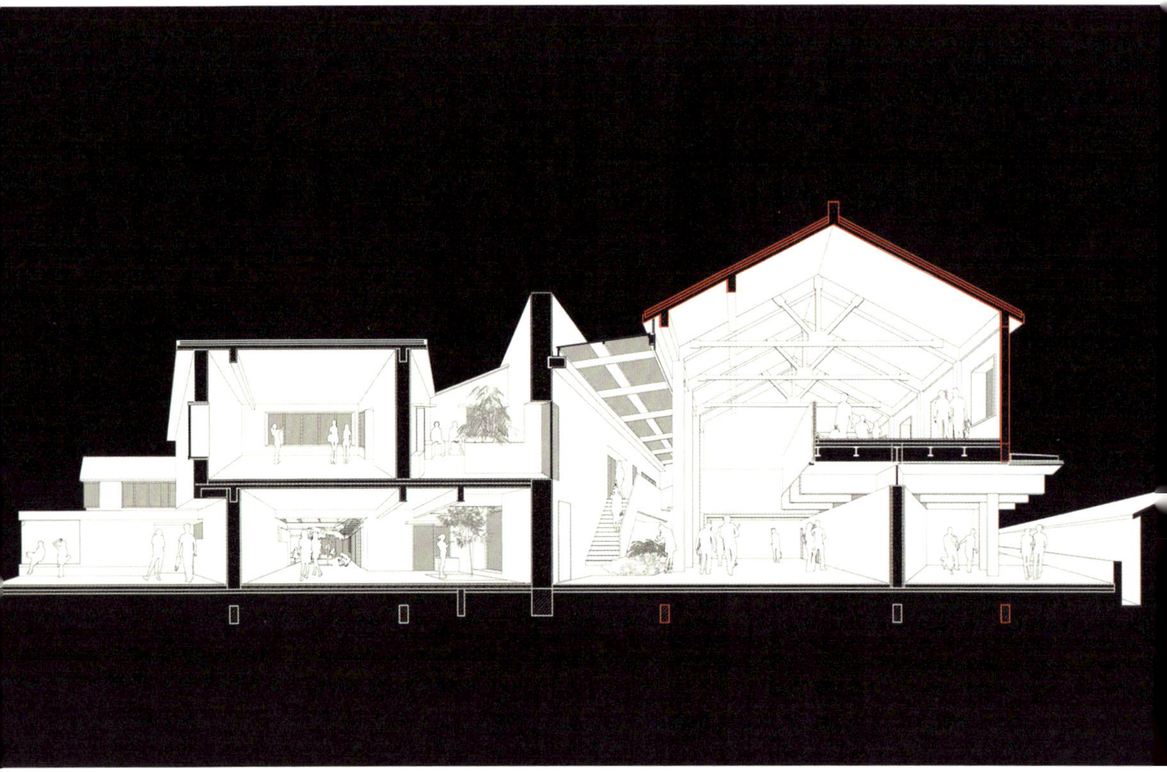

建筑剖面概念图

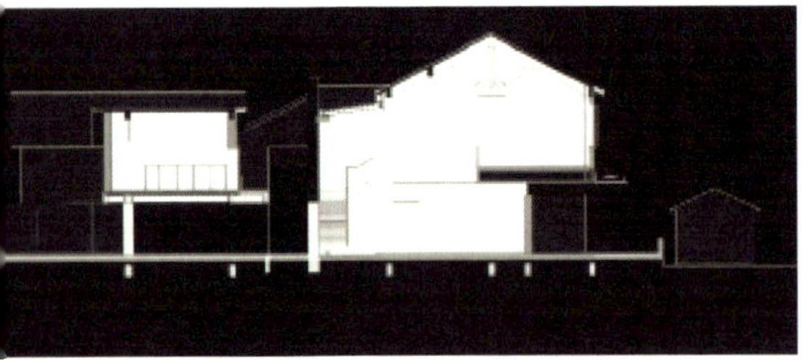

典型剖面 1

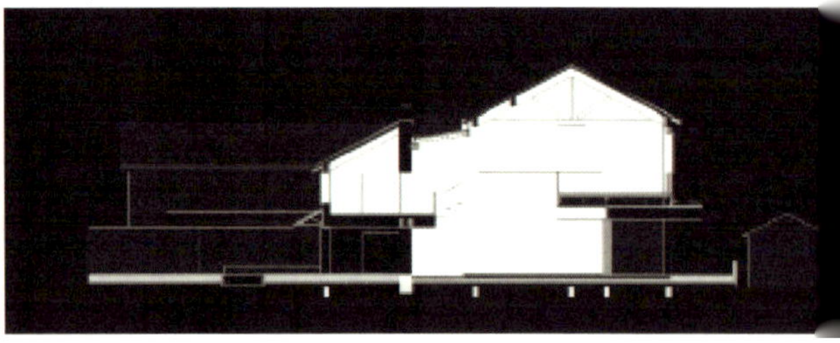

典型剖面 2

编者按：

拒绝"到此一游"，尝试与遥远的空间和文化建立联系，也成为文化新根基。

千年古村的故事与新生

——江西抚州陆坊村景观设计

王梓斌

1 对话

随着旅游的发展和产业的转型，中国有大批乡村得到美化、升级、改造甚或重建。我们见证过一些奇迹，也目睹了许多遗憾。很多乡村环境的体验被设计为利于猎奇而不是生活，利于传播而不是参与，利于浅薄的"到此一游"而不是深度的感悟。就像我们只是为乡村涂脂抹粉，匆忙嫁人，而不是与她相互倾听、对话。

坐落在江西省抚州市金溪县陆坊乡的陆坊村是一座有千年历史的古村，它是心学创始人陆九渊的故乡，是大儒世家江西陆氏的世代栖居地，更是这一方水土文化与精神的家园。2019 年是陆九渊诞辰 880 周年，全国多地都举行了隆重的纪念活动，作为陆九渊故里的陆坊村也为这次纪念活动开展了整体的提升改造工作，我们希望这次设计实践是一次有关历史与现代、空间与文化、人与家园的探索和思考。

2 重建

山水变迁、人口外流、生态破坏、房屋失修、产业落后……曾经的陆坊村与中国无数古村都面临着相似的困境，这些困境本身已成为古村独一无二的印记，但空间的退化正撕裂着现代村庄与历史文化的联系。

全国历史文化名村、江西省家风家训示范基地——陆坊村

陆坊村现状空间问题

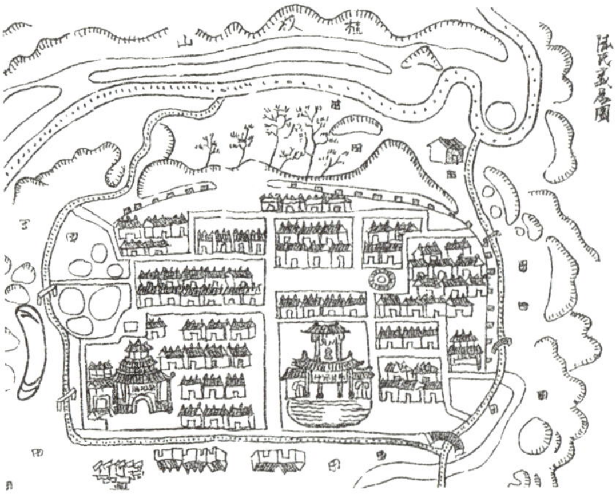

陆氏义居古地图（偶木景观修复版）

我们有幸得到一幅陆坊村古地图的影像资料，根据对古地图的复原与研究，设计团队通过修复历史文物古迹、重塑乡村风水格局、完善服务设施、营造纪念性空间等措施，重建当代乡村生活与遥远历史记忆的联系，以先贤的智慧和家族的精神庇佑在这里生活的人们。

3 汇聚 · 同心广场空间重塑

村内主广场功能为节庆活动、奠拜先贤、休闲集散，也是陆九渊诞辰纪念大典的主会场。方案以空间的变化结合场景的转换，流线由外部道路进入村庄、经过停顿、蜿蜒、转折、指引、最终集聚在陆九渊雕像广场，形成动态叙事性流线。

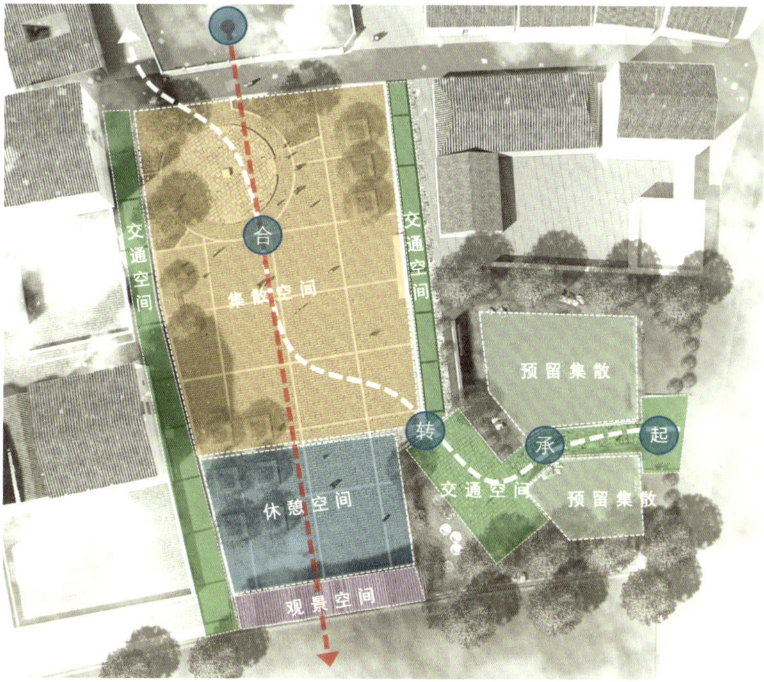

陆坊村主广场空间分析

广场南端设计一处可供休憩、观景的廊架，与义门、主题雕像以及远山共同形成悠远绵长的视线廊道，将自然山水与村庄村落紧密连接。廊架造型源自赣派古村落最为重要的视觉元素之一——“屋顶”——喻义“家”的形象，与古村落整体氛围相互融合，更像“家”一样为村民和游客提供遮阳避雨的庇护，形成陆坊村的重要视觉主题。

主广场入口景观设计

雕塑广场视觉廊道引导

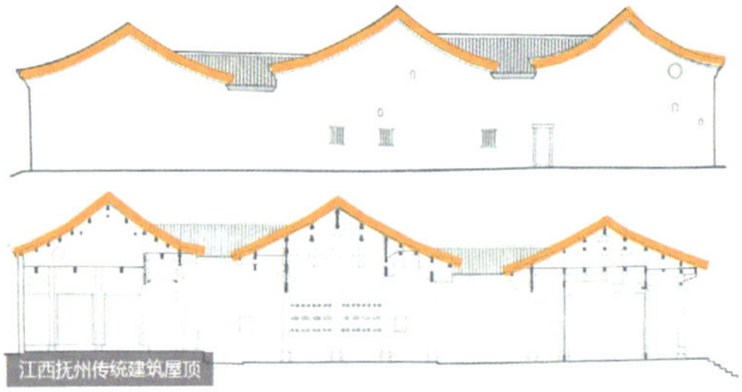

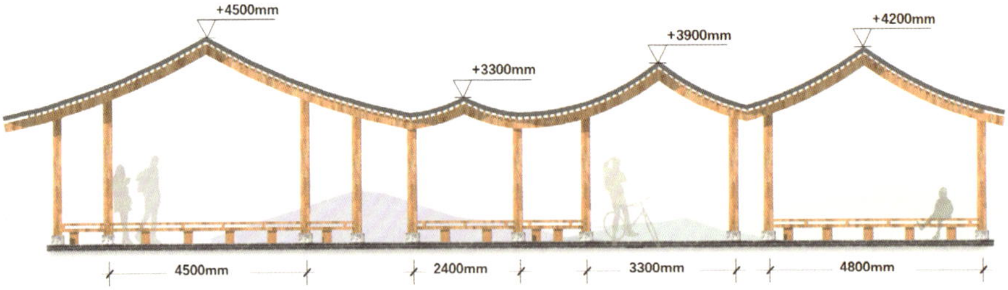

设计元素提取自赣派传统民居

亭廊的介入建立了远山、田园景观与村庄的视觉联系

改造前的廊架

建成后的廊架（在一场秋雨中成为村内最具幸福感的热闹场所）

4 追忆：吾心园纪念性景观

陆坊村现存一处修建于清代的门楼，曾用于表彰陆氏家族治家有方，展示着陆氏家族的影响力。如今陆氏义门依然耸立，但义门后的空地已然荒芜，设计团队为这块场地重新赋予精神和文化属性，设计为一条展示陆九渊生平的纪念之路。

方案以“宁静、包容、具有时空感”为目标，旨在以“吾心”对话陆九渊的思想，以曲折路径增加体验的“边界”，以流动的游线和多种触感的材质组合呼应陆九渊的生平起伏，通过对感官体验的塑造，引导人们开启一场重新认识陆九渊先生一生经历的体验过程。

吾心园景观设计：空间推导过程

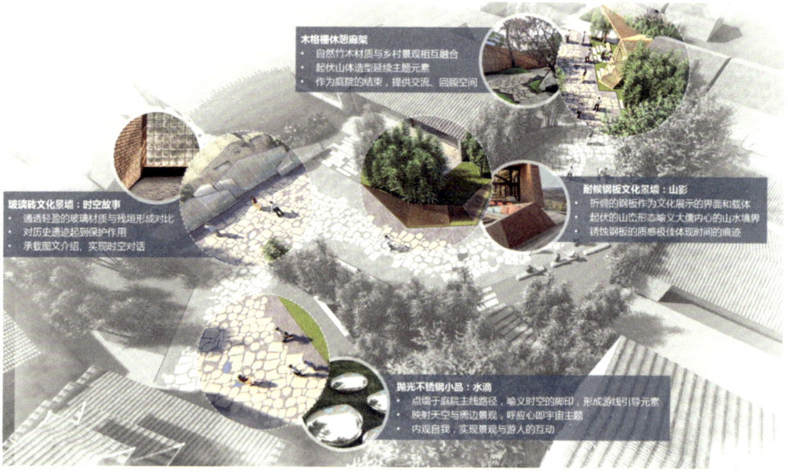

公共艺术：以触感和空间的变化强化纪念性体验

镜面不锈钢材质的“水滴”嵌于石板之间，延伸体验者的想象空间，实现景观的互动性

“时光”景墙施工现场

玻璃砖景墙：保护背后明代建筑遗迹的同时，实现一场穿越时空的对话

建成后的吾心园

设计大量采用本土材料，节约造价的同时可与原有景观相互融合

初建成的吾心园尚未迎接外来的游客，却早已成为本村居民休憩游乐的花园

5 博学：花园中的家塾

陆坊村东坐落着陆氏的宗祠——大儒家庙，家庙东侧古时曾为村内学堂，新中国成立初期家庙曾被改建为陆坊村小学，曾经的书声琅琅之地如今已是杂草丛生。

景观设计延续了场地的“教育”基因，将现有空地设计为一处花园式学堂，以传统建筑元素为形象元素，设计一处半开放的亭廊学堂，复现历史中“学堂”的功能，为村内孩子们——多为父母外出务工的留守儿童——提供一处安全、有趣、寓教于乐的学习和娱乐空间。

户外学堂：学疑园 1

户外学堂：学疑园 2

田边观景栈道：简洁的曲线飘逸在花田之中，连接了家庙广场与陆坊村的花卉种植田

田边观景栈道：回避喧嚣，重归田园，形成一处沉思、冥想的静谧场所

6 新生：一座老屋的重生

陆坊村内有一条著名的“同居巷”，因陆氏家族共灶同堂，几百年世代同居不分家而得名。

在同居巷的尽端有一处民居建筑遗址，废砖旧瓦和杂草混杂成一座荒冢般的土堆。这里靠近村内池塘，紧邻陆氏家庙，四面临巷，却也是村内一处不可多得的开放场地。

设计团队遵循建筑古制，在原有基址上复建一座民居造型的亭廊，以“家屋”为主题恢复场地原有的历史记忆。新建廊架以传统的材质及工艺与村落融为一体，为村民遮蔽日晒、抵御风雨，并提供一处品茶对弈、谈天说地的聚会场所。设计不止于塑造“家”的形象，更以建筑结构本身为村民的身体和精神提供来自“家”的庇佑。

田边栈道施工过程

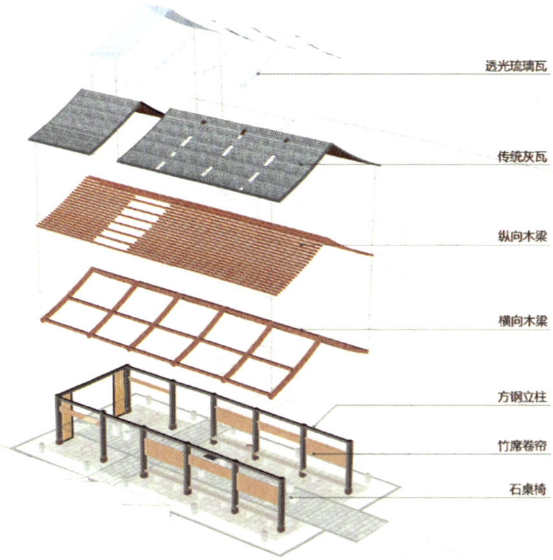

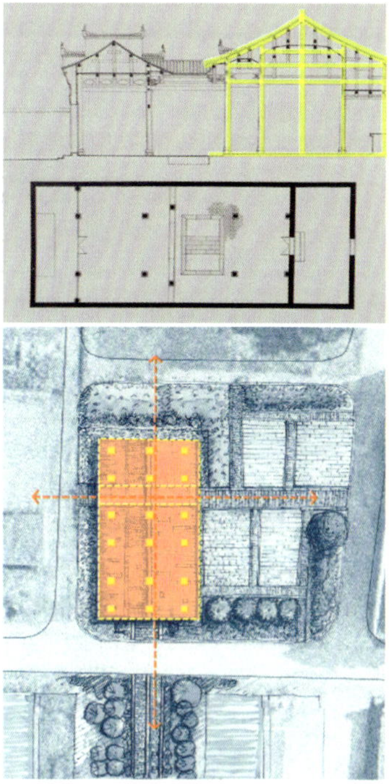

“老屋”设计拆解图

“老屋”建成后细部

“老屋”内部空间：重现“家”的场景

“老屋”已成为孩子们的秘密基地

建成后的“老屋”

7 结语

2015 年，作家冯骥才提及：近 10 年间，我国有 90 余万个乡村消失在城市化进程中，平均每天有 200 多个村落消失。在空间层面这未必是一件多么糟糕的坏事，村落自然萎缩的另一面也许是更加集约、高效的城市化，是地区产业的进化和经济的繁荣，同样也是无数年轻人走出山沟寻求更大梦想的过程。

但是乡村的衰亡依然值得我们担忧并应迅速采取措施。乡村作为地方传统文化的载体，它的衰退也在使这些文化逐渐褪色。城市在新的时代开启新的发展阶段，这条再现辉煌的新生之路也不应割裂了那里的人们与土地、与自然的遥远记忆。

真正的衰败并非建筑的倒塌和土地的荒芜，而是困于历史的断层中，割裂了与过去和未来的连接。我们已看到太多无根的“文化”景观，就如泥土附于岩石一样，只是附于有形的空间之上，钢筋与黏合剂只会让它们更加脆弱和孤立，无法抵御时间的冲刷。

重建当下与历史的连接，让人而不是物质作为文化延续的载体，基于史料地研究以及对真实生活场景地构建，是我们对待文化性景观的策略和态度。不是每一座村庄都能依靠旅游重振光荣，但我们至少可以用情感和艺术为原住居民塑造一方心安之处。

最后还要感谢那些与我们共同完成设计的村民和将设计实现的本地工匠。

当地村民与工匠参与建设

编者按：

城市自然空间的运营是更新的需求，也同样是更新本身，发现新价值。

运营好城市里的绿水青山，让市民生活从好到美好

张耀天

1 城市自然空间更新的主旨：优化城市生态质量、服务城市产业更新

自改革开放以来，城镇化是我国持续发生的影响社会文化、居民生活方式的历史巨变。经过 30 多年的快速发展，目前国内一二线城市的城镇化进程已进入了新的阶段：从传统的城市基建向着“新基建”转变。“新基建”带来的人工智能、5G 会让城市人的生活、工作更加线上化、社群化、便利化，这虽然是好事，但是它同时也会加剧人与自然的割裂。这种割裂首先不是环境上的割裂，而是心理、精神、非城市化生活适应力上的割裂，比如久居城市的人，“亲近自然”成了日常生活之外需要刻意安排且做诸多准备才能达成的奢侈心愿。

从城市更新的视角来看，对城市自然空间的建设运营理念与具体思路，在这样的背景下也随之需要进行创新。我们应该看到一种趋势，那就是一座城市里的绿水青山也是可变为金山银山的自然资产，它们肩负着超出以传统基础建设为重的城市更新内容以外的新使命。过去我们建设城市自然空间，更多关注修复生态环境、建造宜人景观，今后我们要多一个新视角，对城市自然空间的规划建设要从公共资产社会化运营的角度来看待，让每一片城市绿地都能融入所在区域的城市服务业发展、城市文化资源经济转化、城中村改造与振兴等问题中，发挥它不可替代的价值，让城市自然空间更新的主旨兼顾生态保护与生态利用，实现生态福祉普惠化、生态资源产业化。

2 自然福祉，权力的转移

一种自发的“亲近自然”的文化消费现象越来越成为主流，如以木色为基调的日式简约家居商品成为城市人在家里聊以自慰的自然符号，大型购物中心越来越流行把人造花园与餐饮业态、儿童业态组合拼接，“出则繁华，入则宁静” 成为城市人置业的最心仪目标……这些现象被很多人称之为“回归自然的生活方式”，城市人厌倦都市的拥挤与喧嚣，人与自然是不可分割的生命共同体，是我们无法回避的事实。从营造城市里自然生活方式的视角看，目前我们城市的自然存量空间其实并没有被很好地开发利用起来，对标新加坡樟宜机场、日本六本木购物中心、中国香港城市湿地公园等发达国家和地区的城市综合体、城市公园，就可以看出来差距。他们不仅把城市公园做成了城市文化名片和市民自然休闲生活中心，就连大型购物中心、商业街区、机场、博物馆等商业空间也规划建设了大量的微型自然科普园、自然教育中心、自然体验商业街区、自然餐厅、植物书店，把自然资源当成一种资产进行创新式运营，不仅让自然无处不在、无所不能地出现在市民日常生活中，还带来了喜人的商业效益，可以说是从居家到户外再到公共商业，自然给市民精神文化生活带来了美好体验。

看到发达国家或地区的城市更新工作卓有成效，让城市里的自然福祉实现了普惠化、产业化，我们当然可以进行效仿，但笔者认为真正能够做到一城一策、摆脱学步，就要理解实现这个目标的底层动力是什么，这就要从人的需求谈起。

都市人内心想要亲近自然，从心理学视角看，本质上是在追求一种精神享受。但这种精神享受不是现代都市人的特权。它其实自古就有，只是其精神审美的标准经历了从皇权贵族到现代社会公民主流审美的权力转移。中国人最早使用“风景”一词，欣赏大地山川形态、玩赏植被水体、祭祀自然物、想象神话传说等观赏风景的模式，是封建社会时期社会精英群体，如王室贵族、文人乡绅的审美标准，代表着那时候的主流精神消费需求——寄情山水、祈求护佑。

新时期，社会经济基础、文化发生了根本变化，国人的精神消费需求变了，主流审美标准也跟着改变。我们可以看到国人亲近自然，不再刻意追求风景美不美，而是为了“到自然中，成为更好的自己”，大家开始追求“自己好不好”“自己如何和世界相处”了，表现为舒减压力、自我治愈、亲密关系补偿、亚文化社交圈交流、自我更新、成长学习、进行环境伦理表达……比如北京的颐和园作为世界文化遗产地吸引着各地游客前来“打卡”，可这并不妨碍颐和园也成了北京市民郊游踏青、机构团建、研学拓展、自然体验、观鸟摄影、古装美拍等多元化精神性需求的最佳释放地。这恰恰符合哲学家对人类自我发展的观点，比如亚里士多德对休闲的定义是“别无其他目的而全然出于自身兴趣的活动”。有人把这句话进一步进行解读，大致意思是：人们正是在休闲的过程中，完美地表现出一个真实的、真正的自我，有更好的机会使自己成为生活的主人。

如果说，古代的文人志士们通过“读万卷书，行万里路”“师之自然”来进行自我发展，那么现在的我们正在通过“保护自然，回归自然，学习自然，与自然做朋友”的方式来实现全人类发展。

3 城市绿地六大自然福祉系统构建

从城市公园与绿地的建设与运营入手，如何能够满足市民“回归自然的生活方式”多元化精神性需求，是个关键问题。对待这个问题，当我们从历史、哲学的角度更深刻理解了为何现代都市人如此崇尚“回归自然的生活方式”的原因后，我们主张对城市公园和绿地的建设运营应该在新的思考模式下来重新定义——构建城市自然福祉模式体系。

新中国成立后，尤其是改革开放后，我国的城市化发展迅速，虽然国家对人民文化休憩活动和城市园林绿地建设非常重视，使公园得到了较大的发展，但“造园就是造风景”的思维方式深深影响着国人的审美习惯，表现为国人爱看新、奇、特、异的风景，很多城市公园的风景依然是山川格局、亭台楼阁、曲水流觞的集合表达。当市民向自然不仅仅要美好宜居的生态环境，更希望获得实现全人类发展的精神消费需求时，城市公园与绿地的更新建设首先需要对市民的福祉需求进行具体内容的拆解，通过规划、设计与运营管理进一步把这些需求转化成可体验、可享受的公共服务和生态产品，甚至更要为城市居民创造更多就业、创业的土壤与机遇。

基于市民对休闲价值诉求的新自然福祉内容

本节将城市公园与绿地可创造的自然福祉拆解为六大要素，即生态福祉、休闲福祉、健康福祉、教育福祉、审美福祉、社交福祉，下表详细说明了六大福祉要素的内涵以及对应的产品与服务，以供参考。

城市公园绿地自然福祉六大要素内容

福祉类型	内涵	产品	
		设施（硬件）	服务（软件）
生态福祉	公园内的绿色空间，形成了一定区域范围内的自然生态系统。生态福祉具体是指这种区域型生态系统在一定程度上保证了市民的居住环境的宜居性（气候稳定性、空气质量等）	由树木、花草、湿地等组成的自然空间	环境质量智能检测、城市风景美学、宜居城市……
休闲福祉	公园是市民在闲暇时间进行身心放松、休闲娱乐活动的重要空间。休闲福祉具体是指市民在公园进行休闲活动后，获得身心的恢复	自然游乐场、漫步道、休闲广场、开放草坪、林下空间、露营地……	素质拓展活动、城市集市、音乐会、运动会……
教育福祉	教育福祉具体是指通过对公园当地的自然、文化等资源挖掘与转化，帮助市民学习知识、提升保护环境意识、增加城市认同感等	自然、文史体验步道，自然、文史体验馆，自然图书馆，艺术中心，户外自然营地……	自然观察活动、手作体验课程、森林读书会、自然艺术沙龙……
健康福祉	已有研究大量证明，自然环境有助于人强健身心。而健康福祉具体是指人在借助自然环境中的有益因素（绿色的空间环境、含有芬多精等有益分子的清新空气、舒适的环境湿度等），通过适当的活动，促进身体健康	健身步道、广场、专项运动场地（足球场、篮球场等）、自然瑜伽冥想教室、森林浴场……	芳香疗法课程、瑜伽课程、向导型康养服务……
社交福祉	社交福祉是指公园绿地能够为人群社交提供不同于楼宇空间的自然空间；而更重要的是，自然环境对人潜移默化的正向影响，更有利于人们之间的积极社交	露营地、平台、森林图书馆、咖啡厅、林下休息区及设施（例如林语小屋等）……	亲子家庭活动、读书会……
审美福祉	人民审美的进步很大程度上会促进社会的进步。而自然又是人类的启蒙导师。因此，审美福祉具体是指市民在公园中通过欣赏自然、人文等风景，进而促进自身审美水平	风景园林，园林、建筑小品，观景平台……	自然美学课程、摄影比赛、摄影课程……

4 案例：历史文化名城的城市更新改造之郊野公园建设——福建省泉州市洋茂生态公园

泉州是一座历史悠久的历史文化名城，是海上丝绸之路的起点。在新时代国家提出的“一带一路”倡议中，泉州更是被列入发展先行区。党的十九大报告明确新时代的发展目标之一为坚持人与自然和谐共生，泉州这座古城在新时代发展要求下，城市社会、经济、生态、文化、民生等全方面协同发展，建设“山水田园城市”成为城市发展建设的新目标。

为了实现这一新目标，满足市民日益增长的宜居需求，2017 年泉州提出了建设城市里的“生态连绵带”计划，将围绕城市核心发展用地的水系、山系用一条生态景观带串联成闭环，定位为“主城后花园”，其功能为“维育现有生态资源”和“还绿于民”。而泉州市洋茂生态公园位于生态连绵带十大廊道中的主城生态廊道，紧邻接待国内外重要来宾的泉州迎宾馆，该公园的规划建设不但是对城市里珍贵山林资源的保护，还为城市市民提供了周末登高观景、运动健身、休闲度假、文化体验的多种自然福祉，同时也承担了城中村基础建设和服务能力升级的责任。

公园位于主城生态廊道上

公园依托洋茂村，紧邻泉州迎宾馆

4.1 项目定位——让乡村振兴与市民精神消费升级在城市里的郊野自然中兼顾成就

随着泉州市城市框架的不断拉大，过去的洋茂村成了城中村，但是和大部分孤岛式的城中村不同，洋茂村整体保留了闽南传统民居的景观风貌，附近有片珍贵的山林绿地。过去村民们的主要收入来源是在附近的酒店和度假区做服务员、园林工人、开摩的、做点零售小生意等。现在要把村子和山林纳入城市生态连绵带的建设格局中来，如何让这些村民真正融入城市新时期发展的潮水中，既让他们享受到城市更新的福利又让他们参与到对家门口自然资源的保护和文化传承中来，就成了洋茂村生态公园需要优先考虑的问题。

因此，设计单位就把泉州市洋茂生态公园定位为：珍贵的城里自然环境、市民客厅，一片开放型的乡村文化郊野公园。公园的规划建设要兼顾多个目标，第一，最大限度保护自然山林生态系统与景观风貌；第二，促进洋茂村基础建设升级，引入与公园联动发展的新文化业态（如城市民宿、城市乡村祠堂博物馆、书画院、乡村社区传统生产技艺体验馆、村民食堂等）以便带动洋茂村周边土地资产、文化资产的商业价值；第三，兼顾日常来公园进行休闲的城市市民和洋茂村村民的绿色休闲需求；第四，突出泉州古城传统村落的文化标签，为泉州新增一张展示城市文化和形象的“名片”。

公园的四大定位

公园社区村落风貌

4.2 项目解决方案——“讲好”泉州自然故事，“搭好”洋茂村经济发展的台子

泉州本地的公园多是在寺庙、植物庭园基础上发展起来的，本地人习惯了平时在小桥流水、亭台楼阁、专类花海这样的公园里进行日常休闲活动，活动形式以观景、散步、健身、野餐、亲子娱乐为主，洋茂生态公园因此显得与众不同。洋茂村山林是典型的闽南森林——亚热带常绿阔叶林生态系统，其间龙眼、香樟、刺桐等乡土物种多，森林中镶嵌着多个湿地板块，是泉州市民可以从“水泥森林”一步跨到自然山林的 “城中自然保留地” 。市民在这里能够真正忆起童年的自然游戏，忆起故乡的泥土味，忆起老泉州的山、水、林、园、村，这种身在都市、心近自然的自然生活方式不正是每一个市民最可遇不可求的自然福祉吗?

因此，本设计在解决方案上着重实现了 3 个目标，分别是山林生态环境重塑与保护、市民自然福祉空间与设施设计、社区新业态激活。

4.2.1 山林生态环境重塑与保护

设计单位将洋茂村的自然山林资源做了符合生态带理念的最小景观结构模型的整合，形成了公园建设最基础的 7 个层次空间结构。在这 7 个层次空间结构基础上，对自然资源的保护强度越来越高，分别布局了改造程度、体验程度、人工设施密集度、社区关联度不同的业态与设施。

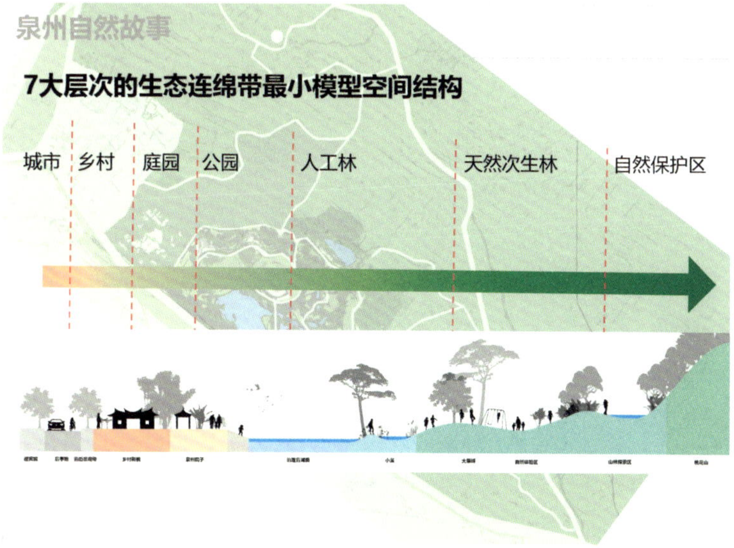

根据山林生态保护强度为公园规划设计的包含 7 个层次的空间结构

根据山林生态保护强度对公园进行系统统筹

4.2.2 市民自然福祉空间与设施设计

设计单位将亲近自然、认知自然作为公园内部的核心体验，把自然教育、森林康养、环境解说、景观互动观赏作为公园四大类体验功能，通过体验节点空间与设施的创意设计，为游客和市民提供了教育、休闲、社交、健康、生态、审美等多重自然福祉。

森林治愈小屋，供使用者在此休息、观察湿地、感受森林里的自然风。但不一样的细节在于，亭子立柱上有“森林温情故事”，设计师把森林里野生动物们育雏、筑巢等生态趣事用“人类共情视角”进行解读，给使用者一个与大自然用心对话的机会

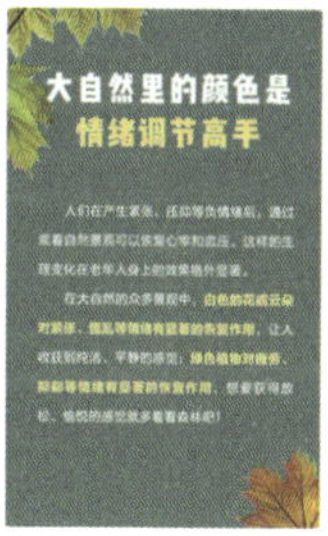

森林情绪瑜伽平台，通过大自然里不同颜色对人情绪刺激的环境解说，让使用者跟随引导躺下来做一组情绪舒压操，不管是对散步的居民，还是对来此徒步健走的游客，这个节点空间都是十分暖心与必要的

亲水驳岸，“人”与“水”的景观互动设计

刺桐是泉州的乡土植物，设计一座“刺桐记忆”命名的儿童自然游乐场，让泉州孩子们了解身边的自然趣事，激发对大自然的感恩之情

森林课堂：人们越来越喜欢在自然空间里开展集体社交活动，郊野公园的林下空间正是最好的场地，100 平方米左右的森林课堂给小型聚会、表演等市民自发活动创造了平台

森林康养步道创意铺装：科学研究表明人在不同的铺装材料上或以不同姿势健步走时，在一定程度上有健身效果。因此，可通过铺装来引导游客进行康养体验。

可以触摸果实的解说牌

湿地自然观察筒

冥想设施

在休息椅上嵌入解说内容

趣味座椅

猜谜语的转筒

4.2.3 社区新业态激活

洋茂生态公园和洋茂村是一个有机整体。公园外围的景观提升区与社区生活区是面向村民集中提供日常就业、经营、社区文化生活的空间和设施，而村民的生活工作空间又是外地游客进行体验观赏、住宿就餐、交通接驳等密集活动的空间。方案便将这个景观空间结构中的资源主要做景观复原、新业态策划、文化体验项目设计的处理。首先，在景观复原上延续洋茂生态公园的“红色庭院”景观线索，强化凸显泉州古城风貌的特点。其次，在新业态策划上把古民居老宅、社区庙堂、社区戏台转换成老宅民宿、庙堂博物馆、庙堂剧场、休闲咖啡公园等新休闲业态。

公园与周围社区形成有机整体：公园不但为周围社区提供绿色空间，还进一步带动乡村基础设施升级和产业发展

乡村记忆：以“泉州红”为线索提升村舍的风貌

5 结语

我们希望看到随着各地城市更新工作的不断推进，城市公园与绿地的更新也能不断深入。在加强生态保护、景观复原的基础上，更多自然体验与教育、自然康养、文化体验基础设施和新休闲与文化业态，能够进入城市公园与绿地中并且发展壮大起来，满足市民在追求美好生活过程中的多元化精神性需求，同时推动城市生态、文化、休闲、教育、餐饮、旅游等产业经济的结构调整与可持续发展。正像杭州的西溪湿地那样，在严守生态保护红线的基础上，通过带动周边社区居民发展城市民宿，引入商业资本建设文化馆、艺术馆、私人博物馆等，开发了西溪旅游产业和文创产业，打造了花朝节、探梅节、龙舟节、火柿节、听芦节五大节庆活动，使得西溪湿地成为继西湖之后的第二张杭州名片，西溪湿地公园每年接待游客近 500 万人次，实现总收入超过 3 亿元，直接创造了 1 500 个就业岗位。

中国的大城市里应该出现更多的“西溪湿地样板”，我们要深刻理解到新时代城市里的绿水青山变金山银山，不直接来自公园设施本身的建设，而是来自背后一个更大的经营系统：就是深挖市民对美好生活的需求要素和消费场景，不断创造新的商业经济生态关系，构建城市自然福祉服务系统。

编者按：

许多从景观入手的乡村振兴改造，都是城镇化进程中不可或缺的一环。

乡村振兴背景下的乡村景观优化

——陕西蓝田董岭村景观更新

程圩

“乡村振兴”是国家审视我国城乡社会发展的主要矛盾，着眼于全面建设小康社会总体部署，针对“三农”核心问题提出的战略选择。“乡村振兴”战略覆盖了现代农村建设与发展的产业、文化、环境、人才、组织五大方面，其中农村生态环境改善尤为重要。它的基本任务是在强调改善农村人居环境和生态景观前提下，使中国农村真正实现生态、经济共生发展应有的可持续发展效能，将促使占我国总人口 40.4% 的农村人口所在的乡村面貌得到彻底改观，成为助推乡村致富的有效途径。概言之，乡村振兴战略的提出，不仅是统筹山水林田湖草系统治理，严守生态保护红线，以绿色生态作为乡村振兴的本底，提升农民整体舒适宜居、幸福和谐的生活空间，更是对乡村文化的振兴和传承，因此，乡村振兴具有物质和精神两重属性。

1 乡村景观振兴的背景

1.1 物质背景

乡村，是人类文明的发源地。与城市不同，乡村的自然地理环境受人类活动的干扰较低，其所呈现出完好的生态系统是生物多样性的基础。乡村由村落和自然环境两部分构成。村落由村巷、建筑、祠堂、田园耕地等人为参与的要素构成，而自然环境则包括山水田园湖草林等自然景观。因此，乡村景观既具有生态环境的价值体系又具有宜居生活的功能体系，同时还具有文化审美、休闲游憩及文化旅游等发展经济的使用价值功能，属于可开发利用的综合性景观资源，具有多重价值属性。

1.2 文化背景

乡村，是具有多重性文化空间的记忆场所，活态的历史乡村文化资源建构了“复数的乡村文化空间”。回顾中国历史，乡村一直是中国社会发展的主要场所，我们或许可以这样说：中国的历史与乡村并存，传统的中国是乡土的中国，乡村是不断产生故事、产生知识的地方。可以看出，乡村的历史文化背景与中华文明的历史进程相辅相成、互为表里。乡村不仅记载着历代村民所遗留的文化信息，更是反映了历代人民的智慧，成为当今特有的“文化景观”，代表着乡村文化认同的基础，是村民的集体记忆和精神寄托。

1.3 政策背景

党的十九大报告中提出“乡村振兴”战略。2018 年 1 月，《中共中央 国务院关于实施乡村振兴战略的意见》发布，随后，国务院印发《乡村振兴战略规划（2018—2022 年）》。“乡村振兴”的基本任务强调：“改善农村人居环境和生态景观前提下，最终使中国农村真正实现优质环境下生态经济与其共生发展应有的可持续发展效能。”乡村景观的设计为乡村生态经济与优质环境的并轨提供了基础，充分利用绿水青山，积极改善村容村貌，促进文旅、农业、林业等产业的发展，实现“绿叶子”转变为“金豆子”。

2 乡村景观建设的现状问题

2.1 景观的破碎化

在新一轮新型城镇化的进程产生巨大经济推动力的同时，也使得乡村的完整性遭到了破坏。“千村一面”的现象日益加剧，毁坏乡村景观肌理的同时，也使得田一耕一屋构成的乡村景观系统受到威胁。由于缺乏系统的管理，大量的乡村原生态景观被改造，其结果不仅丢失了乡村文化的景观感，还令乡村产生了“城不是城，村不是村”的现象，处在城市周边的乡村这一问题尤为显著。如随意的填埋沟塘，自然驳岸被硬质铺装所替代，造成雨水和污水系统严重紊乱，水生态环境恶化等后果；在乡村景观改建中，乡土树种被忽视，大量的城市化植物配置模式被运用，导致原生态的树木及乡村风水林缺乏保护和利用等。

2.2 景观的同质化

随着国家对乡村问题的重视，通过乡村景观推动第一、第二、第三产业融合发展正在有序推进，但一个“快”字，使乡村景观雷同化现象相当普遍。经济利益化的营销模式，导致传统的村落结构受到破坏。“仿古一条街”“村头吃饭，棚里吃果”的单一发展模式，忽略了乡村景观的特质和文化特色，也与国家大力推动的产业融合发展的理念背道而驰。

2.3 景观的形式化

在对于自然景观的盲从和不当利用的同时，对于乡村景观的本体造成了不同程度的破坏。为追求统一的乡村形态，对乡村建筑大量粉刷，修改屋顶的样式，乃至具有特定仪式感、历史感的宗祠等公共建筑都被披上了统一的外观，这一现象导致了严重的“乡村都市化”，不仅使乡土文化流失，人与自然的关系在不断削弱的乡村景观当中被消解，还面临着自然生态本底退化的双重危机。

3 乡村振兴背景下的乡村景观优化策略

新时代乡村振兴战略背景下，乡村景观的发展离不开“生态景观”的保护、“生活景观”的挖掘展现、“生产景观”的传承创新。其优化旨在提高农村实体经济收益，提高乡村居民的生活质量。

3.1 保护生态自然景观

自然景观是乡村景观孕育的母体，乡村区域特征表现在居民与自然互动过程当中对自然属性的认同，也是对自身居住环境的归属。因此在针对乡村景观设计之初，要确定生态景观红线，包括自然地貌、水体、气候、生物等各方面因素，完成对乡村景观资源普查和评价。在此基础上，对地域性强的自然资源给予全面保护，确定乡村景观的控制区域，构建生态安全格局。如英国以“原真性”强调对乡村本体的保护的同时，对于声音、气味、色彩都需要保持原态。所以，乡村景观在营建时应尽量以乡土树种、农业生产作物为主要元素，将建筑、街巷与自然系统相连接，产生特有的乡村景观。

3.2 挖掘展现生活景观

人文景观，是在自然景观基础上，因教育、经济、社会的发展而形成的具有人类参与的综合景观形式。乡土建筑、街巷、民俗都是其重要的组成要素，也是对乡村振兴过程中政治、经济、文化建设等的综合展现。乡村景观应该体现乡村日常的风俗习惯、生活形态等，打造原汁原味的乡村景观风貌。在此基础上，对人文景观要素应进行合理优化，运用景观设计的手法，将村民的生活表现在雕塑、景观构筑物、建筑构件等之上，充分展现乡村特色。

3.3 传承创新生产景观

强化第一产业、第二产业与第三产业的转化融合发展是乡村振兴的重要内容。当前，人们已经认识到塑造形神俱佳的乡村景观，是促动第三产业（旅游业、服务业、康养业等）发展的助推器，也是带动第二产业（农产品加工等）发展的有力牵引机。以此为基础，贴合乡村实际情况，拓展乡村休闲、康养、度假等功能，形成农村经济发展新的增长点、城市居民休闲消费新的兴奋点、全域旅游发展新的引爆点。

4 陕西蓝田董岭村景观优化设计

董岭村位于陕西省蓝田县，毗邻白鹿原影视城。北部与西安临潼区为邻，西部与长安区、灞桥区接壤，距离西安 36 千米。属暖温带半湿润大陆性气候，四季冷暖分明，气候宜人，年平均气温 13.1 摄氏度。最高海拔 780 米，垂直分布有高山灌丛草甸、针叶林、针阔叶混交林和落叶阔叶林等自然植被类型，自然植被中野生植物资源丰富。经专业团队进行土壤检测后，认定其为核桃优生区域。

2016 年以来，董岭村牢固树立“绿水青山就是金山银山”的发展理念，依托白鹿原影视城，开发旅游业及都市农业，取得了良好的经济社会文化效益。2019 年，董岭村被评为“中国美丽休闲乡村”。

4.1 总体景观规划

以董岭村整体保护为原则，保护村庄整体的生态格局。运用微更新的方式介入以保护与延续村庄格局和空间尺度，尤其注意与周边环境的互生互融，关注村民生活、工作及游客需求，创建舒适、宜人的乡村景观空间。通过综合整治、村口景观改造、坡岸改造、公共服务和基础工程设施整治等手法将董岭村打造为环境整洁、功能齐全的宜居乡村，并发展旅游民宿产业。因此，规划形成董岭村“一轴两带四区”的景观结构，重点对入口空间、邻里广场、河道景观等进行设计，实现人与自然之间的和谐共生。

4.1.1 “轴线”规划

董岭村布局依靠村内水渠呈东南至西北分布，受地形影响建筑靠北集中。以村内主要道路为轴线，通过在其两侧规划主要节点，使山一水一人三个系统之间相互渗透、互为补充，以达到景观设计对现状的最大利用与最小干预。

项目位于山地中，地势复杂，现场内有一条道路贯穿全场

4.1.2 “两带”规划

在规划中，以轴线两侧山体与水渠为景观带，形成山体景观带与沿河景观带。

山体景观带：除现有核桃种植以外，景观带中还植有白皮松。白皮松是中国特有树种，常被运用于各类景观设计当中，加之其生长所需要的特殊气候要求，在市场上价格较高。在与村民的交谈中，获悉董岭村虽然作为白皮松的优植区域，但因其树种的生长周期较慢，从幼苗至出售需 5~6 年，并且易受病虫害的侵扰，所以，白皮松的种植并没有带来显著的经济效益。在此基础上，通过与村委会沟通、市场调研分析，引导村民在现有种植基础上，种植红叶石楠、女贞等速生树种，缩短资金的流转周期。加之红叶石楠秋、冬、春三季为红色，一定区域范围内的种植，也丰富了山体景观的层次性。

沿河景观带：利用村内现有的水渠，在水域宽阔的区域种植芦苇等水生植物，丰富水面景观的同时，利用芦苇全面的通气组织达到对水体净化的作用。另外，增设水上木栈道以增加亲水性。

4.1.3 “四区”规划

在围绕董岭村的规划中，充分发挥旅游的引擎作用，发展乡村休闲产业的需求，考虑空间特色和组团发展，规划形成四大功能片区，分别为入口文化展示区、山间康体养身住宿区、游客接待及餐饮服务区、林下养殖有机食品体验区。

①入口文化展示区，位于村西北主要入口处，结合白鹿原影视城，发展以影视主题展示、教育为主的功能；

②山间康体养身住宿区，位于村内东北部，以民宿、老建筑、传统村落格局为特色，发展乡土文化体验、商业服务为主的功能；

③游客接待及餐饮服务区，位于入口北侧，以滨水空间为特色，结合农家乐，发展以乡村美食，滨水休闲为主的功能；

④林下养殖有机食品体验区，区域有较大的种植空间，以田塘林交错为特色，发展以生态科普、田园认种等为主要功能。

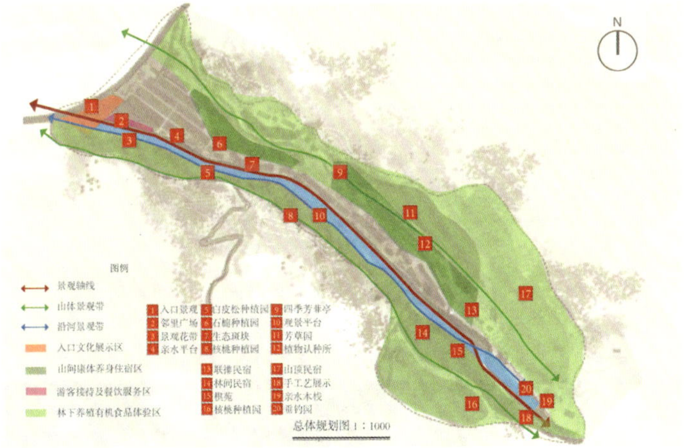

董岭村景观设计总平面图

4.2 重要节点景观优化设计

4.2.1 入口景观优化

董岭村西北入口与 107 省道相连，是村庄的重要门户空间，是景观提升的重要节点。设计秉承“生态、美观、功能”的设计原则，根据现有地形，向游客展示当地最淳朴的民俗风情。

设计首先对节点主题进行定位。经过实地考察，将其定义为以影视为主题元素区域，与邻近白鹿原影视城相呼应，作为主要入口特色文化展示空间。对原场地地形进行整合，在北侧设计以放映机胶卷为主题的雕塑，结合以陕西民居生活为主题的景观小品共同构成文化符号组团，并通过对现有雕塑“女神”进行修补，结合漫步道，植被、枯山水等景观元素，突出入口空间的标识性以及文化性。

（a）改造前　　（b）改造后

入口景观优化

4.2.2 邻里广场优化

邻里广场位于村委会门前，总面积 800 平方米，是董岭村重要的公共空间。在保持整体风貌的基础之上，通过移动树池、增设休息廊亭和文化墙等展示董岭村的文化、民俗、特产、景点等，可在夜间开展民俗演艺表演、灯光秀等活动，吸引村民和游客观赏游览，丰富文化生活，使得邻里广场成为休闲游憩、观演的主要场所。

（a）改造前　　（b）改造后

邻里广场优化

4.2.3 硬质驳岸优化

现状驳岸多采用重力式挡土墙，严重阻碍了人与自然空间的互动。规划在已施工的部分设置亲水平台，增加亲水性。在水中种芦苇、睡莲、铜钱草等具有清洁性的挺水、浮水植物，利用生态微循环对河道进行水质提升。在河道沿岸设计滨水步道，营造小型亲水空间，并设计休憩节点，充分利用滨水优势设置开敞空间。

（a）改造前

（b）改造后

硬质驳岸优化 1

（a）改造前

（b）改造后

硬质驳岸优化 2

4.3 产业导入与设施优化

董岭村民宿白鹿原舍在 2018 年被评为“陕西省旅游民宿示范单位”和“西安市十佳最美民宿”。它以自然、地理环境为依托，乡村景观为内容发展民宿经济、壮大集体经济、增加群众收入。调研中发现，目前在董岭村利用旧房子改造民宿的过程中，由于大大激发了村民的主动性和创造性，许多传统的手工业被重新发现、发掘整理，例如竹筐、竹篮等都成为村落特色产业发展的重要支撑。通过积极的招商引资，使得董岭村在发展民宿的同时，注重传统手工业植入，发展特色农产品购物，积极推进旅游服务中心建设，全面提升董岭村文化旅游发展的基础设施和服务设施，真正实现了乡村振兴。

5 结论

目前，乡村景观的提档升级已成为改造农村环境，让现代农民享有与城市人一样的富足感、幸福感，并提高农产品经济效益等农村工作中不可或缺的重要内容之一。不过，乡村景观建设刚刚兴起，其中还有很多方面需要完善，譬如如何结合互联网数字技术打造智慧乡村景观，如何与当地建筑相互结合，如何与当地文脉、地脉相互呼应打造生态景观等，这些都需要在设计规划过程中对症下药，深入挖掘。

乡村景观是乡村旅游发展的前提，更是乡村产业起航的重要基础。乡村景观是改变乡村风貌最直接的体现，是乡村获得产能经济的主要来源之一，也是人们生产、生活、生态的现实所需。在目前乡村振兴大环境下，要想解决乡村产业发展的问题，要重新认识乡村景观的特性，从维护乡村的原本特性、乡村景观的开发、乡村产业的培育等方面入手，科学合理创造性地对现有乡村景观进行改造。

编者按：

“综合体”式的构建，是乡村旅游更新的主流思路，如何发现独特性呢？

湖州市八里店镇潞村更新

刘祎

1 潞村基本情况

1.1 区位交通

项目区位优越、交通便利，距离湖州东站直线距离仅 2 千米，车程 5 千米约 8 分钟即可到达。

湖州东站于 2020 年启动建设，建成后通过宁杭高铁可直达南京，经商合杭铁路实现与宣城、合肥地区沟通。

1.2 场地现状

潞村具有丰富的传统文化遗存，但是现状基址以现当代乡村建筑为主，缺乏传统乡村建筑美感，且缺乏统筹规划，亟待重新整理开发。潞村场地现状的各项元素特征如下：

钱山漾遗址——展现丝绸文明史上的古老文化。历史意义极高且极具特色，应作为潞村发展的核心文化。

潞村民居——依河坐落于田野之中。住房以砖混结构为主，村庄建筑多为一层、两层居住建筑。用地比例不均衡，土地利用率低，村庄建筑的布局、用材、尺度、风格与古村落的文化底蕴不相适应，整体风貌有待改善。

桑基鱼塘——水网密布，构筑水乡基底。

大面积农田——彰显出浓郁的乡野氛围。

林木葱郁——构筑良好的生态环境，整体形成了水、田、林网状的景观结构。

现状交通——通达性一般，有待完善。

1.3 业主诉求

业主拟对潞村进行村落风貌改造，传承地域文化、营造乡村活力，以“世界丝绸之源”为出发点，挖掘钱山漾遗址的历史文化底蕴和乡村生态休闲、旅游观光、历史文化教育价值。

通过整体改造提升，形成以优美的生态环境为背景、以特色鲜明的建筑符号为载体、以极富魅力的本土文化为灵魂的水乡风貌，把潞村建设成以“江南水乡、桑基文化”为主题的高品质乡村旅游景区，打造成乡村振兴的典范。

2 文化提炼及策划逻辑

潞村项目地文化丰富，本方案对传统的丝织文化和桑基鱼塘的元素进行充分提炼，又结合新植入世界乡村旅游大会会址的 IP 概念，将潞村打造成盛世乡愁的存放地、农业文明的复兴地、传统文化的弘扬地、“诗意栖居”的理想地。

潞村传统文化元素分析

潞村文旅提升总平面图

3 城市更新中的设计细节

3.1 建筑空间梳理

①拆除原有违章建筑，恢复原有街巷空间。

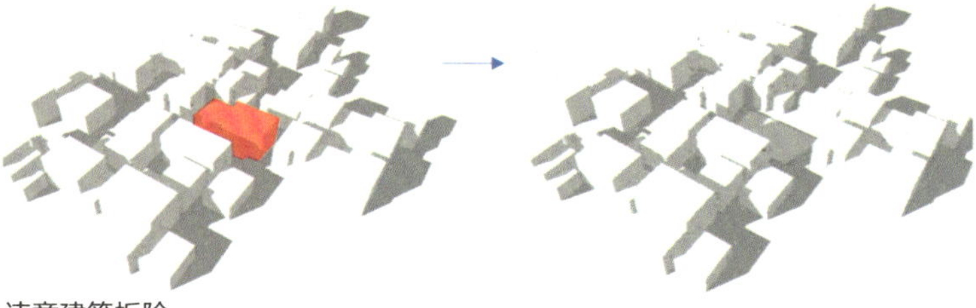

违章建筑拆除

②对原有现代建筑进行局部拆除改造，创造街巷公共空间。

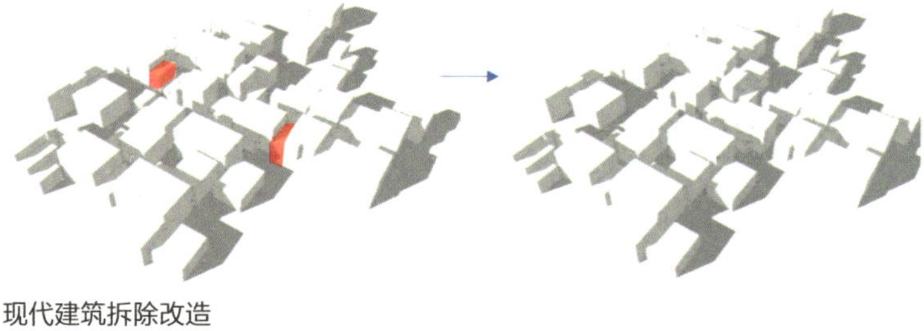

现代建筑拆除改造

③于可建设用地上新增功能性建筑，完善区域建筑布局。

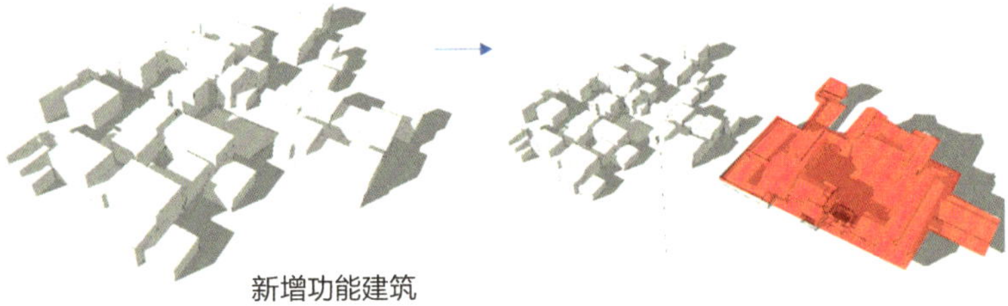

新增功能建筑

3.2 建筑构成

①核心建筑——以“慎氏祠堂”和“慎微之故居”组成的核心建筑，是整个古村落中的建筑骨架，也是灵魂所在。

②道路转角处的对景建筑群——这些建筑出现在道路转折处，是空间变化的视线焦点，此类建筑应赋予独特的外貌与功能。

③重点道路两侧的建筑群——图中所示位置为连接乡村振兴博览会永久会址的主要人行道路两侧，该道路两侧建筑应具备主要的商业配套和服务功能。

④纵深较长、较为幽静的街巷型建筑群——该类建筑群延一条长度较长的街巷两侧布置，幽深且安静，是居住空间的最佳选择。

⑤重点建筑群中的主景建筑——这些建筑应是建筑群中最主要的焦点，应与其他建筑在造型、体量等多方面均不同。

⑥风景建筑围合的迎宾空间——主要道路入口处由散落在风景之中的建筑组成半围合型的迎宾空间。

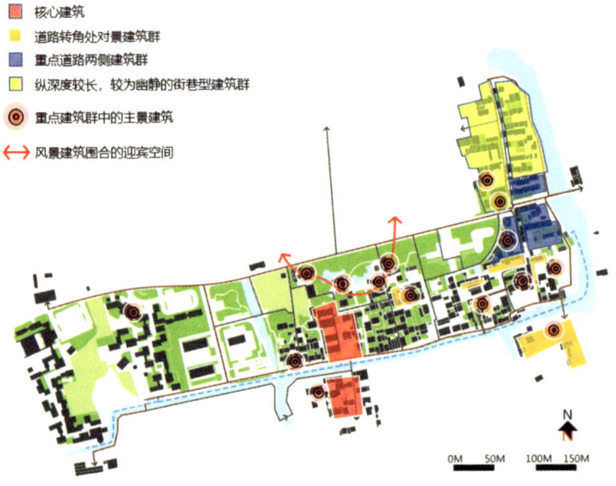

建筑节点的构成

3.3 公共空间及景观节点

①公共空间：几组建筑围合形成的面积较大的公共活动空间。

②建筑转角空间：建筑错落形成的空间曲折变化。

③院落空间：私有的建筑院落空间，全封闭的空间形式。

④滨水空间：水巷两侧的线性空间。

⑤街巷线性空间：建筑高度远大于街巷宽度的狭长形空间。

⑥景观节点：主视线、主要活动区、主要建筑前等具有代表性的空间作为景观节点重点处理。

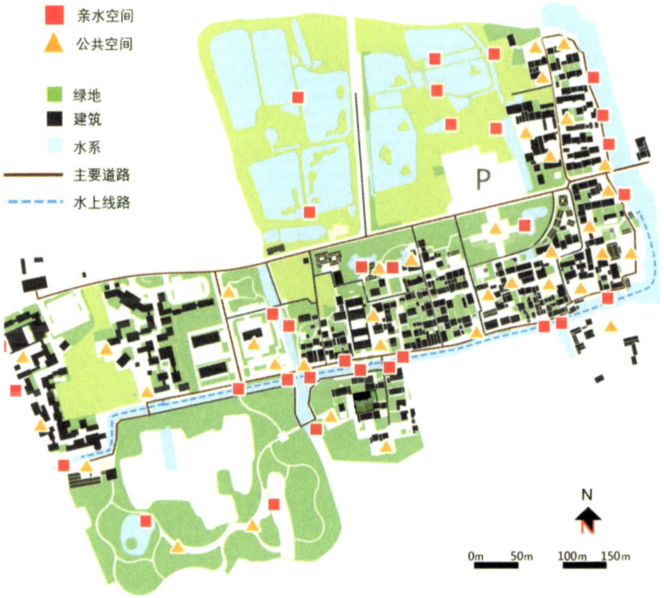

建筑及道路组合形成的公共空间及景观节点

3.4 现状建筑的主要问题

①建筑檐头结构形式与传统建筑存在差异。

②现代材料如瓦面、门窗、外墙、外挂设备与传统建筑立面不协调。

③仅存传统建筑损毁严重。

④电线杆造型简陋，强电、弱电飞线混乱。

⑤局部存在私搭乱建现象。

3.5 立面及屋顶流线改造措施

①改造建筑檐头，恢复传统出檐屋面。

②查补瓦面、门窗，铲除现代外墙饰面，恢复传统立面。

③修缮传统建筑。

④现状建筑天际线过于平直单调，经设计改造后，一层与两层的建筑交叉跳跃，天际线线条流畅层次丰富。

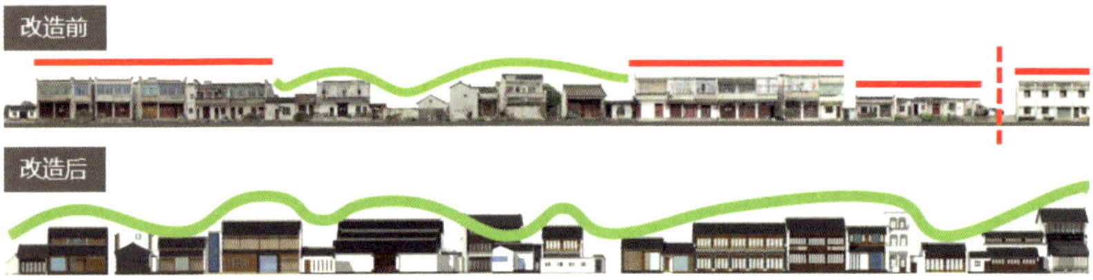

建筑立面改造前后对比

改造后建筑及景观意向

3.6 交通分析

①车行路：车行路经过乡村振兴博览会永久会址后到达本项目，通行社会车辆。社会车辆进入本项目景区后向西进入公共停车场，随之步行或船行游览景区。

②人行路：景区内人车分行，步行道路在景区内形成环线，并连接乡村振兴博览会永久会址与本项目。

③水上路线：水上路线环绕两个景区形成两条环线，并相互连接，设置大码头 4 座，小型乌篷船码头 8 座，水上游线能够到达景区内各个景点。

④道路系统决定的重点建筑群：道路系统及设计的人流方向决定了在主要人行道路交叉口等位置设置重点建筑群，在主要游线的转角处、对景处设计重点建筑。

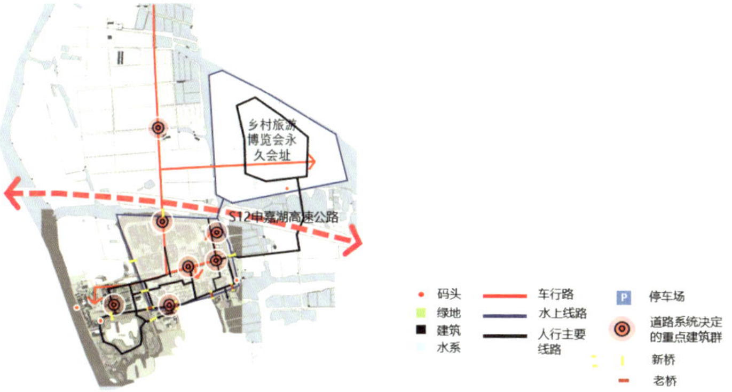

交通分析

3.7 铺装

结合古村以及本地古街道原始风貌，打造“源味乡里”，运用当地常见材料如条石、青石板、青砖、灰瓦、碎拼、花岗岩铺装、卵石、砾石、碎石等对铺装进行科学打造复原。减少明显人为雕琢痕迹，采用粗糙亚光材料，用色与整体环境色彩相符合以保护村子古韵意境，塑造质朴的民居组团空间，强调对日常生活元素的融入，复原原居生活环境，提升居民的生活品质，塑造充满浓郁生活氛围的原生村落风貌。

以当地常见材料复原古村小径风貌

3.8 植物种植原则

①确定符合主题与产业背景的主力树种——桑树，除使用桑树之外，还能大量使用秋色叶树种，包括乌桕、水杉、枫杨、黄连木、无患子等，能丰富秋季环境色彩，增加景观层次。

②树种选择以榆树、柿树、枣树、核桃、柚子等乡土植物为主，要避免造型松类，避免桩景，避免园艺品种，摒弃规则式的种植方式和植物修剪方式。

③种植设计在风格上应体现乡野的质朴与原始，无限贴近自然。在部分节点应布置一些大规格的苗木，大规格苗木沧桑感比较强烈，能很好地提升与烘托潞村作为古村落的风貌特点。

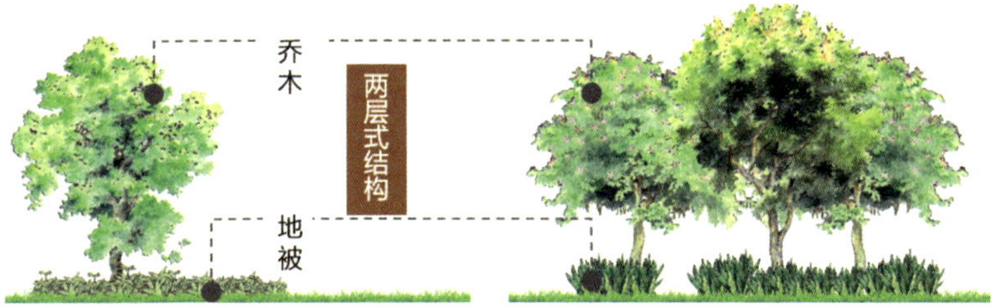

每个区域内植物品种不应过多，套种与搭配分层也不应复杂化，两层比较适宜，乔木 + 地被或者中层 + 地被

不同功能的区域，因在空间、景观上的需求不同，其植物配置的手法也有相应的差别

利用植物松散柔软的线条来打破建筑的棱角，也借用植物苍翠的颜色来做背景，衬托建筑的造型。一衬一破，增加许多层次

4 效益总结及经验提炼

此次对潞村的改造提升规划，坚持保护优先、生态先行、可持续发展的原则，通

过独特的丝源文化和丝绸产业的创新，构建环境宜人的江南古村落；整合潞村相关资源特色，以优美的绿色生态文化景观为基础，按照湖州市全域旅游的布局要求，建立潞村古村落与城市之间良性、有序的发展模式，恢复场地记忆，保护原有风貌，构建一个融古村休闲、遗址观光、文化体验、生态游憩、会议度假功能为一体的乡村旅游综合体。

通过此次潞村改造提升规划，提炼出一些经验方法及原则。

4.1 天人合一

设计需要与周围的地形、地貌形成不可分割的整体，将生态安全性作为先决条件，大力发展生态经济，提高农民生活水平；推进生态人居建设，引导村庄集约发展，促进用地合理布局，提升乡村居住品质；改善生态环境，实现可持续发展；结合地域性文化，弘扬生态文化，展现人与自然协调发展的价值取向，凸显乡村特色，形成和谐的良好氛围。

4.2 因地制宜

充分尊重地方实际，增强设计的可操作性。一方面深入分析水乡古村的建设条件，积极探索不同区域的发展途径、建设模式，明确水乡古村建设的差异化发展策略，实现分类指导；另一方面根据实际情况合理安排建设时序，循序渐进地推进美丽乡村建设工作。同时在建筑设计中，充分运用当地材料与资源，结合新技术，保证资源的可持续发展性。

4.3 以人为本

充分体现以人为本的设计思想，在规划和实际中要研究人的居住行为和居住心理，突出村民的主体地位；营造空间尺度适宜、居住舒适方便的旅游小镇，形成有凝聚力和特色的人居环境，要体现对“人”的关怀；引导村民积极参与，关注村民各项需求，尊重村民意愿，体现民主精神。

4.4 文化特色

尊重农村地区景观、文化的多样性和差异性，保护自然景观和传统村落，传承历史文化，挖掘地方文化内涵，体现地域特色、乡村特色，强化村镇文化和特色塑造；同时倡导和推广现代文明生活方式，形成积极向上的文明风尚。

第四章

内置持续再生力

可持续发展的内源机制，也在城镇更新中呈现着，这里的主角并非为城镇更新落笔的规划师们，而是深耕投资、运营、商业、艺术领域的跨行业参与者。在城镇更新中，前置这样的社会、经济等方面的可持续性思考，是不容忽略的维度，也正是这些内容，赋予空间真正的活力和再更新的动力。

编者按：

创造力与艺术，物质与空间对于更新的意义，来自创意投资者的思考。

城市再生

刘珂

1 何为城市再生?

城市再生的方式有综合整治、功能改变、拆除重建三种方式。

我认为，在城市做出一个有创造力并且能够改变城市区域性的功能性建筑物，并且用并不复杂的方式去建造，让它能够带动城市公共空间中人的体验性，让城市人在其中感到轻松与自然，同时又不为美学观感而感到遗憾，那是对社会资本以及人的眼光的充分考验。城市再生只是手段而非目的，不同于再造，城市再生更重要的是带来新的体验与价值创造。

凯文 · 林奇在《城市意象》一书中提出："居住在同一座城市中的居民对城市的认知有极大的趋同性，城市中的道路、边界、区域、节点、标志物构成了决定居民脑海中'城市意象'的关键要素。"

2 城市再生的目的?

城市再生的建筑作为公共空间与艺术建筑相结合的项目，不仅成了社交流量的促进者，也成了城市居民共同拥有的城市意象。

在建筑与空间领域里谈到设计这一词，人们第一反应就是建筑长什么样、请哪位设计师设计的，人们重视它的外观，重视门，重视窗，重视所谓的"风格"以及颜色和符号化的内容。这些习惯性的重视并不是很重要的，那些只是一种戏剧性的"壳"。设计的价值应该在于它们围合出来的"空"，这个空就是设计的核心，人在这个空间内外的状态、情绪、行为、一切的感受与感知才是核心。

设计与艺术都是源于生活又高于生活，但当下的实际情况是设计与艺术很大程度上只“高于”生活，并没有源于生活。互联网时代中出现的海量的“网红” 建筑及空间，大多数生命都是极其短暂的，好像烟花一样，在瞩目下迅速燃烧殆尽。艺术可以是一幅画或一件雕塑，放在那里，你可以不懂，没有关系，它自带的灵魂只献给那一小撮人就行了。而设计不行，它的灵魂并不是设计师一厢情愿给予的，而是需要使用者和体验者的注入才能够完整。

城市的空间社会特征在不断被塑造，探讨城市原真性的关键是城市的社会特征，而不仅仅是建筑的物理结构。与此同时，原真性的理念也涉及个人体验和对城市的感官体验的维度，它不仅是一种视觉形象，而且是由建成的结果所反映的一系列社会活动。设计创造源自历史，立于当下，并能够被理解与认同。不生喧嚣，合理并关怀，对生活的深刻感知与耐心的观察，总能找到解决当下城市问题的方法。

3 为什么需要再生?

在当今快速发展的中国，人们都生活在快节奏和剧烈变化中。“代沟”这个词以前是没有的，曾经相差十年乃至二十年才算是一代人，现在相差三五岁就算是一代人，兴趣爱好、所经历的事已经完全不同了。处在这个快节奏的时代中，很多建筑与空间的设计逻辑为了博君一笑好像走上了杂耍的道路，消耗大量资源建造来起到商业流量杠杆的作用。

每个行业都力争做到一个至高点，将该领域的群体集中起来形成社群效应，为此所付出的代价也是巨大的。在快速发展各自为营的商业体系中，城市生活的人也随之细分成更多的群体，他们的共同点以及共通性越来越少，多元的文化叠加也造成了不同的文化壁垒，在面对可以多项选择的生活时，同一个时代的人似乎都生活在不同的世界里。

知识与信息都可以在互联网上迅速获取，日常所需的生活用品以及其他产品资源几乎都是一流的设计和质量，周全的服务也使生活越来越便捷，似乎没有必要再去探讨什么。现实交流变得越来越少，人与人的心理距离也越来越远，这已经成为当下城市生活的普遍现象。

4 城市再生如何做？

当物质与精神都处在合适的局面时，相比之下，等量建筑与空间的设计领域是最滞后的，尤其是城市的公共建筑、功能性设施以及社区型的公共空间，还达不到与时代的平衡以及细致入微的程度。

先把美学从设计中剔除，将建筑与空间设计放置在更大的社会格局中，结合社会现状去解决一些问题以及改变一些刻板认知，弥补更必要的社会层面的缺陷，才是正确对城市建筑与生活空间的设计思考。美学对于设计来说是最低要求，是应该放置在设计末端所考虑的内容。

社会无论发展至怎样的程度，人与人的连接性是永远存在的。立于一座城市的角度去思考，那些刚性并且不能规避的城市公共建筑和空间是可以尝试更多可能性和想象力的，如公共交通枢纽空间、城市公园空间、开放型广场、公厕、社区空间、步行路及天桥等。这些在日常生活中紧密相关的功能性空间目前还处于不断完善基本功能需求的程度，未来更多的可能性也是在这个层面上提升的，这个范畴可以表达一座城市的友善、包容性、关怀以及城市发展的态度与胸怀。

如扬·盖尔在《交往与空间》一书中所说的，从长远的眼光来看，户外生活要比任何形形色色扭捏作态的建筑形式组合更加切合实际，也更引人入胜。

编者按：

成功的再生策略，可以让古老的城市重新焕发活力。

审时度势，压力与决策共营下的巴黎城市再生

王钊

19 世纪中叶，法兰西第二帝国的首都巴黎进行着一次大规模城市更新，又名“奥斯曼巴黎城市规划”，将这座历史城市彻头彻尾地向现代化更新。这项举措由当时执掌国家政权的拿破仑三世（法国军事家、政治家、法兰西第一共和国皇帝拿破仑 · 波拿巴一世的侄子），以及塞纳河省长巴龙 · 奥斯曼（Baron Haussmann）共同决策并实施。

工程规模之大，令整个欧洲叹为观止。涉及地域覆盖了巴黎中心城区及其外围区域，即当今城市规划意义下的“城乡结合部”，领域更是涵盖了城市规划中近乎所有内容，街与道的新轴线开凿、沿街建筑立面的统一化、公共绿地、城市公共服务设施、下水管网、城市供水系统以及城市公建与公共历史遗迹等。

然而，整个工程的进行时时刻刻都在遭受着批判。具体集中在两个方面：一是当时国家财政难以承担的工程预算，二是新规划所带来的社会阶层的混居。

回溯历史，19 世纪中叶的巴黎已经偏离了中世纪就已设定的城邦规划框架，转向被扩张的居民需求所推动的、无意识的城市自我延展模式。

这个时期法国总人口大量增长，并大规模迁入巴黎，使这座城市的人口密度在短时间内不断增加。

城市交通（由查理五世规划，后经路易十八完成）的束缚成为浮现出来的第一个问题，1851 年间，仅仅 300 千米的路网超负荷承载逾 6 万辆马车。同时，大量劳工的注入使得城市中心人口贫穷化，许多房屋被加高用以承纳激增的人口。 建筑高度与狭窄的路面不成比例， 极大影响了城市中的空气流动速度，进而造成巴黎城区瘴气熏天，甚至引发疾病和死亡。

巴黎，福熙大道（1872 年）。巴黎漫步大道的总工程师和景观设计师简·查理斯·阿尔方（Jean-Charles Alphand）参与了福熙大道的建设工作，并且负责景观装饰工作（巴黎漫步大道，2002 年）

疾病在污秽、恶劣的环境下快速的蔓延，1832 年与 1848 年爆发两次霍乱，尤其是第二次直接使巴黎人口减少了 5%。

这样的条件下，社会的富裕阶层自然而然选择远离这疾病肆虐的城市中心，他们向巴黎北部和西部迁移，修建新的郊区长期定居。伴随着社会阶层的分离，政治问题凸显，统治阶层更努力地集聚在一起，以保护自身的利益。被分离出来的贫穷劳工阶层自身就存在安全性软肋，加上物质上的贫苦与环境上的被遗弃，变得异常不安定，社会危险性激增， 巴黎面临着极大的生存压力，城市更新迫在眉睫。

1846—1848 年，英国工业革命催生了现代化的伦敦大都会， 大面积城市绿地、公共卫生管网系统全覆盖，优良、健康的生活环境深深触动居留在伦敦的路易·拿破仑·波拿巴。

1852 年拿破仑三世登基后，凭借自己的意志与权力，开始一系列的巴黎城市整改措施。基于 1830 年的一次尚有些许意义与作为，却不够彻底的城市修订建议，以时任巴黎地区省长朗布托（Rambuteau）对于巴黎城市交通与公共卫生问题的整改方针 ——“巴黎需要干净的水，空气与阴凉”为基础，拿破仑三世将敏感的社会问题放在首位，改善城区穷人阶层的居住条件，降低居住密度。到 1860 年，巴黎城区单位平方千米的居住人数为 3.64 万人，相对于十年前 10 万人的数据已经缓和了许多。

但这一步计划并没有解决因大规模的改造工程所造成的无家可归居民的安置问题，而后拿破仑三世再次亲笔绘制巴黎规划新案，新建 41 座社会安置社区供工人阶层居住。

当时的社会经济制度下，这样一批巨资来自政府向商业与工业的税务征缴，然而房租租赁的获利权也归属于他们。这是一箭双雕的战略，对政府而言，社会公共权力得以更有力地控制闲散的居民。同时，房屋商业雇主们也在房屋建造工程中获得了被重新拓宽拓直的道路，以便于交通和物资的运输，强化自己的经济地位。

1800 年的巴黎街区（改造前）。正如该模型所示，巴黎的街道非常狭窄，好像迷宫，人们在迷宫里生活和工作，简直是一场噩梦（亚历山大 · 加文 摄）

拿破仑三世委任乔治 · 奥斯曼公爵为总指挥，完成"城市透气、整合、美化"的工程任务、兼顾总平面图的绘制并监督实施。内政部长维克多 · 佩尔斯涅（Victor de Persigny）为财务支持，让 · 皮埃尔（Jean-Pierre Barrillet-Deschamps）主持绿地的规划修建，建筑师德思尚（Deschamps）主持道路与建筑红线的保障。

原始城市公共关系重组与土地私有制政策出台是拿破仑三世城市规划战略的核心，受到圣西门主义思潮的影响，拿破仑三世与工程师巨匠米歇尔 · 舍瓦里耶（Michel Chevalier）等众多的资本主义商业代表都是经济财富唯意志论（Volontarisme Economique)的忠实追随者，通过强有力的权利维护、实行独裁专制手段、鼓励资本家大兴土木以获取社会和穷人阶层的信赖。他们相信这是改变社会结构、稀释贫穷的方法。这样的时代背景同时推动了早期资本主义经济体系的核心——银行的发展。诸多因素，最终实现了巴黎城市的变革目的。

奥斯曼城市规划体系，通过国家的决策和管理，私人企业主以金融信贷的方式获得资本来完成工程的实施。

第一步，政府机构通过城市更新总规划图，将土地重新划分出不同的所有权区块。然后拆除原有的老旧建筑设施，划定城市中的新轴线，并以此为框架完成上水、下水、燃气管网的铺设。奥斯曼一改以往所有的市政工程模式，1858 年起，巴黎市政工程基金成为近乎全部政府工程款的主体来源，政府通过将城市土地所有权分化并出售来获得资

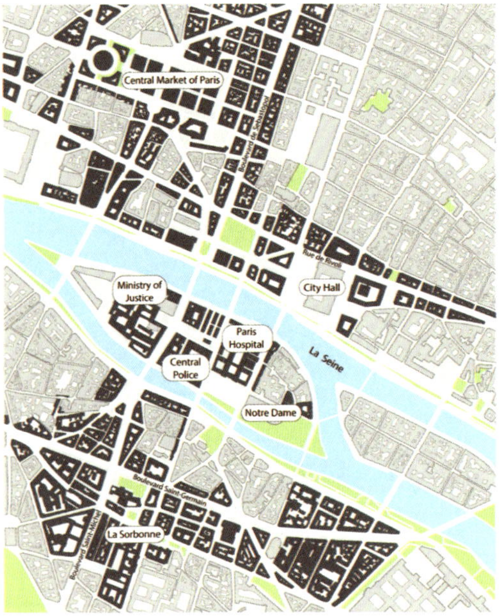

巴黎市中心（改造后）。在豪斯曼的指导下，巴黎市中心得以顺利改造，这里是巴黎中央行政区、警察总部、医院、司法部和索邦神学院的所在地（欧文·豪利特、亚历山大·加文 绘）

本。土地所有权的业主与土地开发者有义务遵守非常详细、严格的规划建筑章程来修建新的建筑。这样的买卖关系在当时行之有效，每年的市政规划资本总值超出了原本政府需承担数额的两倍。

国家强制的法律手段保证了奥斯曼规划得以顺利实施。譬如 1852 年 3 月 26 日法案中写道：政府绘制规划范围，在原本城市土地划分结构上，巴黎市政府有权收储尚未被使用、具有更高资本收益潜力的土地。同时对原土地所有者进行补贴。尽管这是一笔非常大的开支，却行之有效地消除了巴黎西岱岛及外围人居密度极度紧张的区域。与此同时，政府要求土地所有者有义务清理其建筑的立面，并且每十年之内必须进行一次维护和翻新。建筑必须沿规划红线修建，建筑入口高度必须尊重城市道路的标高，每栋建筑必须与城市管网系统连接等。

城市公共权利不仅在建筑修建过程产生制约效力，也在建筑立面美学上有明确的规定。

1859 年法案中规定，在城市规划新法案中，所有坐落在计划开凿的面宽为 20 米的新街道两侧的建筑，其立面高度均需提高至 20 米，而不再遵循旧法案规定的 17.55 米的限高要求，屋顶坡度必须呈 45 度。针对新拓宽街道两侧的新建筑还有具体的建筑立面美学要求：联排多层建筑的各个房主必须尊重建筑层高，建筑立面各层板水平线与相邻建筑必须保持一致。城市核心主干道两侧的建筑沿街立面必须使用雕刻石料作为基础材料。

对法案实施行使监理权的是当时的道路工程师，在修建城市道路的同时，其身兼替国家监督管理的责任。

巴黎米歇尔广场。建筑立面各层板水平线与相邻建筑保持一致。城市核心主干道两侧的建筑沿街立面必须使用雕刻石料作为基础材料（亚历山大 · 加文 摄）

奥斯曼美学的灵魂，即街道山墙，虽然没有要求建筑体的全部结构必须做到整齐划一，但新扩建轴线道路两侧的建筑沿街立面必须遵循章程，建筑单体不再是自由的个体，而要参与到城市景观的建设之中。市政公共权力的介入造就了建筑外立面标准化，进而体现了巴黎奥斯曼建筑的等级制度，其特征表现在：地面层及半二层，墙体石材必须采用凸纹雕饰；二层则为贵族层，至少包含 1 个或 2 个窗外阳台；三至四层延续二层的风格，窗框装饰减弱；五层必须是连通式阳台，但无任何铁艺装饰；顶层 45 度坡屋顶；阳台、挑檐呈线性对接，将笔直大道的透视线描绘得清晰可见。

时代进步，政治力量革新，拿破仑三世与奥斯曼的巴黎城市规划对后世的影响力毋容置疑。后来的建筑师和城市规划师依然以此为基础，或传承、或再现、或沿用其中的元素。尽管建筑章程随着拿破仑三世的倒台也失去了地位，但严格的建筑立面线性规定、允许建筑彼此之间纯在参差，建筑顶层可以进行修饰等仍深深影响着巴黎的城市建设。

从 19 世纪末到 1914 年，法国的美好时代来临，工业经济蓬勃发展，没有通货膨胀危机，贷款利率降至新低，促使建筑师和企业家获得大量的私人订单，政府将收储的可建土地区域进行新的划分并出售。财富的盈足促进工匠技术的提升，成就了手工艺市场。在材料的选择上堪称奢侈：建筑外墙采用整体雕刻石材，建筑内部运用大量的大理石装饰楼梯与壁炉，天然石板岩瓦片覆盖整个屋顶，石膏精塑装饰室内屋顶、吊脚与墙面等。为使得建筑与城市规划相辅相成、和谐统一，一个街区只聘用一位建筑设计师完成片区房屋设计需求。

两次世界大战之间，巴黎城市规划处于理想主义规划的时代，理念在于整合规划：1919 年巴黎城规划设计竞赛与 1932 年 5 月 14 日规划法案均以此作为核心；为了进一步缓解巴黎中心区拥堵情况，1934 年的巴黎城市规划总规划图加大了新城市规划轴线的延展长度，拓宽现有道路的断面。与此同时，巴黎的居住与交通问题需要进一步解决，众多独立建筑师也因此获得翻倍的项目数量。其间，勒 · 柯布西耶（Le Corbusier）的名字第一次出现在建筑行业之中，他建议将巴黎中心区经历了时间与战争洗礼的老旧城区全部抹平，重建城市公园并穿插城市快速路，修建高层建筑以满足巴黎市民的居住需求。另有一部分人则在普遍认为城市高度需要提升的时候，建议向地面以下延伸，将城市仓储与城市快速路下放到地面标高之下，复原地平面最原始的漫步功能。

最初的构想蓝图因为第二次世界大战的到来未能实现，脏乱老旧的建筑组团与街区经过战争的洗礼之后依旧存在。战争结束，才是巴黎城市的再生期，1950 年以前，巴黎城市结构遵循从中心区逐步、无限向外围区域扩展的模式。建筑师雷蒙·洛佩兹（Raymond Lopez）将它形容为化学晶体构成，这种结构不仅造成城市交通拥堵，同时严重影响车辆进出。因此，他提出了环城路交通理论， 由放射状结构改为环形结构，建设环绕巴黎的城市高速路，引流穿行于巴黎市中心的车辆，缓解交通状况。

1957 年洛佩兹规划总平面图公布，其中明确标注了需要拆除重建的组团以及需要保留的组团，总图内四分之一的巴黎城需要更新。对于需要重建的部分，无须再遵循传统的建筑平行于街道红线理论，取而代之的是整体区块城市规划理论，即建筑体本身不再受限于街道所围合的狭窄的建筑用地区域，亦可在柯布西耶的部分理论中寻找新的应用空间解决方案。城市肌理不再受城市街道的约束，而是由建筑自身来决定，功能性需要依然需要满足。巴黎市政府为了辅助这项规划方案，成立了法国巴黎工程师学院，并将土木工程专业从传统学府教育中独立出来。

1970 年，以巴黎城市规划设计工作所（Atelier parisien d’urbanisme）为首，展开了一场强力度的城市规划批判运动，目标针对的是战后恢复的 20 年间，巴黎城市中拔地而起的钢筋混凝土框架楼板高层建筑（均为 35 层上下），倡导再次以奥斯曼规划主义重新调整巴黎的人居空间。理由是奥斯曼理论更好地区分了公共空间与私人空间，城市街道与城市建筑分体明确，有利于在更大尺度范围内协调、规划建筑群。百年前的城市规划理论，没有因为时间推移而过时，仍然在当代巴黎城市规划中被再次使用。

与此同时，社会民众也举行声势浩大的示威活动，摒弃超高层住宅建筑所带来的拙劣居住舒适度、千篇一律的建筑相似度、缺失巴黎传统的建筑风格，以及毫无韵味甚至可怜的城市景观天际线。

1974 年，除了保留拉德芳斯（La Défense）新区的方案，所有位于巴黎中心区的超高层建筑、垂直分层的城市空间规划统统被叫停。

在原址上，以克里斯蒂安 · 德 · 伯赞帕克（Christian de Portzamparc）为领军的设计师，掀起完全对立于曾经风靡一时的流水线式建设模式，他将奥斯曼理论的建筑组团重新设置开口，最大优化、协调内部结构中的公共空间、私人空间、半私密空间，以传统巴黎城市规划为延续，再一次以街道为主体，采用现代化的建筑手法，实现建筑单

拉德芳斯新区

体自主化运转。

21 世纪的今天，巴黎城市更新方向该如何走，究竟是以建筑历史文化的视角与手段延续巴黎，还是高层建筑与现代化的技术推进巴黎，依旧是不断争论与尝试的话题。尽管以拉德芳斯新区为代表的中央商务区，新的超高层建筑仍旧雨后春笋般地拔地而起，但巴黎城区内仍普遍尊崇、保持城市肌理与城市建筑古迹的协调一致性原则。巴黎市政府也在开启一场争论，巴黎走到今天，已经在不知不觉中吸纳它周边毗邻与相邻的各个辖区，这些区域虽在行政范围上不属巴黎，却在日常城市运转之中成为巴黎。这座城市所形成的关系结构远远超出了城乡结合的简单模式。

2017 年 6 月巴黎举办了一场名为“巴黎奥斯曼——城市模型”的建筑展，联合策展人弗兰克 · 布特（Franck Boute）曾经这样解读：展览的目的绝不是让大家用当代的建筑审美眼光去评价 100 年前的思维，或者去唤醒设计的灵感来源，以此作为建筑规划的效仿，而是今天巴黎依然可见的奥斯曼建筑所蕴含的非凡潜质，即它的可转换性。随着时间的前进，建筑体本身是可以持续的，可以稀释或规避各种时代带来的风险。在当代建筑手法和技术的潮流下，我们惯性地给客厅加上落地窗，在卧室房间使用保温性强，且合理避开阳光直射的开窗。看似更合乎使用需求，却无法将卧室与起居室功能对调。同样，对于居住建筑而言，在日后的时间内可能永远无法改造成商用或办公用建筑。然而，对于奥斯曼建筑而言，它骨子里的基因值得我们在今天去思考和挖掘，他在 100 年前就打造了一个不合常理，却具有可持续性的模型。

提及模型，势必会想到巴塞罗那或者纽约的城市规划，几何形的结构遵循严格的规定，呈复制式延伸。但奥斯曼规划所打造的建筑组团（街区）则是在已有的城市肌理之上介入，更重要的是其建筑组团占地平面中的虚实比例，不论街区位置与街区形态，其密度比是一致的。我们今天所居住的巴黎，较之前人居密度稍高一些罢了。当然，还有一点值得提出：奥斯曼规划中同一组团中建筑立面的一致性，因当时规划条例的要求，联排住宅近乎共享了同一面山墙。

为了达到建筑立面的一致性，彼此相邻的建筑层高楼板高度势必保持一致，也就是说同一组团内的所有建筑体，我们可以设想将彼此之间的山墙隔断打开，即可以实现比当时建造时期单层面积更大的新空间。这是当代建筑手法之下，不论是预制楼板，还是浇筑建筑在强调单体独立性时所不能兼顾的整体可塑性因子。

在今天，开发商与建筑师都在展示自己作品的独特性和社会吸引力，但其实与周围的其他竞争建筑之间毫无联系。我们更应该关注单体在城市范围当中的角色，如果某一天社会对个性特征的取向改变了，那城市该如何应对并吸纳因此出现的危机。

对于一个新项目的建设，我们都知道应该传承历史与文化，突出其独一无二的背景故事。然而在实际操作中往往走得太快，为了新颖、博得市场的目光，最后却如昙花一现，丝毫没有留下独有的标识与印记。在这个话题上，奥斯曼给我们上了一门识别性与协调性的课程。

之所以称其为模型，首先因为奥斯曼实现了一次前所未有的强力而高效的变革，涉及超过 6 万座建筑单体、近三分之二的巴黎。在这之前，巴黎的标识性建筑只有私人别墅，即富人所修建的家族住宅。而奥斯曼规划思想的出现，意味着修建住宅不再是个体行为而是公共行为，也就是今天集体式住宅的前身。奥斯曼第一次将公私联营的模式应用到城市规划与城市再生领域中。私有资本通过政策手段实施在公共层面，对于个体而言又可以书写自我风格意愿。我们第一次意识到私有资产的积少成多是如此的庞大而具有力量。

今天的巴黎充满时尚的气息，更是奢侈品文化的圣地，体现在巴黎街头的方方面面。映入眼帘的领军者，是各大奢侈品品牌对历史文化的凝结。新时代的环境之下，建筑、城市、人居的功能都在走入更强烈的个性化时代。

巴黎的城市酒店亦是体现奥斯曼思维城市再生的另一领域，以巴黎布朗曼酒店为例，五星级标准将巴黎的魅力与当代城市艺术的灵魂结合在建筑更新与功能再生之上。落址于典型奥斯曼建筑之内，沿街立面由整块石雕构成，其贯通两层的外置连廊充分展现了奥斯曼巴黎城市再生时期的辉煌。走进内部，传承百年的建筑艺术风格与 21 世纪的现代而富有文化的格调相互交融。48 个标准间与 5 个豪华套间，地板、墙壁、家具将奥斯曼建筑赋予现代的质感，造景方面更是独具匠心，近有窗外的中庭花园视线落点，远则有酒店屋顶平台景观视线的延展。将古老建筑提升至今天人居的舒适境界，功能得以再生，文化得以延续。

这就是巴黎，一个古老而再生的城市。

编者按：

开放式商业街区建设得如火如荼，如何让商业街区成为城市公共生活的载体，焕发勃勃生机？

让商业街区成为城市公共生活的载体

刘琪

城市的兴起和市坊的商业经济活动相辅相成，城市公共生活的演进变迁又推动着商业活动，在改变城市面貌中发挥不可磨灭的作用。商业街区融合了楼宇、街道、广场、公园、绿地等多种建筑形态，为市民的公共生活提供了多元化的场所。从地产投资的角度看，商业街区被分解落实为容积率、得铺率、租金坪效、单方造价等数据，然而商业的逻辑需要透过数据去看什么是趋势，什么是引擎，什么能让一个街区熙熙攘攘、生机勃勃。

1 商业街区自发或者自觉形成的核心基调是街区生命力的源泉

很多开放式的街区是由地产开发商统一规划设计的，像太古集团的太古里、瑞安集团的天地系列；也有店家和社会组织自发聚集形成的，像北京的南锣鼓巷、国子监街，上海的田子坊、大学路。在这些有生命力的街区里，我们可以感受到无论是被赋予的，还是自生长的，都有特别和谐一致、形神兼备的核心基调。

核心基调是一个街区明确的定位、差异化的性格和特色。在这个核心基调的基础上，广场怎么利用，店家怎么组合，公园绿地、景观小品呈现什么样子，都有了方向。

被这个核心基调所定义的街区，会自然而然吸引一些有着相同特质的人群，或者说吸引人群在这里发生一些相同特质的行为和活动。像北京的三里屯太古里，永远是潮人汇聚，引领前卫先锋；深圳的欢乐海岸则是老少咸宜的都市休闲风格；上海新天地是国际化的海派摩登范儿；北京 798 则呈现出另一种有着艺术气息的包容气象。

有了核心基调，我们在规划设计上就知道了功能如何满足、格调如何拿捏、矛盾如何回避。例如夜生活热闹喧哗的地方，灯光可以更动感炫酷，道路需要更明亮宽敞，让人们更容易沉浸在社交活动的气氛当中而忘掉自然的昼夜；而夜生活静谧安详的地方，则需要有一些曲径通幽、灯光点点和若隐若现的氛围，最好能有自然景观的搭配，人们在这样的环境中能安静享受夜晚的风光，进入慢一点的节奏。

例如上文中提到的深圳欢乐海岸，定位是滨海旅游创新商业为一体的多元业态组合，总建筑面积 19.3 万平方米，包含了购物中心、商业街区、度假公寓、主题会所等多种业态。在它的街区里，既有利用大面积水域呈现的大尺度广场，配合喷泉、大型雕塑创造水岸休闲大景区的气势，下几层台阶，又有曲水湾这种利用小水系打造的亲人尺度的餐饮街区，配合亭台水榭，创造小桥流水的漫步景致。这给了这个大体量商业街区

明确的街区定位吸引相同特质的行为和活动的发生

更加丰富、更加兼容并包的内涵，也更加有利于展现它城市休闲商业综合体的核心定位。

2 让人感到不受束缚是街区最大的优势

街区的边界感是模糊的，为了强化进入仪式感，会刻意做牌坊、图腾柱等。人置身街区里也常常会忽略公共空间和店铺空间之间的界限，或走或停都没有太明确的目的性，这也是街区的一个优势，让人感到不受束缚。所以，商业街区更加容易制造出散漫的休闲感，就连鳞次栉比的零售小街巷也让人有淘货、探奇的欲望。

然而太过自由又导致另一个问题，就是人们常常不按经营者的想法走，顾客也会有找不到目的地的困惑。所以，合理的动线规划是保障自由感和流畅性的必要条件。从水平动线上讲，商业街区会分为单线型、环线型和多线型。单线型以武汉万达汉街为代表，优点是可视性强、秩序清晰，可达性强、无死角，比较容易形成完整的布局；缺点是动线过长会造成疲劳，不利于人们的巡回游进。环线型以北京赛特奥特莱斯为代表，

商业街区更加容易制造出散漫的休闲感，让人更加惬意舒适

优点是路径连续、秩序清晰、空间利用率高，而且易于聚集人气，缺点是联系内环和外环的路径设置容易流失客人。多线型以北京三里屯太古里南区为代表，优点是动线的渗透性高，覆盖面广，容易形成不同的主题空间和打造标志性建筑；缺点就是导向性差，容易有死角。从垂直动线上讲，主要问题是二层及以上位置的到达性较弱，不能很好地发掘利用二层及以上空间的价值。街区的高层空间往往面积相对较小，楼层也常常只有2~3层，但是这些位置合理巧妙地加以利用，会给人们带来不一样的体验。在广场或者重要的交通节点把垂直动线暴露出来，并且把二层的内容展示给大家，产生吸引，人们就会自然而然顺着扶梯去往更高的楼层体验不一样的风景。

在选择了合适地块特征的动线之后，需要强化的就是导引导视。导引标识在商业街区里尤为重要，设置得当、科学合理的导引标识会让身处其中的人们有更好的秩序感和安全感，消除他们对环境的陌生，更快地建立起人们对街区的整体认识，加深大家对街区的印象，引导他们更多更深入地在街区里活动，和更多的店铺以及空间发生联系。商业街区的导引标识除了功能性指引之外，还兼顾了营造商业氛围、传达商业信息的效用，系统化、规模化的导引标识会为整个街区增加不可或缺的保障。

街区的自由往往是限制带来的，更好地享受街区的自由就需要更多更合理的规划和引导。

3 公共生活是街区里自然发生的结果

广场、草坪、街道、露台等是街区给大家提供丰富多彩公共生活的场所，不刻意、不造作、不违和，街区里的公共生活应该是自然而然发生的结果。

首先要提到的是空间尺度。不合适的空间尺度，会让人在街区里感到要么逼仄，要么空落落的。建筑里的*DH*比值（街道宽度与建筑高度的比值），在设计街区的时候很关键，$D:H=1$ 或者 $D:H<2$ 是产生聚拢感最好的空间，如果 $D:H$ 持续增大，空间会失去围合，让人感到离散。太空旷的街道会让人无所适从，既没有逛的欲望，也没有停留的理由。用柱廊、景观、下沉、悬挑等来打破街道过于宽阔的尺度，可以让人感到丰富和变化，从而引导人们在街道上产生更多的行为与互动。垂直空间的尺度也是营造良好街区户外感的重要元素，骑楼和退台的设计可以拉近二层与一层的距离，满足人们在公共场合看与被看的心理需求，增加垂直方向上的互动，营造更加亲切的空间感受。

其次是功能空间的主题化。没有主题的空间和大而无当的广场一样，让人提不起兴趣。商业街区的功能空间可以是不同的广场、儿童区、运动区、等候区、草坪、屋顶空间、特色水系等。标志性的景观可以给功能空间提供一个强烈的记忆点，甚至可以为整个街区延伸精神信息，成为精神堡垒。在给功能空间赋予主题的时候，需要考虑核心基调、区域使用人群和用途。例如北京的中粮祥云小镇，根据不同的区域划分，将街区内的广场分为了喷泉广场、白鸽广场、运动广场、儿童游艺广场等，既满足不同人群、不同场景的使用功能，又极大丰富了公共活动的内容与内涵。设置好功能主题，人们在这里戏水、喂鸽子、滑滑板、野餐就显得自然而然。功能空间里的水系景观目前在国内的使用还较为单一，孩子玩喷泉是最常见的场景，然而更加有趣的儿童戏水方式，包括瀑布、小溪和小型的湿地都是可以尝试的方式。使用水系的人群不光是孩子，也能为成年人提供格外不一样的自然体验，并且与整个街区形成有效的互动。屋顶是街区里容易被忽视的空间，在设计街区的时候提前规划，有些屋顶可以作为非常好的露天餐饮平台、都市农庄、户外剧场、露天影院等。这些功能空间和主题内容为整个街区提供了公共生活的想象力，宜动宜静的各类活动可以在这儿自然生长，人们在这儿享受到的不仅仅是空间，还有形形色色的人以及他们所带来的磁场氛围。

4 街区需要考虑可持续性的发展

好的街区是活的，需要持续不断地经营和经年累月地塑造，让人们在这里留下不同的记忆。所以，街区的可持续发展是非常重要的，它需要给未来留空间，给空间留时间，要考虑周围环境对它的影响，更需要考虑人的行为、人的参与在这里产生的作用。

街区的可持续发展需要注意整理时间线索，写意与留白并存。新建筑、新街区看上去是“空”的，但是蕴藏着很多发展的可能性，等人慢慢走进这个街区，慢慢用上这个街区，就会发现有些地方可能挪一挪椅子会更好，挪一挪树会更好，有些地方台阶也许让人坐下来更好，有些地方可能草变矮一点更好……老建筑、老街区看上去是“满”的，设备设施也都是旧的，好像不符合摩登城市的先进性，但是细细琢磨，也可以让砖墙上生出霓虹灯的吊挂，让地砖与 3D 涂鸦相得益彰，这也许是前人给我们的留白。所以，要考虑街区的可持续发展，首先需要有发展的眼光，用不断变化的思维去考虑和定义这个区域。例如功能空间主题化，需要避免一些过于繁复、细致的长期固化的设施，为后续的发展带来限制。这就像精神堡垒的艺术表现力与公关活动展陈的呈现形式之间的区别一样。

可持续发展还在于要考虑绿色、环保、节能、方便维护以及减少后期运营的投入。我们在智能楼宇方面已经有了很多优秀的实践经验，但在智能街区方面仍然在探索。户外空间的精细化管理涉及设备设施、景观、绿植等方面，每一项都有应该有操作层面的详细指引。从最直接的几个方面讲，户外街区需要考虑天气、温度等自然因素对使用者的影响，要考虑长期清洁、灌溉等工作的便利。可以用合理建筑排布、出入口设置、增加连廊顶棚等方式减小风、雨、日照对人们活动的约束和不利影响，鼓励和引导人们更多地参与街区生活、享受户外。

编者按：

人文艺术深入社区的典范行动者，记录着他们推动社区更新的一次次试验。

城市更新中的文化细胞核

——北京 ONE 的“艺术推动社区发展”探索与实践

于歌

什么是文化？的确很难给出确切定义，也不大可能有标准答案。

古往今来无数定义文化的尝试都遭到了后来人的挑战和质疑，可能是因为这个讨论对象如此庞大复杂，又并非孤立，涉及的要素难以穷尽，并且其中依然包含很多争议极大的未解项，因此很多定义常常让人觉得过于片面，似乎只找到了拼图中的一块；又或是因为文化本身也在不断进行更新，它始终处在虽然相对缓慢但是并不停歇的动态之中，某些定义似乎只是截取了文化的某个瞬间切片；再或者，和研究天文、物理等的自然科学不同，身处文化其中的我们要研究广义的“文化”时，似乎更加容易被我们此时此刻所处的社会及其所涵盖的各种思想、制度、习俗、礼仪、文学和教育等拉扯和影响，极难全面与客观地概况它，就好像观察别人容易，看清和体悟自己却很难一样。

虽然无法被定义，但是并不妨碍所有人都在讨论文化。我们的生活每时每刻都与文化产生关联，并能感受到文化的力量，可以说，人是在文化中被塑造成人的样子的。在人类的历史上，文化作为装饰性的外衣，包裹权威、统治的情况屡见不鲜，但是也不乏在政治、经济生态适宜的情况下，文化产生了极为强大和耀眼内生力量的情况。

1 从人文城市到艺术社区

在今天的人类世界，超过一半的人口都居住在城市中。说到底，城是为人而建的，它为人所用、为人服务。一座城市是基于什么价值观和期待而存在，选择这座城市的人们是为何在此栖息，又渴望着什么样的未来？他们的选择和行为与文化有什么关系，又将如何改变城市？文化，是城市的信仰吗？

尽管“文化”难以准确定义，但是特里 · 伊格尔顿在《论文化》中指出的“文化”最为突出的 4 种主要含义却十分具有参考价值：①大量的艺术性作品与知识性作品；②一个精神与智力发展的过程； ③人们赖以生存的价值观、习俗、信仰以及象征实践（symbolic practice)；④一套完整的生活方式。 如此看来，文化与城市的关系便清晰了许多。文化似乎难以即时并直接地参与对于物质世界的改造，一定都是先通过循序渐进对人的改变，从而在缓慢地进程中影响人们的行为和决策，最终在物质层面得以呈现。就好像一棵参天大树，扎入泥土的根无法被直观所见，但是它却一定会影响到可见部分的形态，只是城市的根不向着地下，而盘结于人们的意识、认知和精神世界中。所以，文化连接人与城，再逐渐将人与城融合，为城市赋予人的爱意和守护的理由。

社区是城市的基本单位，也是城市更新着力的重要单位，如果将社区比喻为城市的细胞，一个社区的文化传承、整合、创新与传播体系就是这座城市的文化细胞核。细胞核是细胞内遗传信息储存、复制和转录的主要场所。细胞核的作用，是维持基因的完整性，并借由调节基因表现来影响细胞活动。作为生活方式的文化总是与习俗相关联的，是文化中最为稳固和具有传承性的部分，可以维持基因的完整性；但是作为艺术的文化却可以是先锋的，是最具更新力的部分，正好对应调节基因表现的功能。因此，在社区微更新的进程中，原生的文化如何更好地适应更新后的物质空间，并且获得发展与进步，艺术的作用力不可小觑。

我们这里要说的艺术包括但绝不仅仅是指某种艺术形式、流派、美学观点或方法论，也不特指一次创作、活动或策展，而是指为了培育文化中最具有创造力和探索性的部分，或者说是正在生长并指向未来的部分，而进行的一切“想”和“做”。从问题界定、观念构建，到群体共创，再到现实转变，全都在我们探讨与实践的目标范围内，我们希望在社区微更新进程中，通过系统的方法，“催化”和“养成”以艺术为驱动力的、可持续的、社会向好的文化生态，从而推动社区发展。

2 我们参与城市更新的三个维度：人文、空间与制度

朝阳门社区文化生活馆，又称“27 院儿”，近几年来我们主要的探索和实践都围绕但不限于这个非常具体的空间展开。作为朝阳门街道的合作运营方，我们形式上将这里

打造成一个面向居民和公众的集艺术活动、文化挖掘、生活方式、公共教育、美学培养于一体的综合性社区文化中心，而核心则是将“艺术推动社区发展”理论转换为公共文化升级探索、老旧城区更新改造和社会治理和谐向好的实践行动的试验场。

更新的“新”不是颠覆式的新，而是在固有基础上生发出来的“新”。所以，“更新”的目标是修复与再生，不应该具有破坏性，也不是大面积推土机式的行动，而是在前有的积淀上对运行不良或者不合时宜的局部，进行迭代和替换，要求更为精细与深入。“更新”是为了让城市更好地运转，居于城市的人生活得更加幸福。个体如何判定幸福，外在的优质条件非常重要，但是内心的认定往往更加关键。因此，社区微更新不只是物质空间的改善，更重要的是经济、社会和文化的变更与复兴，而真正能够带来这些改变的还要靠人的意识和思维方式不断升级，社区中的人从意识到行动的转变与社区生态的转变交织在一起互为影响，物质空间、非物质要素必须进行整合匹配的工作。因此，我们从“文化”角度，或者更具体到“艺术”的角度参与和促成“更新”，主要着力于三个维度：人文、空间与制度。

对“艺术推动社区发展”这套城市更新和社区发展的解决方案的研发与实践，北京ONE团队设立了一个五年周期的课题，共有三个目标阶段：第一步，本地融合阶段（2016年9月—2017年底），主要完成本地性结合工作，包括基础调研、研究实验，并与本地居民和本地机构形成良性融合，这一阶段人文和空间两个维度的更新工作需要同步展开。第二步，共建共创阶段（2018—2019年），主要任务体现在本地共同协作上，激励本地居民的主观能动性，在参与的同时更多地作为建设者身份出现，让本地内容品牌化、

27 院儿

社会影响力化和可持续化。这一阶段，前期人文与空间更新对于社区文化的良性影响，尤其是激发本地居民文化活力的效果已经渐渐显现。第三步，本地社区发展有机系统基础搭建完成阶段（2020—2021 年），通过与政府的沟通协商、建言献策等方式，对“可持续的社区发展有机系统搭建”进行研讨、支撑与评估，补充我国在基层治理体系建设中的可行性实施办法，这一目标正是为了更好地推动制度更新。

2.1 人文更新——从深度调研到营造激发文化活力的环境

在全球化的背景下，城市景观越来越趋同，人口流动比以往更加快速，年轻一代开始崇尚“游牧生活”。虽说变动代表着不确定性，但是变动也常常意味着告别固化，有了发展的可能。对于这些新兴的“城市游牧者”们，“归属感”来自对“城市精神”的认同。城市精神不仅仅是一种事实性的存在，它还是一种向往和渴望，对它的解读也是引领城市向上提升的准绳。而城市精神恰恰是从文化中精炼而出的。文化更新进程中，来自传统积淀的那部分，成了抵抗同质化、定位自身的重要依据。既厚重又有生命力的文化氛围，会吸引更多的创意资源，而这些资源又会反哺城市，形成良性循环。社区也是如此，为了创造更加有活力氛围、吸引或者盘活更多优质资源，必须充分发挥文化的渗透力和传播力，为自己打造具有竞争优势的文化名片。但是在此之前，需要先做到真正地了解自己的文化资源，对自己的文化生态做好详尽的调研和基础评估。

2.1.1 文化资源的调研与梳理

在开始文化资源的调研前，判定清楚文化要素的时态是十分必要的。文化要素的提取一定要符合“本地性”。“本地性”是我们工作原则中的关键词，代表了我们所秉持的一种理念、方法和精神。总结起来，我们理解的“本地性”有三重含义：①尊重一个地方的现实状况和历史发展脉络；②艺术文化的转译和转化有根，有迹可循，即基于对一个地方文化独特性的深入观察和思考；③和一个地方的普通人打交道，在交往中彼此磨合。充分调动人的积极性和其他本地资源，因地制宜地开展工作。

文化要素的三种时态分别指向了过去和基调、现在和凝聚力、未来和希望。

以对本地传统文化的挖掘工作为例：近些年，我们对于文化传统的价值有了新的认识，文化自觉和文化自信成为全社会的普遍认知。但是我们对于自信建立的文化基础需要因时因地具体考量。来源于过去的文化要素不一定都是“过去时”，作为说明过去的那一部分，代表了沉淀和基调，漫长时光的锤炼是不可替代的。以历史文化著称的城市或街区，都有主打的叠像时代，除了地理坐标之外，城市还应该有历史时间坐标，代表历史上的文化鼎盛期。但也不是全都可以成为“进行时”或“将来时”：社会结构已经发生改变，而古代传统的价值观中有很多是为了支持从前的社会结构而孕育而生的。因此，一些过于固化的文化要素已经和当代人的价值观和思考模式不匹配了，不再适应今天的生活，也不再被广泛遵从或使用，如果还按照传统的定义来传播并推广，就有可能适得其反。但是中国古代的文化精华中也有很多是能够与时代对接的，甚至有一些似乎是能为解决当代问题带来启发的，这部分的文化内容才应该“划重点”。这些来自过去的先进思想、历史建筑及其他一切可以挖掘的历史素材能够帮助我们在承认并接纳本土的基础上，构建起新的、符合时代语境的文化身份识别标志。除了对于传统文化的挖掘，我们也需要整合当代文化资源，通过生活方式、美学观念和价值观等传递出来的这一部分，是最为生动和具有凝聚力的。

厘清文化要素的时态，也是为了在指向未来的社区文化发展过程中，更加合理地调试因更新而导致的文化冲突对人的影响，帮助人与城市更新能够同步并延长维护更新成果，使人与更新后的城市能够更好地有机共生，避免重蹈覆辙。基于充分本地文化挖掘的社区文化更新才不会水土不服，造成文化生态的断裂和冲突，也才能释放更多更持久的能量。

2.1.2 多方合作：激发文化活力、构建文化生态

“社区”的含义拓展——谁参与激发文化活力：我们的“艺术推动社区发展”的实践和探索一开始就是基于确实的地缘性社区展开的。因此在早期，“社区”对于我们来说含义相对清晰和单一，就是指街道办事处所辖的城市社区。但是随着对本地文化资源和人口构成等实际情况有了深入的了解后，我们意识到如果要在短期内激活本地的文化活力，不借助外来力量是不行的，反之，那些值得深入挖掘的本地文化价值实际上也能够给参与其中的外部力量补充给养。既然这样，我们工作的“社区”对象就需要扩大范围。除了以本地居民为核心的“地缘社区”，还需要一个能够作为催化剂和前期动力来源的“精神社区”。那些通过各种方式卷入进来的外部力量，包括“超级文化个人——艺术家、学者、专家等”和富有活力的“文化团体”，就是“精神社区”的重要组成成员。而在互有交集的“精神社区”和“地缘社区”这两个大范畴下，实际还存在数个活跃的“文化群落”，如何让这些“群落”在保持内生活力的同时，彼此看见、彼此分享和影响，成了活化我们“社区文化生态”的第一步工作。

2.1.3 “文化”的不同形态：什么样的内容激发了文化活力

在初期“本地融合”的阶段，我们的主要目标是“激活社区文化生态”。这一阶段，艺术家和文化内容创作者们还停留在“外来者”的角色，他们的艺术创作也还是主要作为展示内容进行单向度信息传播。而我们更多地扮演了传统艺术文化机构的职能，作为场地方邀请艺术家和文化团体们前来使用空间，举办展览、组织活动等，同时也凭借自己的力量策划一些文化艺术活动。但是这一阶段对我们来说至关重要：让本地居民和外部参与者们彼此看见，不再停留于想象，为接下来的互动和共创奠定了基础。

我们通过将文化活动类型丰富起来，让优质文化资源下沉至社区，让更多的视线聚焦到“社区文化生活”上，破除人们对“社区文化生活”的刻板印象，唤起人们的好奇心。从形式来说，有展示类的展览、放映、音乐会等，有知识传播和交流类的讲座、工作坊等，有综合活动类的主题日和传统庙会等，还有大型节庆类的北京国际设计周和北京 ONE 国际艺术周。从文化内容来源看，我们尝试了和有国际文化背景的机构合作，推出了国际文化主题日，也以国内不同地域的文化为线索，策划了“城市里的故乡”等介绍地域文化的活动，同时还结合第一阶段的调研梳理内容，进行了以老北京文化为代表的本地文化转译，“胡同声音剧场”“北平派对”“胡同游园会”“传统节庆系列活动”等都是我们在这一向度上的尝试。

北平派对 1

北平派对 2

传统节庆系列活动——元宵喜福会 1

传统节庆系列活动——元宵喜福会 2

优质资源下沉——艺术家何鼎作品展

优质资源下沉——戏剧《爸爸的马拉松》主创分享会

优质资源下沉——酷儿合唱团组织的京剧文化分享活动

2.1.4 参与式发展试验：文化身份和文化价值的共同探索

经历了“破冰”阶段，我们渐渐发现无论是本地居民还是外部参与者都有了更强的参与感和组织活动的自主性，但是他们之间虽然有好奇心，却还没有进一步互动和交流的迹象，跨“社区”的人与人之间的连接感还没有形成。与此同时，我们又洞察到在外部参与者们所主导的艺术活动的比照和启发下，本地居民渐渐有了主动进行社区文化塑造的意识：此时此地的我们这一群人希望作为一个什么样的共同体而存在？拥有什么样的对外形象？秉持什么样的观念？我们作为一个社区想要传达什么样的精神，和别人分享什么，延续什么？这些想法通过什么样的方式被什么承载，而被人看到、听到和感知到？这些问题在日常地交流中被不经意地传递出来，让我们非常欣喜。

社区尺度的人文更新非常需要从个体感受性与认知力培养出发，建立可持续社区“多维感知”生态。更好的“感”是构建“微观”与“宏观”之间的关联，并力图梳理和展现其中的社会运转原理；更好的“知”是为了换个角度发现我们的附近，引发新思考，拓宽对家园更深地理解，从而以不一样的行动回应我们的社区生活。而当我们开始思考和提问的时候，就是打开大家对于“社区文化构建”的想象力的时候了。

为了更好地从“本地融合”阶段过渡到“共建共创”，我们做了更多尝试：

①深度参与已有的社区团队活动，与本地居民共创优化活动内容，戏剧小组的“暗恋桃花源”、缝纫小组的“创意公益手作”等都是这类尝试的成果。

②与当地政府和居委会更加密切地配合，将艺术创意与社区工作需求相结合，为社区治理创新提供灵感。党建专题活动“红集”“乐响四合院”和辅助居民参与胡同停车议事的“生活大爆炸”等项目都很具有代表性。

红集

乐响四合院

生活大爆炸

③充分调动本地优质资源，联合当地文化机构和商户发掘探索新内容，提升社区文化生活品质，具体项目如与人民文学出版社合作的“世界读书日”、与优嘉健身工作室合作的健身活动和视频、与大小咖啡合作的“大小电台——杨阿姨的咖啡馆”等。

④让本地居民和外部参与者们基于共同关注的社会与公共责任议题产生交集与互动，通过“艺术推动社区发展”的工作方法和可持续策展理念，为社区营造了一个围绕日常生活和社区发展的公众学习与交流的场域，在这个阶段我们发起的项目时间跨度更长、参与主体更多元、项目结构也更为立体。这些项目既是第一阶段文化资源调研的延续，也为之后本地居民参与共创共建奠定了认知基础。每年一次的“当我像你一样”公众艺术项目、艺术共创计划中诞生的“老好使 shop”和与中华环保联合会共同发起的“无废社区大作战”都是这类项目的代表。

无废社区大作战

智利民间音乐人与“当我像你一样”项目交流

老好使 shop

这一阶段，“艺术家”的身份已经不再仅仅属于外部参与者，本地居民们开始更多地发挥主观能动性，更加积极地参与到艺术项目与文化活动中；而外部参与者也不再是绝对的“外部”，而是渐渐融合和成了真正能够支持和赋能“地缘社区”发展，同时又能够从本地文化中吸取养分的“精神社区”。

2.2 空间更新与制度更新——从文化磁石到文化共创的试验场

2.2.1 空间更新

在空间更新维度，我们具体参与的工作内容分为两大块：文化空间的活化与可持续，地区风貌保护与公共空间改造。

文化空间的活化与可持续——在空间的物质要素之外更新空间。我们最初的工作重点是在空间物质要素更新之后，充分调动文化要素，发挥文化的凝聚力和修复力，对社区的时空关系进行优化。人们对于一个场所或空间的记忆和期待是由文化所带来的精神归属构建的，我们希望通过多种形式，将物理性的空间或场所转化为具有磁石效应的文化场域。从空间命名到空间弹性、空间友好与空间自主性都是我们在这一方向上的考量维度，在保证全龄化空间内容呈现的同时，我们为空间使用者们适度留白，激发使用者的创造力，发明出适合自己需求的空间使用方式。随着工作的进展，我们注意到了作为线下活动开展的物理空间和作为线上信息交流与资源连接的虚拟空间之间有趣的重合的相互作用力。渐渐地，空间对我们来说就不仅限于我们所在的这个四合院儿，而是聚合了不同“社群”的场合的总和，每一个文化场合都有构成其独特性的三要素——特定的时间、主题及人们互动的形式，包括线上与线下。如何能够激发产生源源不断的“文化场合”，并且能够让这些“文化场合”形成一种连续性就是我们的一个重要尝试方向。

地区风貌保护与公共空间改造——城市的“软装”咨询与设计。通过与当地的责任规划师团队和其他空间、建筑、景观团队的长期合作，我们渐渐意识到，以“艺术和文化作为驱动力”也能够在空间的物质要素更新的前期作出贡献，在 27 院儿已经被验证可行的方法被带到了更多的社区。我们与规划师、建筑师共同商讨和设计方案，将空间更新的民意调研和公众参与式设计与文化艺术活动相结合，通过这样的方法，能够增加参与各方相互理解的可能，让设计需求更加明确，同时也能让本地居民有持续的参与感并在未来更有维护意识。

此外，我们所理解的好的空间更新是具有互动可能的，并非随着物质要素的改造结束后就停止了，就好像家居装修，“软装”部分可以更多地由使用者根据需要调整和变化，这一部分的更新内容是可以由居民和艺术创作者参与共创，并持续变换。基于这样的理念，我们尝试策划并与艺术家合作了一系列在公共空间创作的艺术项目，如“老胡同幺蛾子”“栖所”“门楼改造”等，同时参与设计了社区的信息窗口“社区公告栏”，并邀请设计师艺术家参与更新公告栏内容。特别是在 2020 年 1 月底，新型冠状病毒感染疫情暴发期间，我们联合全国各地的设计师和插画师们迅速成立了“社区防疫——艺术设计志愿联盟”，在对社区需求进行调研后，为“社区公告栏”迅速创作了“防疫宣传插画”，并将这套插画制作成开源材料包对全社会开放下载。该材料包迅速被北京、上海、广州和连云港等多地的设计师、本地居民、房地产品牌和社区居委会等组织和个人根据本地信息需求，进行了本地化处理后使用。

胡同幺蛾子

2.2.2 制度更新

在制度更新维度，我们最主要的成果是在北京市朝阳门街道的支持下，试验和探索出了一套企业作为第三方运营公共文化空间的可行模式。

首先，在资金来源方面，作为政府与第三方共建推进空间活化、提升公共文化服务的实验项目，27 院儿率先提出并探索实践了企业运营公共文化空间可采用的“333 模式”，即政府支持与采购占 1/3，企业及其他社会资源出资占 1/3，院落运营收入占 1/3，在实际运营中会根据实际情况进行相应调整。这样的模式能够有效减低当地政府的财政负担，同时有效联动和召集本地各企业和机构参与到公共文化服务共建的工作中，提升区域内社群的共享意识与参与度，真正做到以参与人群的活化带动空间的活化。

其次，在空间使用和运营时间方面，我们推出了面向精准人群的分时段制度。周一至周五的白天时段主要满足时间充沛的本地居民免费使用需求；周一至周四的晚间，则提供给周边上班族和公益社团微利使用；周五晚上和周末会重点推出面向所有公众的收费项目（本地居民享有优惠或免费福利）。在保证本地居民的空间使用权益的同时，还尽量提高了空间的使用率，避免造成公共文化设施的浪费。

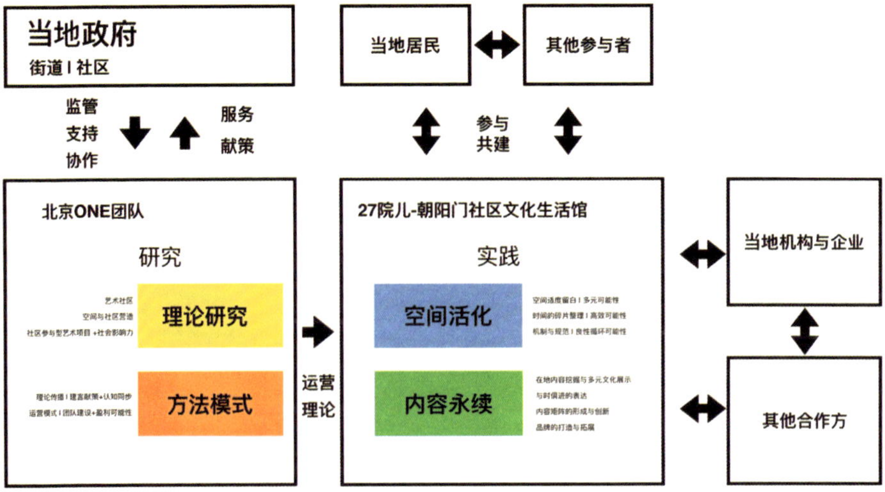

工作机制

3 结语

作为社区内具有枢纽性质的人文空间，我们还在如何更好地参与社区治理方面，进行了协作机制建立的尝试。我们坚持研究与实践并行的工作方法，积极利用国内外各种学术、创意与内容资源，把好项目带进社区，拓宽本地居民视野，把年轻人带回社区、带动社区，提高老年人参与度，与当地政府紧密合作，基于本地需求策划形式新颖的活动，扩大服务面，精准回应文化需求。通过发起各种强公共性与高参与性的艺术项目为参与人群提供相遇、交流和共创的平台，形成新的关系连接。机制创新最终导向的目标是改善社区民生、复兴邻里关系和体现社会公平。

在过去数年的工作经验中，我们意识到，因为城市更新涉及的人群和社区类型非常广泛且多元，受众的认知差异很大，这就要求我们要带着好奇去了解和照顾到不同的人对同一件事物的不同认知，对于社区发展的目标能够逐渐达成共识，对于个人生活和幸福感提升的方法能够提供参考案例。

公共文化发展和个体精神成长两个维度的发展目标是相互影响和制约的，且需要循序渐进的过程。人的转变不是一蹴而就的，只有内在的改变才能带来真正有力量的外在行动。社区的发展从根本上来说也需要回归到作为个体的人的尺度，除了自上而下的政策推进，更需要以人为本的社群自下而上的主动参与与建设。

我们从最开始进行短期公共艺术展览的策划，到艺术文化空间的长期运营，在数年时间中不但积累了团队本地化的经验，也真切地感受到了所面对的人群外延不断在扩大，社群的概念更加丰富和多样。我们以文化为面、艺术为点，作为驱动力而推动的场所和社区营造也在深入。如何能够更富有创造力地构建起不同社区中人与人的连接，并释放社群的力量，让每一个身处其中的个体都能够更好地参与艺术表达与实现自我价值，唤起公众意识并推动社区生态的向善改变，是我们未来需要持续的重要课题。

编者按：

无用“尴尬”林地，借林下自然教育再生，亲子产业产品化的“触媒法”运营验证。

林地更新中的可持续实践

——以奥玛自然探索园为例

刘砾莎

1 林地休闲发展的新路径

1.1 乡村休闲发展呈细分趋势

随着人们物质生活的基本满足，对于精神需求的追求使休闲经济发展成为历史进程的必然。人们会越来越乐意在闲暇时间摆脱城市的喧闹嘈杂，在大自然的氛围中亲密接触、参与和体验户外生活。

通常这类自然休闲场所都是在农林用地的基底上通过轻建设进行的。商业性的普及让农家乐、采摘园等趋于雷同，而过于关注娱乐性和舒适性也让农业活动本身的质朴性、纯真性随之降低。

所以，让城郊乡村的树林、农田、农庄等资源，能够通过一些专业细分的方式整合利用，比如有的资源发展为养老产业，有的发展成为乡创产业，需要更多积极的尝试。显然，亲子乐园也是一种具有积极意义的方向。

关于教育，东西方的观点确有相通之处——叶圣陶先生的箴言：“教育是农业而不是工业。”泰戈尔则说：“教育的终极目标是培养学生面对一丛野菊花而怦然心动的情怀。”

几位具有多年景观规划设计背景的朋友，选择在北京西北六环上庄镇中发起一个亲子户外创业项目，即在农庄中的林地基地内，通过亲自然教育的主题思路导向，转化林地原来较为单一的生态功能，使其服务功能和经济效益、社会效益得到很好的释放。

1.2 契合天性，助益成长的亲自然教育

通过自然教育，获得自然方面的知识，深入理解人与自然的关系，培养受教育者的环境素养。这是由人的天性所致：人源于自然，与自然有着天然的心理连接；城市化让更多的人在人工环境中倍感生活压力；再者，社会高速的发展、技术飞跃式的更新，会更加激发人们对回归自然的渴望。理查德 · 洛夫笔下的自然缺失症患者，也从孩童延伸至成人。

所谓亲自然教育，指的是一种顺应儿童天性发展、尊重儿童身心发展规律的教育，它在大自然的环境中展开，鼓励幼儿亲近自然，走入大自然的怀抱。通过观察和摸索环境，感受大自然的奥妙、美好和规则，从而自发学习并欣赏自然、尊重生命，培养可持续发展的绿色生活价值观，不断习得“爱己爱人爱自然”的本质素养能力。

孩子在自然中游戏

在树木、林地环境中利用自然资源来设计探索空间，是一种易于获取的与大自然的有机联系。我们常说要拥有广阔的胸襟与博大的情怀，然而真正赋予我们这种宽广心态的就是造物者，是大自然。自然崇高、严酷、唯美、充满温情，它的魅力可以促使我们积极向上、心怀梦想地面对生活——无论快乐或忧伤，林间的清风总会拂动，为我们带来亲切的舒畅感。一个孩子对林间自然的好奇心正如其对知识的渴求，单纯而炽热。当他用稚嫩的双脚去丈量林中的每一寸土地，当他们触碰并体会不同风物的质感时，会获得满足感，他喜欢花开时分，会表现出喜悦的表情，也会因执拗尝试亲遇自然而变得开始具有耐性和规则意识……这些都是自然界可以带给孩子的，生命中不易忘却的感知记忆。

自然界可以带给孩子的，生命中不易忘却的感知记忆

因此，我们有理由相信，将成片的农庄乡林地作为自然见学的媒介，通过环境营造建立起与下一代具有价值的情感联系，这是一种因地制宜、符合趋势、经济可循环的探索和实践。

1.3 触媒理论对林地自然体验的启示

项目开展之前进行了相关的实例调研。开发团队曾经走访了北京网评火爆的户外儿童活动空间，却遗憾地发现，不知从何时起，孩子对于农林户外活动的认知也经常伴随着脏乱、危险、动物异味、内容性价比不高等偏向消极的词汇。我们不禁发问：当孩子在户外活动时，他们在体验什么？如果他们无法感受到自然的宏大或玄妙，那对孩子无疑将是一种灾难。他们将如何认知自然、理解自然，又何从热爱自然？而我们又为何要将美好的大自然以丑态印象呈现给下一代呢？

1989 年，美国建筑师韦恩 · 奥图针对美国的城市复兴，首次将化学中的“触媒”原理引入城市设计中，提出了城市触媒理论，即通过引进具有活力的新元素来完善并激活周围其他元素，通过元素与元素、元素与空间的相互反应产生更大的触媒点，继续影响带动周边区域发展，逐渐形成更大规模的城市触媒，从而带动并促进整个街区的有机更新。以此理论进行衍生，我们发现这些触媒元素可以是有形的物质空间更新和环境品质提升，也可以是无形的节事活动等，并通常以开放空间、绿色基础设施相关的较小的尺度介入。“触媒”不是单一的终端产品，而是一个可以刺激与引导后续运营开发的能量元素。

2 项目实例：奥玛自然探索园

2.1 项目叙述

回到本节的研析案例——2018 年的冬天，在北京西北六环的一个休闲农庄里，大片的杨树林地鲜有人问津。开发团队因一个偶然的机会来到了这里，利用 3000 平方米的闲置林地，给孩子们创造出一个充满感知和探索乐趣的林间乐园。经过一个季度的踏勘、策划、设计和建设，2019 年的温暖三月，自然和艺术的魔力如愿绽放，这块魔法土地被叫作“奥玛 · 小森林”。奥玛，即 OMMA，取自英文单词 Ommateum（蜻蜓复眼），象征着对世界持续的好奇心和探索力。这个自然乐园位于海淀的田妈妈 · 蘑法森林内。而这个小有名气的亲子农庄，经过近几年的经营，也面临着转型升级的新挑战。

最初是带有一丝丝对自然亏欠的责任，尝试将自然本身的呈现和设计美学深度结合，并且植入我们希望带给孩子的自然观念，塑造以内容场景化为核心的体验式儿童空间设计。把这次设计作为一个起点，为孩子们开启一个真正美好的户外空间。

乐园坐落的林地环境：首先必须是非常安全的区域，在大力度保留乡土树群的区域中，能够让孩子们自由、自发地感知，环境的好坏直接影响到孩子接触大自然的程度。内容和活动计划与主体教育体系有一定的联系，引导孩子的时候要结合到主体教育体系，并非一味地让儿童专注于自然环境，而是通过这种环境激发他们的好奇心和自发学习的能力，然后将实际生活中上比较枯燥的知识用这种直观生动形式表现出来，让他们更好地吸收。鼓励儿童用自己的感官去自由探索自然空间，这样可以发展儿童的多样性思维、创意性和想象能力。

乐园共分为 10 个场景空间，分别是：蜻蜓花园（Dragonfly Garden，伴学休憩区）、四季工坊（Season Workshop，自然手作）、森学堂（Learning Center，全季房车教室）、花间小礼堂（Blossom Auditorium，温室植栽）、昆虫村（Bug Village，搭建昆虫屋）、白砂湾（White Sand Cove，沙坑寻宝）、星球物语小径（The Planet Path，聆听地球的故事）、风息剧场（Wind Breath Theatre，户外小剧场课堂）、绿荫长廊（Leafy Gallery，集体活动区）、森林驿站（Garden Hut，室内教学区）。

体验蜻蜓复眼视觉的万花筒

体味自然之路，流连于星球物语，这里蕴藏着几千年来地球生物变迁的百科故事。物种变迁过程延展到地球的生命之路——将地球诞生、生命出现等重要的阶段以自然物的形态展现出来，熔岩、冰川、磁石、岩层、绿色植物、微生物、动物……用源于自然的材料复原自然的历程，而蜻蜓正是这博大场景中微小的一员。自然中的物质和生物经历了漫长的发展和演变过程，人类历史只是生命长河中渺小的一部分，因此理应敬畏自然。一起来感受一下这条浓缩的自然之路，你有什么发现和感想呢？场景结合体验，在一条色彩丰富的小径上，给孩子一个体验亿万年自然历程的空间。

森学堂之房车教室总是在静待孩子通过阅读、涂绘、手工的方式去打开新的世界；可移动式的风息剧场里适合午餐和小憩，更是景观设计师对基地低扰动处理的自然方式；白沙湾里不只是玩沙，还藏有未知的时光宝物；绿茵长廊里的热闹派对也是主题多样的自然工作坊，亲子共同完成作品带回家……

我们一直深信，孩子在户外环境活动的时候，他们会学到关于积极、智慧、美学和决心的重要课程。这些特质不仅适用于林间和野外，对于人生而言也是不可或缺的能力。

2.2 蜻蜓 IP 解构

我们依托林木葱郁、阡陌田间的天然乡村景观基底，以自然、传统、简单、有趣为准，在不插电的自然乐园里，从古老生物的进化中获取灵感，设计出了专属的 IP 形象——“小蜻”，和花园向导“小蜻”一起开启奇妙旅行。

想让设计融入自然观是一种相对抽象的诉求，并且要呈现给主要以感官体验认识世界的孩子们，这是一个不小的挑战。在这过程中，我们寻求一个载体，跨越从抽象到可感知的鸿沟。生活在 3 亿年前石炭纪的古蜻蜓成了我们此次设计的核心媒介：一个具有亘古历史的物种，经历着比恐龙更久远的时空；一个在我们身边熟悉可见的物种，自带自然进化的神奇；一个充满故事挖掘性的奇妙物种，带给孩子无限想象。

形态解构：石炭纪森林中的昆虫由于氧气过多的原因，昆虫形体是现在的千百倍。那个时代的蜻蜓翅展可达 70 厘米至 1 米，这就是乐园入口呈现的巨型古蜻蜓的原型。当孩子立于门前，跟蜻蜓比个子的时候，想象如此巨大的昆虫曾与我们生活在同一个地球上，会引发什么样的思考呢？把远古的形态，带到现在的时空，是我们想带给孩子的有关于生物进化的真切启示。

微观解构：蜻蜓的翅膀蕴含着复杂而又独特的飞行能力，也给直升机旋翼的设计带来了灵感。我们提取翅膀中特殊的肌理，设计孩子们收集自然物的自然魔格桌，建立从自然生物到自然与人的内在联系，引导孩子从微观的尺度观察蜻蜓、观察身边的自然，发现另一个尺度中的大世界。

古蜻蜓成为此次设计的核心媒介

自然魔格桌

色彩解构：蜻蜓翅膀的色彩是大自然的另一个杰作，我们找到了一种新的激光膜材料来呈现它。200 多个晶莹透明又五彩缤纷的小蜻蜓成为乐园中的又一个焦点。

小蜻蜓成为乐园中的焦点

体验解构：设计中利用多切面的水晶镜片和再生材料组合，做出了能让孩子体验蜻蜓复眼视觉的万花筒，透过万花筒看看我们身边的乐园，感受蜻蜓眼中的世界，体会自然观中所谓“你看到的世界并非世界的全貌”，恰似赠予孩子一把能够开启自由探索之门的钥匙。

团队始终认为，户外空间环境的设计要最终通过体验者来验证。空间所呈现的真实生活，才是我们设计最终的模样。乐园的使用者是儿童，从乐园启幕就开始了一项入园打卡的活动，孩子们用小木棒和夹子制作的彩色小蜻蜓，散落在乐园的各个角落，让使用者体验完成重构闭环，遇见多种小蜻蜓与孩子的交互，也通过孩子的手，成全了我们的整个设计。

孩子通过复眼式万花筒观察世界

完成手作后在园区游玩的孩子

3 可持续运营

3.1 运营分析

经过调研，我们发现农林主题活动一般有教学、游乐、实验等方式。教学环节为农耕课堂（农产品耕种实践课堂、科普讲堂等），游乐环节为农场嘉年华（亲子丛林探险、亲子露营、花海亲子观光等）、亲子牧场（马场、牛羊放牧、家禽喂养等），实验环节为亲子农事体验（播种、收割、果园采摘、垂钓、养殖、浇水、施肥、除虫、耕作等）、亲子手工体验（磨豆腐、食材加工、食材包装、养蚕、包粽子、炒茶叶、贴标签等）。活动的类型种类多样，对场地面积要求较大，各项活动往往相互独立。

奥玛自然探索园以帮助完善和提升孩童的自然智力为核心目标，在可持续运营方面也颇下功夫。春日邀请孩子们一起种瓜点豆，夏时搭建昆虫的房屋避所，秋天搜集落叶创作、采摘植物进行拓染，冬季自制冰花礼物。顺应文化自信的体验趋势，产、学、研同行，与中小学的科学、数学、英语教育课程内容相通或作为补充，以“节气 +”“艺术 +”为线索进行农事体验的创作创新，形成定时课程或围绕主题开展的一日营地活动。

手作蜻蜓

园区老师带领孩子在园内进行探索

通常来说，关于林间乐园的运营可持续，需要思考标准化、规模化，以及可销售的产品是什么。这个产品可以是一处物理实物，也可以是一系列的服务。自然教育课程，通过应时而丰富的体验活动，可以是休闲农业项目中具有竞争力的一张好牌。

3.2 运营活动规划

日常巡游、团体课堂、定制主题节是“奥玛 · 小森林”的 3 种应对不同用户需求的体验活动产品。

3.2.1 日常巡游

混合年龄的儿童通过任务单及工作人员的指引，观察到魔格内放置了不同的自然耗材，每一种材料都有独特的外形和质感，比如松果、树枝、树叶、石头、沙子、动物皮毛等，对它们进行认知、分类并码放整齐。

大自然里的植物千千万，它们经历了千万年的遗传和进化，都有各自的特点。观察过大树、灌木、小花草，发现准备好的植物活体拼盘也分外有趣，如肾蕨、鸢尾、豌豆、碗莲、含羞草、薄荷、碰碰香、捕蝇草。任务单的问题映入眼帘：在奥玛的小花园里你最喜欢哪一种植物呢？把它的样子画下来吧！

自然涂画环节应时展开，在圆形木片或风干的落叶上进行创意彩绘。一起制作而相

孩子们在细沙上玩耍

遇的小朋友由此产生对话、发生互动，从而获得社会交往、相互认可的尝试和理解。

经过若干寓教于乐又相互关联的环节，最后放松玩一场细沙，或安静阅读绘本，为一次充实而有意义的自然巡游画上句号。

3.2.2 大课堂团体活动

整个农庄基地与幼儿园、小学校方合作，主要采取大课堂的形式，这也涉及北京的教育改革。同时，北京作为教育前沿示范的一个窗口，也提出了很多课外及校外的解决方案。一般学校一周有一两次的课外实践活动，在奥玛自然探索园能够服务的容量下（通常以两三百人为上限），截至目前，我们获得了一年左右的实践活动样本。列举两种大课堂实践如下：

1）Insect Hotel 昆虫旅馆建造营：每节课 35 分钟

昆虫旅馆是一个人造的昆虫避难所，它可以有各种形状和大小，取决于特定的目的或为了迎合特定的昆虫习性。花园内主要利用循环再用材料，按照各类昆虫习性搭建人造昆虫、两栖类动物栖息场所旨在唤醒人们保护昆虫的义务，回馈自然，保护生态。

（1）昆虫旅馆建设对于森林园地的意义：

①昆虫旅馆是给昆虫提供了一个过冬场所，给我们提供了一个近距离观察昆虫的机会，让我们了解昆虫居住的“需求”，也为提高昆虫数量创造了可能。利用园区里的废弃物和自然物，如干枝、松果、种子、花盆、木片等，体现了环保意义。

②让学生通过观察，学习昆虫和生态知识，通过孩童的亲手参与，提高动手能力和专注力。

③情感态度与价值观：为什么我们的城市中昆虫很少见？理解生态多样性的重要意义，提高环境保护意识。

（2）北京常见昆虫知识素材：大部分昆虫都喜欢温度较低、湿度较高的地方，因此可以把昆虫旅馆放置在荫庇处，或者靠近昆虫生境的地方，例如花丛边、水池边或者绿篱边。如果你想为一些喜欢太阳的昆虫例如独居蜂类创建居所，也可以将其放置在阳光之下。当然，昆虫旅馆重量较大，所以最好选择放置在平整的地面上。

（3）在课程中善用吸引法则，让学生理解填充物与对应昆虫的关系。

①稻草或者木头：可以提供住宿，这种材料可以安置漂亮的草蛉，它们的幼虫以很

昆虫旅馆

多害虫为食，如蚜虫、粉蚧、烟粉虱、牧草虫或者螨虫卵。

②竹竿：为壁蜂、独居蜂提供住所，它们在每年的 3 月就已经开始为果树授粉了。

③倒扣过来的装满干草的花盆：主要是用来吸引蠼螋，它们主要以蚜虫为食，也是捕食蟑螂幼虫的能手。

④ 将木板钉在金属板之间：这会吸引锯蝇——一种有助于枯木分解的昆虫。

⑤穿孔的原木：很多有益的授粉昆虫非常喜欢这种地方，如蜜蜂和马蜂，它们的幼虫均以蚜虫为食。

⑥干枝、枯木、树皮：如荆棘、玫瑰、接骨木的树枝，它们为食蚜蝇以及其他膜翅目科昆虫提供庇护所。

⑦ 砖块：这种材料很受壁石蜜蜂（独居马蜂）的欢迎。

根据园区可用的循环材料设计和实地建造昆虫旅馆，根据昆虫的体积和昆虫的居住习性更多地选择自然材料。本园区可用种类包括木块或原木片、树皮、石子、瓦片、软管、松果、粗绳、苔藓等植物材料。

在周围寻找素材，整齐地码放进昆虫屋里，可以让体型不同的昆虫们安心居住。团队研发的昆虫屋体量较大，在花园中可以成为富有趣味的风景，有趣的造型也可以提高花园的品质，如何组合这些填充物，让它们更加美观，是留给大家的课题。

已完成的昆虫旅馆

2）种子明信片：每节课 30 分钟

种子是植物生命的起始，小小的身体蕴含着巨大的能量。无论是苍翠的大树还是脚边的花草，都是从种子萌发生长而来的。种子与我们的生活关系密切，除日常生活必需的粮、油、棉外，一些药材（如杏仁）、调味品（如胡椒）、饮料（如咖啡、可可）也来自种子。采用形色不一的种子对卡片的封面进行创意发挥，在对种子家族自然认知的基础上，融合了图形、时令节日、文字等表现要素，通过专注手作的方式让学生获得有爱的课程体验。

种子留言卡

培养学生对微观的自然事物的观察能力，开启学生的创意和想象力，锻炼精细动作和耐心，提高审美。教学生懂得可以二次利用自然物资，制作小礼物促进生活中的情感表达。

讲师讲解种子相关的知识，组织学生进行观察和识别。根据当日讲师的引导，利用物料包里的材料和工具，亲手做成一张由种子装扮出图形、图案或语言文字的趣味留言卡，并鼓励学生之间的自我表达和相互祝福。

材料内容物料：不同颜色的手工纸、剪刀、铅笔、环保胶水、各种种子如红豆、绿豆、南瓜子，还有黑米、玉米等。

整个课程过程如下：①给大家分发具有一定厚度的彩色卡片纸。②把纸张折叠或裁剪成需要的大小。在卡片中写下一条祝愿的话语。用铅笔在卡片的外页淡淡地画上自然图案、图形或语句。画得简单还是复杂一点，可以自行决定。③循着图案或图形涂上环保胶水，同时选择种子并将其洒在胶水上，把胶水都覆盖住。④重复这一步骤，直到制作完整张留言卡。如果画下的图形由多个部分组成，则需要使用不同的种子去装饰它们。⑤签上自己的名字，等待把干透的祝愿卡带回去，或者送给你的好朋友。⑥学生与自己的种子祝愿卡合影，也可组织多个学生之间进行互赠和祝福。

奥马自然探索园合影

3.2.3 节日定制活动：以清明一日体验为例

“二十四节气”是古代农耕文明的产物，农耕生产与大自然的节律息息相关，它是先民顺应农时，通过观察天体运行，认知一岁（年）中时候、气候、物候等方面变化规律所形成的知识体系。

10: 00—15: 30的专场活动，包括了清明知多少（沉浸式知识课堂）、艾食总动员（手作青团搭配轻食午餐）、物候与农耕（亲身体验种瓜点豆的节气习俗）、春风画语（双语授课，创意彩绘并放飞风筝）、园地巡游（OMMA 小蜻蜓的叙事）。其间合理安排自由休息和交流时间，最终形成工作量满满的一天。让学科知识和技能潜移默化在玩乐当中，让父母的陪伴时光提高质量。在体验中需要讲师与孩子、家长与孩子、孩子与孩子、家长与家长之间的合作配合，在儿童心理调节、社交、减压、艺术创作、动手操作等方面都会起到积极的作用。

4 结语

开展休闲农业中的自然主题教育，需要首先维护场地良好的生态基地和文化记忆。要保留现状乔木，建立雨水系统，妥善考虑满足未来客流需求的配套服务，实现快速、轻投入和低维护的建设。可组织利用学生乡建营工作坊，就地取材实施林中装置、朴门菜园等简单可操作的景观部分。通过事件性工作坊，有利于宣传推广。需要专业化有经验的运营团队入驻，分时开发、根据市场反馈不断调整产品和服务。

本节以景观触媒的视角切入，探讨休闲农业中的自然教育在落地内容和市场中的积极意义。通过奥玛自然探索园的策划、设计、建设、运营、评估的全过程案例，印证具备复合性、凝聚性、连接性等特征的亲自然林地更新的综合价值。在时代科技爆发式发展的现在，我们应该更多地重建与自然的连接。带领孩子走进自然观察体验，引导其建立与自然、他人及自我的和谐关系，唤出内心世界的“爱”，助力下一代成为内心充盈美好之人。

给予孩子充分的爱与自由，就是赋予孩子充分的成长动力。让实践精神和创新精神从小就以生动、丰富、实用的方式在孩子们的心灵深处扎根。

期待“奥玛 · 小森林”继续以美好颜值的场地设计结合互动性自然体验课程，在促进儿童语言智能、空间智能、运动智能、逻辑智能等七大能力体系的基础上，实现儿童“自然智能”的完善和提升。给予孩子更敏锐的感受力、更集中的注意力以及更强的自我存在感等更本质的能力，缓解现代城市儿童与大自然割裂而导致的“自然缺失症”，启蒙孩子的科学思维及对环境的强烈感觉，并让孩子在协作探索中体验到亲密友谊的真谛。

编者按：

以小见大的精神符号，融合生态、科技、美学之后，呈现更新设计思维的新思考。

小体量商业的城市更新怎么做？

王玉珂

1 城市更新面前的“三座大山”

对地产公司而言，土地始终是命脉资源，土储更是公司市值的重要支撑以及通往未来发展的钥匙。而商业用地就更是紧张，城市更新因此就成了地产投资拓展的一条捷径。

但做商业不比做住宅，商业经营的关键基础在于长期持有，如何做好运营实现商用资产的增值与变现。因为无法预估物业的条件，故老物业面对新消费常有“三座大山”。

排在第一的就是小，老物业开发年代久远，规划之初不曾考虑过今天的市场环境，在“拼新、拼大”的趋势下，城市更新项目显得更加“袖珍”。小体量会导致业态受限、品牌受限，以至于在功能上会存在空缺。头部商业的经验更多在于如何操盘一定量级之上的购物中心，然后进行规模化的复制，而小体量物业需要因地制宜、一事一议的特点，让不少商业管理公司望而却步。

第二是几乎没有缓冲空间，开业就要面对强敌环伺的市场环境。城市更新项目大多处在城市中心地带，如何从更高级次的商业手中把客流截下来，并找到属于自己的生存空间，是个至关重要的前提。

第三是来自产权性质、区位因素以及基础设施等客观条件层面上的限制。

以上原因都造成了城市更新对商业管理公司的直接困扰，而其中又以小首当其冲，造成了对城市更新最大的限制。小商业如何出彩，并不是业内的新问题，但在如今的市场环境下如何出彩，就成了一场考验策略与能力的考试。

德国斯图加特市 Dorotheen Quartier 改造项目于 2010 年开启，于 2017 年 5 月落成。项目总面积 38 000 平方米，保留了 10 000 平方米的零售空间，其余空间为办公与住宅所用。Dorotheen Quartier 被市政广场、卡尔广场以及农副产品市场等具有生活气息的场所环绕，项目包括了不同业态，有零售、餐饮与休闲等，与周围各个商业体均有不同之处。在其所占面积不大的零售面积里，高端品牌如劳力士、LV，高端超市 Hit，服饰品牌 Tara Jarmon、Suitsupply 等入驻其中，大量餐饮品牌展现了其热情与自信的形象，既吸引了游客，也满足了斯图加特市需要商业体为市中心引流的改造初衷

2 细分有用，但不够

提起小商业的操盘方法，大多数人的第一反应是基于细分市场，寻找空白地带。的确，探索细分领域是红海市场中，小容量商品的现象级方法，可细分不是万能灵药，不是所有做细分的都一定能成功。可见细分法在城市更新这件事上属于充分条件但非必要条件，同时细分也未必能够彻底解决小体量的限制性。

真正要去解决因为体量过小带来的限制问题，万不可使用细分思维定位商业，细分思维本质是示弱之后的被迫抉择。小体量商业城市更新要想出彩，必须化被动为主动，挖掘小的优势，而非受困于小的劣势，否则就是因“小”失大。

小体量商业本身具有场内可视性强、游逛度高、客流密集度高、内装成本低、居民密度高的优点，这正是小体量商业寻求破局之道的关键。发挥其任意两点，都可以让小体量商业焕发其独特活力。商业地产项目的地域性特点，又让小体量商业如何因地制宜发挥优势成了一门新的学问。

购物中心本质是基于地理位置的人货（店）匹配，因此，区位因素与商业能级就不得不在优先级最高的位置来思考策略的出发点。而小体量商业一方面因为体量过小，难以因内容产生绝对的高能级，另一方面因为多数城市更新项目位处城市成熟商圈，其商业能级借势商圈就成了小体量城市更新的必修课程。

2.1 城市级商圈小体量商业

对于城市核心商圈而言，存量时代的特征在此显露无遗，如何在强敌环伺的市场环境中占有一席之地，并建立自己的商业声量是其关键问题。而答案也显而易见，成熟商圈中业态和品牌丰富且齐全，商圈内不同项目各领风骚，解困突围的关键在于，不仅要做细分，更要做到极致，成熟商圈的老物业因为位置优势，有较高的定位上限空间。所谓做到极致，意指做到单点突破上的全盘精品化，如果聚焦于时尚，那么就不仅要做时尚的供给，更要做时尚的意见领袖，引领时尚的趋势。准确地洞见细分市场中的消费潜力，以绝对统治的姿态对外输出价值，汇集稀缺资源铸成领域内的毫无替代可能的价值发声地，是此类小体量商业的根本定位思路。

城市级商圈中的小物业，因为小而通透，可以快速拉齐与消费者的信息差，通过接连不断的惊喜感营造，迅速占领消费者的消费心智，更带来游逛深度和游逛体验上的难以企及。这样的优点可以直接体现在场景化以及主题化方向上，一方面改造的成本更低，另一方面展示给消费者的效率也可以更高，国内近期流行起了复古风美食广场和潮流打卡商业体吸引了大量人气，正是切中了小物业的此类优势。小空间内的大人流，会成为一种肉眼可见的“人气”，带来活跃、热闹的商业气氛。所以，城市级商圈的小物业非但要做精品，更要做意见领袖，体量上的小反而能够成为能级上的大。

2.2 区域级商圈小体量商业

区域级商圈，往往承载着区域内的综合性消费，购物中心因内容聚合功能、因功能输出服务的特性，在区域级商业外化得尤为突出。因此，找出区域内商业项目的关键功能性角色就至关重要。品质生活、家庭亲子抑或社交活动都是区域级商业的关键功能。通过把握住关键功能与客群的特点，将之贯彻在场所、品牌、服务的锤炼上，是此类小体量商业的活力之源。即便体量不大，但一个有强大保障力和供应力的品质商品采购地、满足一家人的遛娃场所抑或是良好的社交活动场所，都可以有成就区域内的人气商业的可能性。

以功能为主导的区域级商圈，往往因为毗邻大规模居民区，所以常会需要扮演“消费者的伙伴”角色，是接待远来的客人、调剂平淡生活、家庭采购的重要场所。因此，小体量商业在区域级商圈内，就要将功能性发挥到位，围绕核心功能的定位进阶到内容的展开，小体量反而可以成就功能衔接层面上的便利性优势。锤炼核心功能，突出核心功能，体量上的小更能成为促进人与场、人与店、人与人之间物理和心理上距离的不断缩小。因此，一些网红的精品店、丰富多元的集合店就很适合作为此类商业的重点招商对象。

2.3 社区级商圈小体量商业

在城市更新项目中，尤其以社区商业最不受欢迎，其原因：一是回报率难及预期；二是能够拿到城市更新项目的商业管理公司多为头部公司，而头部公司对社区商业缺少兴趣；三是社区级的城市更新多为老旧社区，人口年龄偏向老龄化，商业化潜力小。实事求是地讲，如果能够在经过科学的财务测算后符合预期的前提下，社区商业的改造反而是城市更新项目中难度最低的。社区级小体量商业因为其便捷性的特征，往往作为社区居民“好邻居”的角色而存在。因此，聚焦社区客群的需求，提供便捷、具有更高性价比的商品是此类物业城市更新价值成立的基石。

消费者消费行为的变化，促使城市商业格局从商圈概念转变到生活圈概念，可以说，生活圈是消费者日常便利性消费最舒适的范围。作为社区居民的好邻居，社区商业的第一优势就是与居民有天然的亲近感和距离便利性。因此，具备一定性价比的高频刚需业态以及完善社区居民生活服务是社区商业成立的必要条件。

体量小导致项目操作容错空间小也是既定的客观事实，所以，小体量城市更新一定要定位准、有取舍、求极致。小体量在功能的功能完整性上会必然的存在遗憾，但万不

郑州汇艺银河里于 2017 年底开业，集精品零售、品牌（时尚）餐饮、休闲娱乐于一体，加之精美的建筑设计，迅速成为中原商业升级的代表。目前，汇艺银河里已成为郑州网红打卡点，在短视频平台抖音有超过 50 万次的相关视频播放量。其写字楼目前出租率已达到 99%，其中包括众多 500 强企业。作为小地块上的综合体，汇艺银河里通过合理平衡物业功能与租售并举模式，成了收益与自持商业运营管理能力兼具的商业体

可因为品类单一、狭窄而限制了想象力，反而要有舍有得，敢于追求极致。所以，小体量城市更新要出彩，关键还是要结合区位因素作出因地制宜地选择，化小体量为大势能，变被动为主动，将劣势发挥出正面效应，扭转局面。

3 存量商业的价值还有很大待挖掘空间

街区改造、商业街活化、都市再生……涉及核心区商业街改造的概念繁多，但探究下来都是“软硬”不适配带来的资产价值减贬，即硬体空间或建筑与城市发展总体经济水平、消费需求这些软性变化不再匹配，造成商业能力缺位。城市更新本意便是为了商业能力与地理位置不匹配的物业再次生发出对城市发展有新价值的机能和空间。在造城运动降速、经济增长放缓、人口增长乏力的背景下，城市更新显然比增量开发更具时代意义。

另一方面，事实是许多商业管理公司的城市更新实际思路，仍旧在用过往增量时期思维进行开发。这导致许多城市更新项目因为客群老化、年轻人离开，使区域失去活力，大拆大建、失去城市个性、租售失衡、改造成本巨大等原因让商业管理公司望而却步。但商业地产，魅力正在于能够因为人的智慧而化腐朽为神奇。

存量商业的改造，仍旧要坚持着“站在未来看现在”的根本原则，结合生机勃勃的城市原生文化重塑项目在城市中的生态角色，基于科学、客观的数据基础，通过专业协同来达成存量商业的新生机。

存量商业改造焕新的 3 个基本法则：①尊重原生，找到属地人文，以心灵感应目标消费群；②可持续力，品质提升需要有更强大协同力、远见与实力的投资者，才可以创造出更有生命力的商业；③创新思维，从产品、内容、运营方面综合解决，而不仅仅是设计师提供空间解决方案。

存量时代考验着我们对商业生命周期的挖掘和延续，城市更新已成国内商业向下一阶段突破的重要方式，而为小体量物业寻求突破口也将是城市更新的工作常态。